VOYAGES DU P. LABAT

DE L'ORDRE DES FF. PRESCHEURS,

EN ESPAGNE
ET
EN ITALIE.

TOME VII.

A PARIS, ruë S. Jacques,

Chez { Jean-Baptiste Delespine, Imprimeur-Libraire ordinaire du Roy. Charles J. B. Delespine le fils, Libraire. } à Saint Paul.

M. DCC. XXX.

AVEC PRIVILEGE DU ROY.

TABLE
DES CHAPITRES
contenus dans le septiéme Volume des Voyages du P. Labat en Espagne & en Italie.

***

CHAPITRE PREMIER.

Commissaire envoyé à Civita-Vechia, pour informer contre les gens de Galere. Emprisonnement, & punition de quelques Forçats. Question appellée la Veille. Ceremonies pour pendre un homme. 1

CHAP. II. *Mission faite à Civita-Vechia par un Pere Missionnaire,* 24

CHAP. III. *La Reine Doüairiere de Pologne quitte Rome, & vient en France. L'Autheur y fait un voyage. Ce qu'il voit sur la route, en allant, & en revenant à Civita-Vechia,* 42

CHAP. IV. *Voyage de l'Autheur à Viterbe. Description de cette Ville, des*

TABLE.

deux Convens de son Ordre, & des environs, 65

CHAP. V. *Voyage de l'Autheur à Livourne. Description de Porto Longone, Fort San Stephano, Porto-Hercole, Monte Philippo, & des Isles adjacentes*, 160

CHAP. VI. *Ceremonies des mariages. Suite des differends de la Cour de Rome avec le Tribunal de la Monarchie de Sicile. Vaisseau de guerre François*, 200

Abregé des choses les plus considerables de la Ville de Florence, 229

Fin de la Table des Chapitres du septiéme Volume.

VOYAGES
DU P. LABAT
DE L'ORDRE DES FF. PRESCHEURS
EN ESPAGNE
ET
EN ITALIE.
SEPTIEME PARTIE.

Contenant la suite de son second Voïage en Italie.

CHAPITRE PREMIER.

Commissaire envoié à Civita-Vechia, pour informer contre les gens de Galere.
Emprisonnement, & punition de quelques Forçats.
Question appellée la Veille.
Cérémonie pour pendre un homme.

LEs Officiers préposés pour avoir soin des Galeres, ont un soin tout particulier d'en bannir l'oisiveté. Ils sçavent par une longue experience combien ce vice en produit d'autres, & que ceux qui sont condamnés à passer leur vie dans ces tristes lieux, ne songent qu'à s'en échaper. Ils sçavent encore que plus ils ont de tems pour y penser, plus ils prennent de mesures justes pour y réüssir ; au lieu que quand ils sont occupés à quelque travail, dont le profit leur appartient, ils pensent moins à leur liberté : parce que leur gain leur produisant de quoi charmer un peu leur chagrin, leur fait souvent oublier l'état malheureux où ils sont reduits ; de maniere que, quand le tems de leur condamnation est achevé, ils aiment mieux s'y engager de nouveau en qualité de Bonne vogle, que d'abandonner leurs compagnons.

Le travail le plus ordinaire des Galeres est de tricoter des bas & des bonnets de fil, de cotton, de laine, & même de soïe. On trouve des forçats qui travaillent en perfection à ces ouvrages. Le gouvernement Ecclesiastique qui est plus doux & plus compatissant aux miseres d'autrui, qu'on ne se peut imaginer, ne souffre point que ces malheureux soient vexés par les Officiers qui les commandent. Les matieres qu'ils employent, ne payent aucun droit d'entrée ; & les Gouverneurs, Capitaines, Assentistes, & autres Officiers ont des ordres très-précis de ne point augmenter les peines auxquelles ils sont condamnés, de les soulager autant qu'il est possible, & d'empêcher que les Officiers subalternes n'augmentent la pesanteur de leurs chaînes par leurs vexations & par leur avarice.

Outre ce metier, on y permet l'exercice de tous ceux qui ne demandent pas beaucoup d'outils, & d'établis embarassans. On y voit des Tailleurs, des Cordonniers, & autres semblables metiers.

J'y trouvai une manufacture de Tabac à la façon d'Espagne, quand j'arrivai à Civita-Vechia ; & quoique la calomnie accusa les forçats d'y mêler de la brique & autres choses de peu de valeur, pour augmenter la quantité & le poids de leur marchandise, on ne laissoit pas d'acheter leur tabac préferablement à celui du Fermier. Ils en debitoient aussi considerablement à Naples, à Messine, à Livourne, à Gênes, & autres Villes, où les Galeres vont ordinairement. A la fin les Fermiers du Tabac dans l'Etat Ecclesiastique, ayant renouvellé leur bail, & ayant été obligés d'en augmenter le

A ij

prix, ils obtinrent qu'on deffendroit absolument aux forçats de fabriquer & de vendre du tabac. Un Commissaire fut envoyé exprès de Rome; on saisit tout le tabac qui se trouva dans les Galeres, & dans les Baraques de la Darce. On prit les petits moulins, dont on se sert pour le mettre en poudre, les tamis, & généralement tout ce qui servoit à cette manufacture. On en fit un Inventaire aussi exact, que si on avoit eu bien envie de payer aux Proprietaires ce qu'on leur enlevoit. La suite fit voir qu'on n'en avoit jamais eu le moindre dessein; & en effet ces pauvres malheureux n'en ont jamais rien retiré.

Mais ce Commissaire avoit bien autre chose à faire, qu'à enlever du tabac & des moulins. Il étoit chargé d'informer, & de faire le procès à ceux qui se trouveroient coupables de ces crimes infâmes que l'on punit ordinairement par le feu. Toute la vigilance des Capitaines, & des Officiers subalternes, les bastonades les plus cruelles, & très-souvent réïterées n'avoient pû empêcher que cet horrible peché ne se fût répandu dans les Galeres d'une maniere qui auroit enfin attiré la colere de Dieu, & ses justes châtimens. Il fut donc résolu de faire quelques exécutions qui donnaſſent de la terreur à ces miſerables, que les châtimens paternels & les remontrances les plus vives n'avoient pû faire rentrer en eux-mêmes. Trois des plus coupables furent renfermés dans des cachots de la Ville. On fit des informations ; on trouva des témoins plus vingt fois qu'on n'en avoit beſoin. Mais à quoi ſervent les témoins dans les Païs ſoûmis au droit Romain ? Tout au plus à faire mettre le criminel à la queſtion ; car pour le faire mourir, une nuée de témoins *de viſu*, les plus irreprochables ne ſont pas ſuffiſans ; il faut que le criminel avouë ſon crime, & que le Juge puiſſe dire, *ha'emus fatentem reum*, nous avons un criminel qui avouë ſon crime ; s'il ne l'avouë que lorſqu'il eſt appliqué à la queſtion, & qu'il le nie quand il n'y eſt plus, il n'y a encore rien de fait ; il faut qu'il ratifie hors du ſupplice ce qu'il a dit, quand il y étoit appliqué.

De ces trois malheureux, il y en eut un qui mourut dans le cachot ; un autre fut appliqué à la queſtion, qu'on appelle la veille, la ſoutînt ſans rien avoüer, & mourut dix à douze heures après. Le troiſiéme qui étoit le plus jeune, avoüa sa faute, & fut pendu.

La Question qu'on appelle la veille, parce qu'on suppose, que celui qui y est appliqué pendant douze heures entieres, ne peut dormir à cause des douleurs vives & continuelles qu'il y souffre. On en va juger par la description que j'en vais faire.

Question appellée la veille.

Le criminel étant dépoüillé tout nud, est rasé entierement ; on lui attache les bras derriere le dos, de la même maniere & avec la même attention que j'ai remarqué dans le Volume précedent qu'on les attache à ceux que l'on doit appliquer à la question de la corde. On le fait asseoir à terre, & on lui lie les pieds à un long, & un gros bâton, les plus écartés l'un de l'autre qu'il est possible. Dans cet état trois ou quatre hommes l'élevent en l'air environ à la hauteur de 4. pieds ; & pendant qu'ils le tiennent étendu, on attache la corde qui lui lie les bras à un crampon scellé dans le mur à dix pieds de hauteur. On attache avec une autre corde le bâton, où les pieds sont arrêtés à un autre crampon scellé dans le mur opposé environ à six pieds de hauteur, & on met sous les fesses du patient un traitteau de quatre pieds de hauteur, au milieu duquel il y a une cheville quarrée d'environ quatre à cinq pouces de hauteur, & de 9. à 10. lignes en quarré sur laquelle on pose l'*os sacrum* du patient, c'est ce qui le doit soûtenir sans remuer, & surquoi tout le corps doit porter pendant tout le tems que doit durer la torture. S'il glisse de dessus ce pivot, il sent aussi-tôt les douleurs de la corde, qui lui déboîte les épaules, parce qu'il n'a plus que ce soûtien: on le remet aussi-tôt sur ce douloureux pivot, où il faut que son corps repose dans un équilibre, qui ne manque pas de lui causer les plus vives douleurs que l'on se puisse figurer. On dit que les trois ou quatre premieres heures sont les plus difficiles à soûtenir, parce que les sens étant encore alors dans toute leur vivacité, sont bien plus susceptibles de douleurs, que quand ils se trouvent affoiblis, émoussés & prosternés, pour me servir d'un terme usité parmi les Medecins. Il arrive ordinairement que le patient se vuide pendant ces quatre premieres heures; c'est un soulagement pour lui; quand il ne le fait point, tout est à craindre pour sa vie.

Quelque accident qui lui arrive dans cet état de douleurs, on ne lui donne d'autre soulagement que quelques goutes d'eau de la Reine de Hongrie qu'on

A iiij

lui souffle au visage, après l'en avoir averti; afin que la surprise ne lui fasse pas faire quelque mouvement qui augmenteroit ses douleurs, en le faisant sortir du pivot qui le supporte, on ne lui donne jamais autre chose.

Dans cet état il suë abondamment; c'est une suite de la contrainte où il est, & des douleurs qu'il ressent. La sueur de la partie superieure de la tête se rassemble au bout du nés; & on dit qu'elle lui cause une inquietude & une démangeaison insuportable. Celui qui y fut appliqué à Civita-Vechia, étoit un habile homme, & point du tout novice dans l'art de soûtenir un pareil tourment. Quand la goute de sueur parvenuë au bout du nés commençoit à l'incommoder, il la souffloit en l'air, & s'en délivroit ainsi. Il avoit souffert la veille, avant d'être condamné aux Galeres pour toute sa vie, c'est-à-dire, qu'il avoit commis un crime qui meritoit la mort, & que n'ayant pas voulu l'avoüer à la question, on avoit commué la peine de mort, à laquelle on n'avoit pû le condamner, en celle des Galeres à perpetuité.

Au reste on a une attention extrême à ne point augmenter les douleurs du patient, en le touchant ou en causant quelque mouvement dans la chambre où il est. Les fenêtres sont fermées, il y a des poêles de feu, quand il fait froid. Les Medecins & les Chirurgiens sont dans une chambre voisine; de tems en tems ils viennent lui tâter le cœur après l'en avoir averti, pour voir en quel état il est. Le Lieutenant du Gouverneur avec un Greffier sont assis à une table dans la chambre où est le patient, afin de recevoir la confession de son crime, s'il la veut faire, & garder l'horloge qui marque les 12. heures que doit durer le supplice.

Le malheureux qui y fut appliqué à Civita-Vechia, souffrit les quatre premieres heures avec une fermeté étonnante & presque sans se plaindre, & sans se vuider: ce qui fit dire aux Medecins qu'il en mourroit, & aux Juges qu'il n'avoüeroit rien, & tout cela arriva. Il s'endormit ensuite de foiblesse & de lassitude, & dormit près de 5. heures. On peut croire que son sommeil ne fut ni doux ni tranquille, & que c'étoit plûtôt l'effet de l'abattement où les douleurs l'avoient réduit, qu'un veritable repos.

J'allai voir cet affreux spectacle deux heures ou environ avant la fin du supplice. Il n'étoit pas libre à tout le monde d'y entrer: mais ma Charge de Provicaire du saint Office m'ouvrit d'abord la porte. Je lui parlai de Dieu, & l'exhortai à se repentir de ses fautes. Il me répondit d'une maniere bien Chrétienne. Le Greffier lui ayant dit qu'il devoit se servir de l'occasion qui se presentoit, pour se confesser. Il lui dit qu'il le vouloit bien, pourvû que je fusse seul avec lui: mais ce parti ne convenant pas aux vûës de la Justice, qui vouloit une confession judiciaire de son crime, & non une confession sacramentelle, nous ne fimes rien. Je le quittai après un quart d'heure d'entretien. Je lui demandai s'il souffroit beaucoup; il me dit qu'il n'étoit plus en état de souffrir, qu'il étoit épuisé, & qu'il alloit mourir. Il demandoit de moment à autre quelle heure il étoit, & se plaignoit fort de la lenteur de l'horloge.

Enfin les douze heures finirent: on le détacha aussi-tôt, & on le coucha sur un matelats. Il étoit si épuisé, qu'à peine put-il avaler quelques goutes de vin. On appella un Confesseur, & peu après il entra en agonie, & mourut environ dix heures après avoir été détaché de la torture.

Le troisiéme de ces malheureux

avoüa son crime, & fut condamné à être pendu. Il y avoit plus de trente ans qu'on n'avoit fait d'éxecution de mort à Civita-Vechia. Cela doit donner une bonne idée de cette Ville, & faire croire, ou que les gens y sont bien sages, ou qu'à l'exemple de certains peuples de France, ils vont se faire pendre hors de leur Païs, pour ne point deshonorer leurs familles. Il y a une autre raison qui fait que la Ville ne s'empresse pas beaucoup à demander que ces éxecutions se fassent dans son enceinte; c'est qu'elle en doit faire les frais, & que ces frais sont considerables.

Comme il n'y a point d'éxecuteur dans la Ville, on est obligé de faire venir celui de Rome, & on lui paye un écu Romain par mille. Il y a quarante-deux milles de Rome à Civita-Vechia. Ce seul article monte à 42. écus; il a douze écus pour la potence, & 8. écus pour les 4. échelles qui y sont necessaires, sçavoir, une pour l'éxecuteur, l'autre pour le patient, & deux pour le Confesseur ou Consolateur. 4. écus pour les cordes, & trois pour le savon dont elles doivent être enduites, afin qu'elles coulent plus aisément, & vingt écus pour le repas qu'il doit donner aux Sbires qui ont affisté à l'execution. Cela fait quatre-vingt neuf écus, qui, felon le change d'aujourd'hui font quatre cent quatre-vingt-neuf livres, dix fols monnoye de France. On voit par ce détail, que fi cela arrivoit auffi fouvent qu'à Roüen, la Ville fe trouveroit à la fin fort incommodée. Je crois bien qu'en cas pareil, elle auroit un executeur réfident, & un charpentier qui fourniroit les bois à un prix plus raifonnable, pourvû cependant qu'on en pût trouver un qui voulut bien fe charger de cette commiffion, ce qui feroit encore bien difficile. En effet l'executeur qui vint à Civita-Vechia, pour l'execution dont je parle, ne trouva perfonne qui voulut lui vendre les bois pour faire la potence, ni les échelles; & il fut obligé d'aller pendant la nuit avec des Sbires enfoncer la porte du magazin du fieur Petrinetti Maître Maçon, & entrepreneur de la Ville, & d'en enlever le bois pour faire la potence, & les quatre échelles dont il avoit befoin.

La Sentence de mort étoit arrivée de Rome, fur les procedures faites par le Lieutenant du Gouverneur Prélat, on tira ce malheureux du cachot fur les deux heures de nuit, on lui fit la barbe, on lui donna une chemise blanche, & des calçons, on lui mit une paire de menottes legeres aux mains, & on le conduisit à la grande salle de l'Hôtel de Ville. La Compagnie des Penitens blancs en habits de ceremonie, le visage couvert, étoit en haye, depuis la porte jusqu'au bout d'enhaut ; le grand Crucifix cantonné de deux Confreres étoit vis-à-vis la porte à quelques pas en dedans, avec un nombre de Religieux qui étoient priés pour consoler & fortifier le patient. Le Barigel, & les Sbires l'ayant conduit à la porte, & y ayant frappé, les deux battans furent ouverts. Ce spectacle l'étonna comme on le peut croire, il entra pourtant, & dès qu'il eut fait un pas dans la salle, le Balio, c'est ainsi qu'on appelle une espece de Clerc du Greffier, qui porte les significations, lui presenta un papier en lui disant : un tel je te cite à la mort pour demain matin. Ce compliment court & incivil, pensa faire évanoüir le patient, il laissa tomber le papier, qui contenoit sa Sentence de mort, & seroit tombé lui-même, si les Confesseurs, les Consolateurs & les Confreres ne l'eussent soûtenu, conduit, & presque porté dans une chambre à côté de la salle, où il

Belle ceremonie pour pendre un homme.

avoit un Autel, & des sieges. On le fit asseoir, on lui parla, & enfin on le fit resoudre à se confesser. Il choisit un Confesseur qui demeura seul avec lui, & qui le confessa; après cela on lui donna à souper, les Confreres le pressoient charitablement de bien manger, & de bien boire, & comme il y avoit long-tems qu'il faisoit mauvaise chere dans le cachot, il fit de bonne grace ce qu'on demandoit de lui, il but & mangea de grand appetit, & enfin témoigna qu'il avoit envie de dormir. On mit un matelats à terre, il s'y étendit, & s'y endormit paisiblement ; on le laissa dormir jusqu'à deux heures avant le jour qu'on le reveilla pour lui faire entendre la Messe, le Confesseur lui parla encore en particulier, lui donna l'absolution, & lui appliqua l'Indulgence *in articulo mortis*, dont le Pape gratifie ceux qui se trouvent en cet état, on lui fit entendre la Messe, il y communia, & après son action de grace, on le fit dejeuner. Comme ce devoit être son dernier repas, les Confreres le presserent de s'en bien acquitter, il le fit, & tout le monde fut content de ses bonnes manieres. Son Confesseur le reprit ensuite, & l'heure étant arrivée, on l'avertit qu'il étoit tems de prendre le chemin du Ciel. Il auroit bien volontiers differé ce voyage encore vingt-cinq ou trente ans; mais on l'assura si positivement qu'il differoit son bonheur en differant son depart, qu'il se leva *alegramente*, & suivit la procession qui avoit déja commencée à marcher.

Le Boureau ne l'avoit pas encore approché, il se presenta à la porte de la salle, & lui dit civilement le chapeau bas, en lui presentant un Jule, mon frere; voilà pour faire dire une Messe pour le repos de ton ame. Après ces douces paroles, il mit son chapeau, & lui lia les mains sans lui ôter les menottes, & les bras d'une maniere qu'il ne pouvoit pas avoir aucun mouvement, il tenoit par derriere avec son commis les bouts de ces cordes afin que le patient ne lui échappât pas.

La Confrairie de la mort marchoit à la tête, les Confreres étoient revêtus de leurs sacs, & avoient le visage couvert. Ils psalmodioient d'un ton lugubre le *Miserere* : les Penitens bleus les suivoient, & les blancs ayant le poste d'honneur marchoient les derniers, ils psalmodioient d'un ton lugubre le même Pseaume du même ton, & pour ne pas s'interrompre, ils pfalmodioient les uns après les autres de maniere que quand une Compagnie chantoit les autres se taisoient. Les Barigels des Villes des environs, & les Sbires marchoient après les Confrairies; ils étoient habillés comme en un jour de Fêtes, le gargousier couvert d'une plaque d'argent, le piftolet à la ceinture, & la carabine entre les bras, ils faisoient deux files, au milieu desquelles marchoit le patient, suivi, & tenu par le Boureau & son commis, & entouré de son Confesseur & de plusieurs Religieux ses Confolateurs & Confortateurs, qui avoient tous à la main des écrans de carton, assez grands, où étoient representés les Mysteres de la Passion de Notre Seigneur, ils les tenoient devant le patient afin qu'il ne pût appercevoir la potence où il alloit finir ses jours. Ils passerent en cet ordre par la seconde ruë qui conduit à la Place d'Armes: il n'y auroit pas eu de prudence de passer par la grande ruë, elle est étroite, le portail de l'Eglise de la Paroisse y est placé, & si par un effort bien concerté, le patient avoit pû mettre seulement le pied sur le terrein privilegié qu'on appelle *il Sacrato*, la Justice & le Boureau auroient perdus leurs peines, le criminel auroit été en lieu de sûreté, & malheur à ceux qui lui auroient voulu faire la moindre violence ; quelque repugnance que nos Peres eussent à donner azile à ces sortes de gens, il eût fallu recevoir, & proteger celui-ci, ou s'exposer à être lapidés par le peuple, qui n'eût pas respecté en pareille occasion, ni nos personnes, ni le lieu sacré où nous étions. Les Processions étant arrivées à la Place d'Armes, se mirent en haye depuis la porte du Palais de la *Rocca* jusqu'à celle de l'Eglise des Religieux de la Charité ; on fit mettre le patient à genoux, & les Religieux de la Charité ayant accompagné un cierge à la main le Saint Sacrement jusques sur la porte de l'Eglise, on donna la benediction au patient, & à toute sa suite.

On continua ensuite la marche jusqu'à la Place de la Darce, où la potence étoit plantée, la garde de la porte qui y conduit avoit été doublée, elle étoit en haye des deux côtés ; dès que les Compagnies, & le patient furent entrés, la porte & les barrieres furent fermées, on conduisit le patient à un Autel qu'on avoit dressé à quelques pas de la potence, il s'y mit à genoux, y fit sa priere qui fut assez courte, & s'étant levé, on le conduisit à l'échelle à reculons, il y monta aidé du Boureau & de son commis, & quand il fut à la hauteur requise, le Boureau lui passa au col les 2. cordes qu'il étoit venu attacher à la potence avant d'aller chercher le criminel, ils appellent la plus grosse la corde de secours, la petite la meurtriere; parce qu'en effet c'est elle qui étrangle, l'autre étant plus lâche, & ne serrant qu'en cas que la petite vienne à rompre pour empêcher le patient & le Boureau de se blesser. Le Confesseur, & les plus hardis Confortateurs monterent sur les deux autres échelles, & firent merveilles à exhorter le patient. Cependant tous les Confreres, & tous ceux qui avoient pû entrer dans la place de la Darce étoient à genoux, recitant devotement à haute voix l'Oraison Dominicale, & la Salutation Angelique, pendant que le patient ayant dit *Jesus Maria* fut jetté au vent, le Bourreau lui sauta sur les épaules, son commis lui attrapa les pieds, & les tira de toutes ses forces, & de cette maniere il fut bien-tôt étranglé.

Cette execution regardoit bien precisément les forçats & autres gens de Galeres. C'étoit pour leur donner un exemple qu'on l'avoit faite ; aussi ésoient-elles découvertes, & on avoit fait tourner les forçats du côté de la potence, pendant que les Capucins leurs Aumôniers, chacun dans sa Galere le crucifix à la main, leur faisoient des exhortations les plus patetiques, pour les porter à la detestation de leurs crimes, & à mener une vie qui n'obligeât pas la Justice à la faire finir comme leur camarade venoit de finir la sienne.

Lorsque l'exécuteur eût bien secoüé ce miserable cadavre, & qu'il l'eût bien fait piroüeter, il lui ôta toutes les cordes, dont il lui avoit garotté les mains, & les bras, il lui ôta les menottes, son adjoint lui ôta ses calçons, & ils le laisserent ainsi en chemise à la potence. On ouvrit alors la porte de la Darce, & tout le monde y entra. Ce fut une autre scêne, les peres y menoient leurs enfans, & après leur avoir fait bien considerer ce cadavre, & leur avoir fait des remontrances proportionnées à leur âge, & à leur capacité, ils leur donnoient de bons soufflets, afin qu'ils se souvinssent mieux de ce qu'ils leur avoient dit, & de ce qu'ils avoient vû.

Le Pere Fati Religieux de notre Ordre, grand homme de bien, & excellent Predicateur, qui avoit confessé le deffunt monta à une des échelles, & fit une très-belle & très-vive exhortation sur ce sujet. On fut fort content de son zéle, & le Gouverneur Prélat l'en vint remercier au Couvent.

Le corps mort demeura ainsi à la potence jusqu'au coucher du soleil. Les Penitens noirs l'en vinrent détacher processionellement. Un d'entre-eux choisi au sort coupa la corde, & la jetta au Boureau qui étoit au pied de la potence, qui alluma du feu au même lieu & brûla cette corde, & toutes les autres qui avoient servies à l'exécution, de crainte qu'on ne s'en servît à quelque superstition. Il abbatit aussi la potence, & la laissa sur le lieu, avec les échelles. Petrinetti à qui tous ces bois appartenoient, n'eût garde de les reprendre, après qu'ils avoient servi à un tel usage; mais les Capucins qui bâtissoient alors leur Couvent hors de la Ville s'en accommoderent pour leur bâtiment, & firent très-bien.

Cependant les Penitens noirs l'emporterent avec ceremonie dans leur Eglise, où après les prieres accoutumées, ils le mirent dans un petit caveau destiné à cet unique usage. J'ai hesité quelque tems à faire part au public de ce détail, de crainte de faire naître l'envie à quelques gens d'aller se faire pendre à Civita-Vechia; mes amis m'ont relevé de ce scrupule, ce qu'il y aura à observer est de ne pas souffrir qu'on obmette par negligence, ou autrement aucune des ceremonies, que j'ai marquées étant de l'interêt public qu'on ne laisse point abolir les bonnes coûtumes.

Outre le supplice de la potence, il y en a deux autres en usage en Italie; la Maslole, & la Mannaye.

Le premier est pour les assassins, & autres criminels à peu près de cette espece. Lorsque le patient est sur l'échafaut, ayant les mains liées derriere le dos attachées avec une menotte de fer, le Boureau les lui lie encore avec une corde, dont il attache le bout à l'échafaut même; après l'avoir fait mettre à genoux, il lui attache de même les pieds & les jambes au-dessous des genoux, il lui bande les yeux, & le frappe entre l'oreille, & l'œil avec une massuë d'un bois dur, & pesant, qui l'étourdit & le jette sur le côté, dans cet état il lui perce la gorge avec un long couteau à peu près comme on égorge un cochon, & lui ouvre toute la poitrine. Cette execution paroît plus cruelle, & plus inhumaine aux spectateurs qu'elle ne l'est en effet aux patiens, qui étant en tierement étourdis par le coup de maſ-ſuë, ſont achevés par le couteau avant d'être revenus du premier coup qu'ils ont reçû.

C'eſt avec la mannaye qu'on coupe la tête. Cette maniere eſt très ſûre, & ne fait point languir un patient, que le peu d'adreſſe d'un executeur expo-ſe quelquefois à recevoir pluſieurs coups avant d'avoir la tête ſeparée du tronc. Ce ſupplice eſt pour les Gentils-hommes, & pour tous ceux qui joüiſ-ſent des privileges de la Nobleſſe, comme ſont tous les Eccleſiaſtiques ſe-culiers, ou Reguliers; quelques crimes qu'ils ayent commis, il eſt rare qu'on les faſſe mourir en public. On les execute dans la cour de la priſon les portes fermées, & en preſence de très-peu de perſonnes.

L'inſtrument appellé mannaya, eſt un chaſſis de 4. à cinq pieds de hau-teur, d'environ quinze pouces de lar-geur dans œuvre, il eſt compoſé de deux montans d'environ trois pou-ces en quarré avec des rainures en de-dans, pour donner paſſage à une tra-verſe en couliſſe dont nous dirons l'u-ſage ci-après. Les deux montans ſont joints l'un avec l'autre par trois traver-ſes à tenons, & à mortoiſes, une à

Inſtrument appellé Ma-naya.

chaque extrêmité, & une environ à quinze pouces au-dessus de celle qui ferme le chassis ; c'est sur cette traverse que le patient à genoux pose son coû ; au-dessus de cette traverse est la traverse mobile en coulisse qui se meut dans les rainures des montans. Sa partie inferieure est garnie d'un large couperet de 9. à 10. pouces de longueur, & de 6. pouces de largeur, bien tranchant, & bien aiguisé. La partie superieure est chargée d'un poids de plomb de soixante à quatre-vingt livres fortement attaché à la traverse ; on leve cette traverse meurtriere jusqu'à un pouce ou 2. prés de la traverse d'en haut à laquelle on l'attache avec une petite corde, lorsque le Barigel fait signe à l'executeur, il ne fait que couper cette petite corde, & la coulisse tombant à plomb sur le coû du patient le lui coupe tout net, & sans danger de manquer son coup.

J'ai oüi dire qu'on se sert quelquefois en Angleterre de cet instrument, pourvû que les patiens en veulent faire la depense. Mais je n'assure point ce fait, ne l'ayant pas encore lû dans aucune Histoire de ce pays-là.

CHAPITRE II.

Mission faite à Civita-Vechia, par un Pere Missionnaire.

Nous eûmes quelques jours après Pâques une Mission. Le Pape choisit pour cela un Pere Missionnaire Maltois d'environ trente-huit à quarante ans, excellent Predicateur, & zelé autant qu'on le pouvoit desirer pour un ministere de cette importance. Il étoit accompagné d'un jeune Prêtre seculier qui lui servoit comme de Catechiste, qui pouvoit devenir un jour un habile Missionnaire, étant à l'école d'un maître si parfait.

Arrivée d'un Missionnaire Jesuite.

Ils vinrent en caléche jusqu'à l'hôtellerie qui est auprès de l'ouvrage à cornes, ils mirent là pied à terre, se dechausserent; ôterent leurs manteaux, & mirent sur leurs épaules de ces grands collets de cuir noir, comme en portent les pelerins de Saint Jacques; mais qui n'étoient point garnis de coquilles. Ils prirent chacun un grand bourdon à la main, & en cet équipage ils s'avancerent à la porte de la Ville. La Compagnie des Penitens bleüs avertie de leur arrivée

arrivée, les y attendoit revêtus de leurs sacs, & le visage couvert. Le Prieur de la Compagnie ayant harangué le Pere Missionnaire, & écouté avec respect sa reponse, lui presenta la croix de la Compagnie que le Missionnaire reçût & lui donna en échange son bourdon. La marche commença ensuite, deux anciens Prieurs de la Compagnie étoient à la tête avec leurs batons bleüs, & dorés, les Confreres les suivoient deux à deux, le Pere Missionnaire portant la croix marchoit le dernier, il avoit à sa droite son Catechiste avec le bourdon, & à sa gauche le Prieur en charge, portant le bourdon qu'on lui avoit confié, le Pere Missionnaire chantoit les Litanies de la Sainte Vierge, & les commença vers le milieu comme s'il en eût été en cet endroit-là, quand il étoit entré dans la Ville, les Confreres repetoient de leur mieux ce que le Missionnaire avoit dit.

Ils arriverent ainsi à la porte de l'Eglise, où notre Pere Curé les attendoit. Il presenta de l'eau-benite au Missionnaire, & le conduisit au grand Autel, il fit sa priere, après laquelle il monta en chaire, lût l'ordre qu'il avoit du Soüverain Pontife pour faire cette Mission, & déclara les pouvoirs dont il

Ceremonie de l'entrée.

étoit revêtu, dont le plus considerable étoit de donner la benediction au nom de S. S. pour la clôture de la Mission avec un grand crucifix qu'il avoit apporté à cet effet, & d'appliquer une Indulgence pleniere, à tous ceux qui se seroient confessés ce jour-là, auroient reçû la communion, & auroient assisté à la Procession solemnelle.

Il avertit qu'il prêcheroit à une heure de nuit, & exhorta tout le monde à s'y trouver.

Le Souprieur du Couvent & le Curé le conduisirent à l'appartement qu'on lui avoit preparé: c'étoit celui de notre Provincial, il étoit de trois pieces, une assez grande ayant une fenêtre, & un balcon sur la mer, une autre où étoit le lit du Pere Missionnaire, & une troisiéme pour son Catechiste.

Equipage des Missionnaires.

La caléche qui les avoit apporté, vint decharger leur bagage à la porte de derriere du Couvent; il y avoit entre autres choses, une caisse qui renfermoit le crucifix de la benediction, il se démontoit en plusieurs pieces, qui se rassembloient dans le besoin. Une autre caisse étoit pleine de disciplines de plusieurs especes, il y avoit dans une troisiéme quantité de médailles & de chapelets avec les hardes, & les souliers des Missionnaires.

Le Catechiste alla faire preparer dans l'Eglise, un théâtre à côté de la chaire de huit à neuf pieds en quarré couvert d'un tapis de Turquie, sur lequel le Missionnaire devoit prêcher, & faire ses exercices de penitence qu'il n'auroit pû faire dans la chaire assez commodément.

Il passa ensuite à la cuisine, & laissa au cuisinier un écrit contenant ce qu'on leur devoit donner pour leur nourriture. Nous vîmes avec édification, qu'ils ne vouloient point de rôti à dîner, mais seulement de la soupe, du boüilli, quelques ragoûts, & de la pâtisserie, des fruits, & du fromage pour le dessert. Il permettoient qu'on leur servît du rôti à souper, quelques ragoûts, & du dessert comme à dîner. Ils se contentoient de prendre du chocolat le matin avant d'aller à l'ouvrage.

Qualité de leur nourriture.

On sonna le Sermon à vingt-quatre heures trois quarts. L'Eglise fut remplie dans un moment, le Pere Missionnaire monta sur son petit théâtre, & fit un excellent discours sur ces paroles; *Hortamur vos ne in vacuum gratiam Dei recipiatis.* Ce Sermon quoique long me plût infiniment. Une seule chose me déplût; c'est que comme

B ij

s'il eût engendré tout ce peuple en J. C. il l'appella plus de cinquante fois mon cher peuple *populo mio, mio caro populo*. A cela près je n'avois pas encore entendu de meilleur Sermon, il toucha beaucoup les auditeurs, les femmes selon la coûtume pleurerent, & crierent misericorde. On les fit sortir. A la fin du Sermon les portes furent fermées. Le Catechiste d'un côté, & le Sacristain de l'autre, distribuerent des disciplines à tous ceux qui en voulurent, & toutes les lumieres étant éteintes, le Missionnaire sur son théâtre exhorta l'assemblée, à ce genre de penitence, & leur donna l'exemple en se foüettant de son mieux; je le jugeois ainsi par le bruit qu'il faisoit avec un foüet de cinq chaînons composés de mailles de fer plates, de la grandeur, & de la forme de ces fers dont on se sert à faire du feu: d'autres étoient de plusieurs cordes noüées, d'autres avoient des morceaux de cuir verd coupés en lanieres assez larges. Le Missionnaire exhortoit les penitens à ne se pas épargner, & crioit de tems en tems, courage mes freres, châtions cet ennemi de Dieu. Cet exercice dura plus d'un gros quart d'heure, quand les penitens eurent repris leurs habits, on alluma les cierges, & on sortit de l'Eglise en silence, les distributeurs eurent soin de recueillir les instrumens, & le Missionnaire & son Catechiste allerent souper joyeusement dans leur appartement. Je croi qu'après une telle fatigue, ils ne manquoient pas d'appetit.

Le Pere Missionnaire reçût le lendemain les visites de toutes les personnes considerables de la Ville. Le Gouverneur Prélat y seroit venu, sans une incommodité qui vint exprés pour l'en exempter. Le Missionnaire accompagné de son Catechiste, alla les jours suivans rendre les visites qu'il avoit reçûës, il y fut en habit decent, c'est-à-dire les pieds nuds, le collet de cuir sur les épaules, & le bourdon à la main. Il prêcha le soir dans notre Eglise, & son discours aussi beau, & aussi bien prononcé que celui du jour précedent, fut suivi d'un pareil exercice de penitence. Il declara que notre Eglise lui paroissant trop petite pour les Sermons du jour, il prêcheroit dans la Place de Saint Jean, entre l'Eglise de la Commanderie, & celle de la Confrairie de la mort, & que quand il feroit des exhortations le soir dans notre Eglise, elles seroient suivies d'un exercice de penitence.

On éleva donc dans cette Place un

théâtre de douze à quinze pieds en tous sens, il y avoit un Autel adossé aux magazins à bled de la Ville, & Monsieur l'Assentiste des Galeres prêta deux ou trois tentes de Galeres, qui couvrirent un très-grand espace : le Predicateur y étoit à son aise aussi-bien que son auditoire ; parce que les maisons qui forment les deux côtés de cette espece de Place, étant fort hautes, donnoient beaucoup d'ombre, & de frais le matin, & le soir qui étoient les tems des Predications. Il fut toûjours extrêmement suivi, & goûté, & assurement il meritoit de l'être, si on juge du fruit qu'il faisoit par les confessions generales qui se firent, il ne pouvoit être plus grand. Cette Mission dura près de 15. jours. Il y avoit de deux jours l'un Exhortation nocturne dans notre Eglise, & exercice de penitence.

Outre ces exercices de penitence qui se faisoient à portes fermées dans notre Eglise, il y eut cinq Processions publiques de penitences, où ceux qui vouloient pratiquer quelque mortification alloient revêtus des sacs de leur Confrairie, & faisoient leurs stations aux Eglises de la Ville. Le Pere Missionnaire y tenoit le poste d'honneur, marchoit le dernier, & se foüettoit d'importance. Je ne pouvois comprendre comment il pouvoit refifter à de fi longues, & de fi frequentes flagellations, fe fervant d'un inftrument de fer comme le fien, qui devoit lui avoir meurtri, & enfuite écorché tout le dos. La curiofité m'obligea à l'examiner de près, & je remarquai qu'il fçavoit en perfection l'art de fe foüetter avec beaucoup de bruit, & fans douleur : le cliquetis des pieces dont fes chaînes étoient compofées s'entendoit de loin ; parce qu'il fçavoit les remuer d'une maniere qui les faifoit fe choquer les unes contre les autres, & que tenant le manche à deux mains, il levoit l'inftrument fort haut ; mais il retiroit adroitement fes mains, & les abaiffoit contre fa poitrine quand le coup étoit prêt à tomber; ce qui faifoit qu'elles ne faifoient que glifler legerement fans appuyer fur la chair. Cette pieufe fraude ne me parut point du tout blâmable, il n'étoit venu que pour exciter les autres à la penitence, il s'en acquitoit à merveille, il n'étoit pas obligé à davantage; pour peu que cela eût duré, il n'y auroit pas eu affez de Chirurgiens dans la Ville pour panfer les dos meurtris, & écorchés. Je pouffai ma curiofité plus loin, je fuivis le Pere Miffionnaire lorfqu'il alloit faire une de ces Processions nocturnes, il avoit le dos découvert & le foüet à la main, & ayant été obligé de s'arrêter dans le passage qui va de la Sacristie à l'Eglise, j'approchai une bougie que j'avois à la main assez près, pour me convaincre que sa peau n'avoit pas la moindre petite marque des coups qui auroient dû l'écorcher entierement, ce qui acheva de me persuader, que ce Pere outre le talent de la Predication qu'il avoit dans un degré éminent, avoit encore celui de se flageller, sans qu'il y parût, & sans en recevoir aucune douleur, ni incommodité ; il faut pour cela une grande pratique, & une adresse merveilleuse.

Il ne tint pas à son zele, que les Peres de la Doctrine Chrétienne, qui ont un petit College dans la Ville, & nos Religieux ne suivissent son exemple, & ne s'écorchassent pour donner l'exemple au peuple; il en parla fort éloquemment à ces Peres, à notre Pere Curé & à notre P. Soû-prieur ; car le Prieur du Couvent, & le Vicaire du saint Office, avoient trouvé à propos d'avoir des affaires qui les obligerent d'aller à Viterbe, & de laisser au Soû-prieur & à moi le soin de démêler cette fusée. Le Pere Curé & le Soû-prieur m'en parlèrent; je les trouvai assez portés à suivre les mouvemens du Pere Missionnaire, d'autant plus que les Cordeliers conventuels, nos antagonistes perpetuels avoient resolu de se trouver à ces Processions les pieds nuds, une couronne d'épines sur la tête, la corde au coû, le foüet à la main, & se flagellant comme les autres. Je parlai en particulier à tous nos Peres, après en avoir conferé avec les Peres de la Doctrine Chrétienne, & nous convînmes de dire au Pere Missionnaire, que la pénitence publique étoit deffenduë aux Clercs par les Canons, à moins qu'ils ne fussent dégradés; que nous n'étions point dans ce cas, & n'avions point du tout d'envie d'y être; Que nous sçaurions bien édifier les fideles d'une autre maniere. Que l'exemple des Cordeliers ne nous regardoit point, & qu'apparemment ces Peres se trouvoient obligés de donner ces marques exterieures de pénitence au public, que nous les en loüions : mais que nous nous garderions bien de les imiter, ni dans l'acte de penitence qu'ils vouloient faire, ni dans les motifs qui les y portoient.

Le Pere Missionnaire fut très-fâché de notre resolution; il sçut que j'en étois l'auteur, & se plaignit que nos Peres se fussent laissés seduire par un François de nation, d'une Religion équivoque, & fort éloignée des exercices de la penitence.

Mais ce ne fut pas le seul endroit, par lequel j'eus le malheur de lui déplaire; on le verra dans la suite; en attendant de me le faire sentir, il transporta chez les Cordeliers, autant qu'il lui fut possible, les exercices qui auroient dû se faire chez nous. Nos Peres me le dirent comme s'en plaignant, & je les en consolai aisément.

La Mission fut enfin terminée par une Communion generale, qui fut faite dans l'Eglise des Cordeliers. On distribua à tous ceux qui communierent des Chapelets avec une grande médaille benîte, & sur les deux heures après midy, on fit la derniere Procession de penitence, & la clôture de la Mission par la Bénediction Papale, qui devoit être donnée par le Missionnaire avec le Crucifix qu'il avoit apporté.

Il fit afficher à la porte de notre Eglise, & à celle de saint François l'Ordre imprimé qui se devoit observer à cette Procession. Si j'avois été moins moderé, j'aurois pû accrocher la Procession, & inquieter le Missionnaire.

je me contentai de lui en donner la peur. Son affiche ne m'avoit point été presentée, & cependant comme Provicaire du saint Office, je devois la voir, l'approuver, & permettre qu'elle fût affichée. En second lieu, elle ne portoit point le nom de l'Imprimeur, ni la permission. Je me contentai de la faire détacher. J'en ai encore une entre les mains. Je reçûs les excuses qu'on m'en vint faire, & je laissai finir la Mission sans bruit; bien entendû que j'examinai avec attention s'il ne se passeroit point quelque chose, à quoi le devoir de ma charge m'obligeât de m'opposer.

Voici la traduction de cet Imprimé, qui ayant servi pour d'autres lieux, les noms étoient remplis à la main....
Ordre de la Procession de penitence, pour recevoir la Benediction Papale.

La Communion generale étant achevée, on donnera avec le son des cloches le signal de la marche de la Procession qui se fera dans l'ordre suivant. Elle sera divisée en sept classes.

La premiere sera des Penitens, c'est à dire, de ceux qui porteront des croix sur les épaules, ou qui se flagelleront, ou qui feront quelqu'autre acte de mortification. Un Prêtre en habit de penitence, portant la croix haute, & sans banderolle, marchera à la tête, les Penitens le suivront, & après eux les Confreres des Compagnies.

Ordre de la derniere Procession.

La seconde classe aura à sa tête l'étendart des Dames qui ne se feront point accompagner de leurs servantes, mais iront deux à deux sans distinction de rang & de préséance, comme le hazard les mettra ensemble.

La troisiéme sera de toutes les petites filles, qui iront deux à deux sans distinction, & sans qu'aucun serviteur se mêle de les mettre en ordre, ou de les accompagner.

La quatriéme sera composée de toutes les autres femmes, qui marcheront comme les précedentes.

La cinquiéme sera le Clergé, on ira deux à deux, comme on a accoûtumé d'aller aux Processions du soir, c'est-à-dire, les pieds nuds, la couronne d'épines en tête & la corde au coû. Après eux paroîtra le Crucifix avec lequel on devra donner la Bénediction Papale.

La sixiéme sera de tous les Confreres, qui ne feront aucun acte de penitence, ils n'auront point leur étendart ordinaire.

La derniere sera de tout le reste des hommes. Ils marcheront en troupe sans garder de rang.

Postes où doivent se rendre les personnes marquées ci-dessus au premier signal de la cloche, avant de commencer la Procession.

1. Les Penitens s'assembleront à saint François.

2. Les étendarts des femmes à la porte de sainte Marie.

3. Les petites filles dans l'Eglise de sainte Marie, à côté de la Chaire.

4. Les femmes dans la même Eglise, de l'autre côté.

5. Le Clergé à la porte du Couvent de saint François.

6. Les Confreres, qui ne seront point en penitence, dans la place de saint François.

7. Et tout le reste du peuple dans la place d'armes.

Les Penitens qui porteront des croix, ou qui se flagelleront, devant marcher à la tête de toute la Procession, sont avertis d'être aussi les premiers à se rendre à leur poste.

On avertit que tous ceux, qui sans attendre la Procession se rendront à la place de saint Jean, où se doit donner la Bénédiction Papale, ou qui ne garderont pas dans la Procession le rang qui leur a été marqué, demeureront privés des Indulgences que N. S. P. le

Pape a accordé à ceux qui aſſiſteront à la Proceſſion dans l'ordre marqué ci-deſſus.

On exhorte les hommes & les femmes qui ſe trouveront à cette Proceſſion, d'y aller les pieds nuds, la couronne d'épines ſur la tête, & un petit Crucifix ou une croix à la main. On exempte pourtant de cette penitence les perſonnes qui ſe trouveront incommodées.

Les filles doivent avoir un voile blanc ſur la tête qui leur couvre le viſage.

Je me trouvai à la place d'armes pour voir défiler cette Proceſſion, ayant auprès de moi le Barigel & les Sbires: parce que j'avois été averti, que malgré les deffenſes qui avoient été faites, il devoit s'y trouver des ſaints Jerômes; on appelle ainſi de certains Penitens, qui pour repreſenter ce grand Docteur de l'Egliſe, n'ont ſur eux qu'un linge attaché à une ceinture qui leur couvre legerement les parties anterieures & poſterieures, ils tiennent une groſſe pelotte de cire remplie de morceaux de verre, dont ils ſe frappent l'eſtomac, les bras, les cuiſſes, & le gras des jambes avec une effuſion de ſang, qui les fait reſſembler à des gens qu'on auroit écorchés; outre le danger qu'il y avoit pour la vie de ces imprudens, rien n'étoit si scandaleux, & si éloigné de la pudeur & de la bienséance, qu'on doit garder dans une Procession. On en avoit averti la Congregation, & cette espece de penitence avoit été deffenduë. C'étoit donc pour faire executer le decret que je m'étois mis en état d'enlever ces pretendus saints Jerômes, s'il s'en fût trouvé comme on m'en avoit averti. L'avis n'étoit pas tout-à-fait faux. J'en vis un de loin, & j'avois donné ordre au Barigel de s'en saisir, quand il passeroit devant moi : mais il se trouva vêtu d'un calçon & d'une casaque sans manche. C'étoit n'être pas nud, & par consequent n'être pas compris dans le decret, & dans un pays de formalités, comme celui où j'étois, j'aurois trop risqué en le faisant enlever. Je le laissai passer, & s'écorcher comme il le jugeroit à propos. Il y avoit des flagellans plus que je n'en avois encore vûs ; d'autres outre la flagellation, avoient encore à chaque jambe de grosses chaînes de forçats, qu'ils remuoient avec peine, & ne laissoient pas de s'écorcher le dos. Un soldat mal adroit, traversant la Procession, marcha sur une de ces chaînes dans le tems que le Penitent levoit le pied pour avancer ; il pensa le faire tomber, & lui causa de la douleur ; le Penitent lui donna de sa discipline au travers du visage, l'accompagnant de l'injure B. C. le soldat y répondit par un grand soufflet avec une injure de même espece ; ils se prirent au collet, & alloient s'en donner : mais je les arrêtai en leur remontrant le scandale qu'ils causoient à tout le monde. Ils se separerent, le soldat continua son voyage, & le Penitent sa flagellation, & la Procession ne se sentit presque pas de cet accident. Il y avoit des Confreres qui portoient des têtes de mort, qu'ils regardoient attentivement, & de tems en tems se donnoient de grands coups de poing dans l'estomach ; tous avoient des couronnes d'épines, aux dépens des hayes qui entourent les vignes, & les jardins qui en souffrirent beaucoup, & les Proprietaires encore plus.

On chantoit le *Miserere* d'un ton lugubre. Les Cordeliers pieds nuds, la couronne d'épines sur la tête, & la corde au coû, composoient avec le Catechiste tout le Clergé ; le Missionnaire eut beau prêcher, pas un des Peres de la Doctrine Chrétienne, ni l'Aumônier de la Citadelle, ni pas un des Prêtres desservans les Chapelles de la Ville, ne voulurent imiter les Cordeliers. Il n'y eut de tous nos Peres que le Curé, que le devoir de sa charge obligea de porter le grand Crucifix, avec lequel le Pere Missionnaire devoit donner la Bénediction Papale, encore ne voulut-il pas se dechausser, ni mettre une couronne d'épines. Le Pere Missionnaire fermoit la marche, se flagellant à grand bruit à son ordinaire.

Cette longue Procession, marchant très-lentement, parcourut toutes les rues de la Ville avant d'arriver à la place saint Jean. Les flagellans cesserent alors leurs exercices, se couvrirent les épaules, s'agenoüillerent ou s'assirent comme ils pûrent. Le Pere Missionnaire prit un Surplis, & une Etole, & fit un Sermon aussi long qu'une Passion. Dès qu'il fut fini, les executions de penitence recommencerent de plus belle. A peine entendoit-on quelques prieres qu'on chanta avant la Bénediction que le Missionnaire donna en faisant trois signes de Croix avec le grand Crucifix. Il annonça ensuite les Indulgences attachées à cette solemnelle bénediction, & son départ pour aller porter les mêmes graces dans d'autres Villes.

Il employa le jour suivant à faire ses adieux, & à recevoir ses visites. Sa Calêche l'alla attendre un peu au-delà de l'ouvrage à corne. La compagnie bleue le conduisit jusqu'à la porte ; on se fit les derniers adieux ; les Confreres & tous ceux qui se trouverent presens se mirent à genoux, & le Pere Missionnaire leur donna affectueusement sa bénediction, & partit comme il étoit venu avec son compagnon.

CHAPITRE III.

La Reine Doüairiere de Pologne, quitte Rome, & vient en France. L'Auteur y fait un voyage. Ce qu'il voit sur sa route, en allant, & en revenant à Civita-Vechia.

LA Reine de Pologne veuve du Roi Jean Sobieski si connu dans tout le monde par les grandes victoires qu'il a remportées sur les Turcs & sur les Tartares, & sur tout par la levée du siege de Vienne, s'étant retirée à Rome après l'élection du Roi Auguste de Saxe, & y ayant demeuré un assez grand nombre d'années, resolut de venir finir ses jours en France, qui étoit sa patrie. Elle s'appelloit Marie Casimire de la Grange d'Arquien. Son Pere étant vieux, avoit embrassé l'état Ecclesiastique, & avoit été fait Cardinal. Il étoit mort à Rome dans un âge fort avancé.

Cette Princesse avoit pris congé du Pape avec les céremonies ordinaires le 4. Juin 1714. & S. S. devoit lui donner deux de ses Galeres, pour la porter à Marseille. Mais comme la Galere Capitane, qui lui devoit servir, ne put être achevée aussi-tôt qu'on l'avoit esperé, quoiqu'on y travaillât avec toute la diligence imaginable, elle fut obligée de differer son depart de quelques jours.

Le Pape l'ayant fait avertir qu'il iroit lui souhaiter un heureux voyage, elle le pria de s'épargner cette peine, parce que son Palais étant demeublé, elle ne se trouvoit pas en état de le recevoir comme il convenoit à sa dignité. Mais S. S. qui avoit une politesse infinie, eut bien-tôt trouvé un expedient. Il fit dire à la Reine, qu'il viendroit par les jardins de son Palais, & qu'il entreroit par la porte de derriere. Cela se fit ainsi. Le Pape ayant donc été visiter quelque Eglise, entra chez la Reine par la porte du jardin. La Reine accompagnée de la Princesse Sobieski sa petite Fille, à present Epouse du Prince qui porte le nom de Chevalier de S. George, &

suivie de toute sa Cour, reçut le Pape à la maniere ordinaire, & le conduisit à l'appartement du Rés de Chauffée, que l'on avoit meublé exprès pour le recevoir. On avoit couvert de tapis l'allée du jardin depuis la porte d'entrée, jusqu'à celle du sallon.

La visite fut assez longue. La Reine reconduisit le Pape jusqu'où elle l'avoit reçû, malgré tout ce qu'il put faire, pour l'en empêcher. Il l'enrichit, & toute sa Cour, du tresor inépuisable des Indulgences dont il est le seul dispensateur; & le lendemain il envoya à la Reine un presént magnifique de plusieurs caisses d'essences précieuses, de Reliques, d'*Agnus Dei*, & d'une canne dont le bout, la poignée, & la chaîne étoient d'or, enrichis de Diamans. C'étoit, comme on voit, un present de saison, puisque cette Princesse alloit entreprendre un long voyage.

Les Cardinaux ne manquerent pas de lui aller souhaiter un heureux voyage. Il y avoit eu souvent des difficultés pour le ceremonial avec ces Princes de l'Eglise, dont la plûpart ne vouloient pas ôter leurs calottes devant cette Princesse. On n'y regarda pas de si près à cette derniere visite, où ces Eminences se roidirent un peu moins sur leurs prétentions, & chacun y mettant quelque chose du sien, la Reine fut contente, & les Cardinaux aussi.

La Galere qui devoit porter la Reine étoit neuve, très-grande, & très-magnifique. Il y avoit des bas reliefs à la pouped'une sculpture très-finie qui representoient la Canonisation derniere, que le Pape avoit faite des quatre nouveaux Saints, dont j'ai parlé dans le sixiéme volume, tout étoit doré jusqu'à l'eau. Cette pouppe élevée & couverte de damas rouge, & d'écarlatte avec des galons d'or, & des cordons de même matiere, faisoit le plus bel effet du monde. Cette Galere étoit à l'ordinaire commandée par le Chevalier Ferreti grand Croix de Malte, & grand Prieur titulaire d'Angleterre. Celle qui la devoit accompagner étoit commandée par le Chevalier de Bussy neveu du Cardinal de ce nom; il m'offrit sa table, & me pressa si poliment de faire le voyage de Marseille avec lui, que je me figurai y avoir affaire. J'en demandai permission au General de notre Ordre qui me l'accorda sans peine. Pendant que je me disposois à ce voyage, le Marquis de la Coudraye un des Gentilhommes de la Reine de Pologne arriva à Civita-Vechia avec sa femme, ses enfans, son beau-pere, &

ses domestiques ; il avoit un ordre du Commissaire general de la Marine, pour passer sur la Galere du Chevalier de Bussy. Cette grosse compagnie ne fut point du tout agréable au Capitaine, ni à moi. Je me chargeai de l'en debarasser, j'en vins heureusement à bout en persuadant à ce Marquis, comme il étoit vrai, qu'il seroit plus commodement dans une barque dont il seroit le maître, que dans une Galere où il y a peu de logement, & où il seroit gêné. Il y avoit dans le Port une Barque de Marseille, dont je connoissois le Patron, je lui fis faire marché de la chambre entiere de la poupe, & de tout l'espace necessaire pour son bagage, & pour ses domestiques. Je lui aidai à faire ses provisions, & je le mis en état de partir, & de faire son voyage commodement. Il vint m'en remércier, cela étoit dans l'ordre ; aprés les complimens, il me dit qu'il avoit une chose à me demander, & qu'il me prioit de lui donner ma parole que je ne la lui refuserois pas ; je n'hesitai pas à la lui donner, croyant que c'étoit quelque nouveau service qu'il vouloit que je lui rendisse; mais je fus bien étonné, quand il me dit que c'étoit de faire le voyage avec lui, au lieu de le faire avec Monſieur le Chevalier de Buſſy. Je fus fâché de m'être ſi fort avancé, & je lui dis que cela ne dependoit pas de moi, mais du Chevalier à qui j'avois donné ma parole, il me répondit qu'il y avoit pourvû, & qu'il avoit engagé ce genereux Chevalier à y conſentir; mais à condition que je reviendrois avec lui.

Nous partîmes donc de Civita-Vechia le 12. Juin ſur le ſoir, & nous moüillâmes le lendemain avant midi à Porto-Feraio dans l'Iſle d'Elbe, où notre Patron avoit affaire, & nous y reſtâmes deux jours.

Comme je n'avois pas des affaires fort preſſantes, ce retardement ne me fit pas de peine, d'ailleurs il y avoit longtems que j'étois accoûtumé aux manieres des Patrons de Barques qui ont affaire par tout, où ils s'imaginent faire quelque commerce.

L'Iſle d'Elbe eſt à dix milles, ou environ de Piombino, Principauté appartenante au Prince de ce nom, ſituée ſur la côte meridionale de l'Italie, entre le Mont Argentaro, & Livourne. On dit que cette Iſle appartenoit autrefois à la Republique de Piſe. On lui donne quarante à cinquante milles de circonference. Je croi qu'elle en a beaucoup davantage ſi l'on veut meſurer les

Iſle d'Elbe.

contours de toutes ses ances, & de tous ses golphes, cela la rend d'une figure fort irreguliere; mais cela lui donne aussi la commodité de plusieurs bons Ports. Je parlerai dans un autre endroit de celui qu'on appelle Porto-Longone. Pour celui appellé Cosmopolis, & autrement Porto-Ferajo, il est situé dans la partie Occidentale de l'Isle, presque à l'extrêmité d'un golphe très-profond, où le moüillage est bon presque par tout.

La Ville qui porte le nom de Cosmopolis, ou Porto-Ferajo est bâtie sur un rocher qui fait un croissant, entre les pointes duquel est le Port. Cette Ville est petite, assez marchande; malgré l'irregularité de son terrein, les ruës sont assez commodes, les maisons bien bâties, & fort propres. Elle est très-bien fortifiée, & aussi regulierement que l'irregularité du terrein l'a pû permettre Elle est jointe à la Terre-Ferme de l'Isle par une langue de terre, ou de rocher étroite, coupée par plusieurs sossez, sur lesquels il y a des ponts qui se ferment. Outre les fortifications de la Ville, il y a encore trois Forts, un qui deffend l'approche de la Ville du côté de l'Ouest, & les deux autres qui couvrent, & qui deffendent le Port,

Je

je n'eûs pas assez de credit pour entrer dans ces Forteresses. Elles sont petites, bien bâties, & bien munies d'artillerie. Le Grand Duc qui a les droits du Prince de Piombino à certaines conditions, y entretient une grosse Garnison.

L'Abbé Baudran se fâche contre les nouveaux Geographes qui donnent à cette Ville le nom de Cosmopolis; parce que ceux à qui il s'est adressé pour en sçavoir le nom, lui ont dit qu'elle s'appelloit Porto-Ferajo. Il est à plaindre de ne s'être entretenu qu'avec des ignorans qui ne sont pas obligés de sçavoir, que Cosmopolis signifie la Ville de Cosme, nom du premier Grand Duc, qui ayant fortifié cette Ville dans le seizième siécle, lui a donné son nom avec justice; s'il avoit consulté le Curé il le lui auroit dit.

Cette Isle est pleine de montagnes, & ces montagnes renferment quantité de mines de fer, & d'ayman; il y a des carrieres de marbre. On y trouve du souffre, du vitriol, de l'étain, & du plomb, il n'en faut pas davantage pour inferer qu'elle n'est pas propre à porter des grains. C'est le sort de tous les pays qui produisent des metaux, & des mineraux; plus ils sont abondans en ces sortes de choses, moins ils sont propres à produire ce qui est necessaire à la vie des hommes.

Il est vrai que les fruits, dont les arbres n'ont pas besoin d'une terre bien profonde, ne laissent pas d'y venir fort bien, les figues y sont en abondance, les abricots, les pêches, les cerises, & autres fruits à noyau, les legumes, & les herbes y viennent aussi fort bien, J'ai entendu dire à des gens délicats, que les fruits n'avoient pas le suc de ceux qui croissent dans le continent. On y trouve cependant tout ce qui est necessaire à la vie en abondance, & à un prix fort moderé, par les soins que les Officiers du Grand Duc se donnent d'y en faire venir au-delà de ce qui s'y en peut consommer. Les moutons y sont excellens & les Chevres très-bonnes; il y a du gibier, & du poisson plus qu'on ne peut croire. En effet les golphes profonds qui sont antour de cette Isle sont très-propres pour y attirer le poisson, aussi les habitans sont pêcheurs pour la plûpart, & font un commerce considerable de leur poisson salé qu'ils portent, & qu'ils envoyent aux environs.

Il y a peu de pays au monde, où les mines de fer soient aussi abondantes qu'en celui-là. On prétend qu'il ne faut que vingt-cinq, ou trente ans, pour qu'une terre foüillée reproduise la même quantité de matiere, ce qu'il y a de fâcheux, c'est que le deffaut du bois empêche qu'on ne puisse travailler le fer sur le lieu d'où on tire la matiere, ou marcassite qui produit le fer. Cela est cause qu'il faut porter la marcassite en Terre-Ferme pour la travailler. Le Grand Duc donne une assez grosse somme tous les ans au Prince de Piombino pour ces mines, & ne laisse pas d'y faire un profit considerable.

On trouve beaucoup d'aiman dans cette Isle, j'en ai eu de deux sortes, du brun, & du blanc. Tout le monde sçait que l'aiman est une pierre minerale, compacte, dure, pesante, dont la couleur la plus ordinaire est la brune, ou la blanche, & quelquefois la bleüe obscure. On en trouve presque dans tous les endroits, où il y a des mines de fer; mais elle n'est pas également bonne. Bien souvent une pierre de 3. ou 4. livres, en levera vingt-cinq ou trente; mais avant qu'elle produise cet effet, il faut avoir reconnu ses poles, & l'avoir armée d'acier : c'est ainsi qu'on appelle une espece d'enchassure avec laquelle on la lie, les extrêmités sont plates & disposées selon la direc-

C ij

tion de ses poles; afin que la force, ou vertu attractive, ou qualité magnetique s'y reuniffe & qu'elle agiffe plus fortement fur le fer qu'on lui presente afin de s'y attacher.

Je n'ai pas envie de faire ici un traité de l'aiman, j'en ai affez parlé quand j'étois jeune, & je me fuis enroüé comme les autres, tantôt en foûtenant les fentimens des nouveaux Philofophes contre les anciens, & tantôt ceux des anciens contre les nouveaux. Car n'en deplaife aux uns, & aux autres, ils raifonnent à peu près de même façon, leurs connoiffances ne font ni plus fûres, ni plus étenduës. Les nouveaux font chargés de nouveaux termes, & en plus grand nombre, & n'ont pas plus éclaircis les matieres que les anciens, dont la modeftie eft infiniment plus refpectable que la vanité, & l'oftentation des nouveaux. Les termes de qualités occultes dont les anciens fe font fervis pour avoüer qu'ils ne connoiffoient pas les vertus de cette pierre, ni les caufes de fon attraction, ni fes mouvemens, valent bien felon les gens fages, ceux dont les nouveaux fe font fervis pour expliquer ce qu'ils n'entendent pas mieux que ceux dont ils affectent de fe moquer comme igno-

fans, & de peu initiés dans les Myſ-
teres de la nature. Auſſi la ſçavante
Chriſtine Reine de Suede, n'a pas fait
difficulté de dire après avoir bien étu-
dié, peſé, & examiné les uns, & les autres, que les ſotiſes anciennes valoient
bien les nouvelles. Si les nouveaux
ont multipliés les experiences, ils n'ont
pas plus éclaircis la matiere; au contraire ils ſe ſont engagés à un plus
grand nombre d'explications, dont juſqu'à preſent ils ne ſe ſont pas tirés avec
honneur. On peut dire que ceux qui
ont expliqué avec quelque ſorte de
bonheur quelques parties des mouvemens de l'aiman, ont reſſemblés aux
Medecins, qu'un grand Miniſtre de
France comparoit aux aveugles des
quinze-vingts que l'on feroit tirer au
blanc, le hazard pourroit les y faire
donner.

Monſieur de Lonnois.

On employe l'aiman dans quelques
remedes, & ſur tout dans les emplâtres.
Les Chimiſtes, les Apotiquaires, &
les Charlatans, prétendent qu'une em-
plâtre magnetique attire le fer qui eſt
reſté dans une playe. C'eſt une ſottiſe, il
eſt plus ſûr d'ouvrir, & de dilater la
playe & de l'en retirer, avec un inſtrument, ou d'attendre que la nature
ait pouſſée au dehors ce corps étranger,

C iij

comme elle pousse les esquilles des os fracassés, ou cariés.

D'ailleurs qui ne sçait que l'aiman n'est plus propre à attirer le fer dès qu'il est en poudre? Dès qu'il est en cet état comment peut-on distinguer ses poles? C'est pourtant par eux qu'il agit, s'il n'en a plus, il n'a plus d'action. En vain donc l'employe-t-on dans les emplâtres magnetiques. Il vaudroit mieux presenter à la playe bien dilatée, un morceau d'Aiman bien armé, le fer s'y joindroit, comme il a coûtume de s'y joindre.

J'ai connu un Religieux de mon Ordre, qui avoit une recette excellente pour faire l'onguent divin qu'on appelle aussi *manus Dei*; il en donnoit aux pauvres, & n'en vendoit à personne. J'ai été témoin oculaire d'une infinité de playes qu'il a gueri, aprés que les Chirurgiens selon leur coûtume avoient abandonné les malades, à moins qu'ils ne voulussent abandonner leurs membres à leurs bistouris, & à leurs scies. Je sçai seulement qu'il y entroit de l'aiman bien pulverisé, & qu'il ne se servoit que du meilleur contre l'usage des autres artistes, qui y employent le moins bon, & le plus foible, sans faire attention que la qualité détersive & astringente de cette pierre doit être bien meilleure dans celle qui est vive, & genereuse, que dans celle qui ne l'est point, ou presque point.

L'aiman qu'on appelle blanc est plûtôt gris clair que blanc. Il est bien plus rare que le brun, on en trouve en l'Isle d'Elbe. J'en ai eu des morceaux considerables de l'un & de l'autre, dont j'ai fait des presens que je n'aurois peut-être pas faits, si j'avois sçû ce que je sçai à present.

Quand l'aiman n'auroit point d'autre proprieté, que celle de marquer les poles du monde, & de diriger ainsi les navigateurs, & ceux qui sont obligés de voyager dans les deserts, c'en seroit assez pour rendre cette pierre très-considerable, & très-necessaire.

Cette Isle produit encore du souffre, du vitriol, du plomb, & de l'étain.

Le souffre qui est une matiere minerale, grasse & inflammable, ou une espece de bythume, se trouve, se foüille & se tire de plusieurs endroits de cette Isle. Il ne faut pas croire qu'on le tire de terre aussi net, aussi parfait, & d'une couleur jaune, comme nous le voyons chez les marchands, on a besoin de feu pour le liquifier. On le met dans de grandes chaudieres de fer où il se fond, pendant qu'il est en fusion, on l'écume soigneusement, & on en tire la terre, les ordures, & les autres corps étrangers qui y étoient mêlés, après quoi on le verse dans de grands moules, & comme des cones tronqués d'où on le tire quand il est froid. Je crois qu'on transporte toute la matiere sulphureuse, qu'on tire de l'Isle d'Elbe à la côte voisine en Terre-Ferme dans l'État du Grand Duc, ou du Prince Piombino, où il y a du bois en assez grande quantité pour fournir à cette fonte. J'ai vû en passant sur ces côtes des monceaux de souffre, en attendant qu'on les vînt embarquer pour les transporter à Livourne, ou autres Ports de mer ; lorsqu'on le veut mettre en canons d'environ un pouce de diametre il faut le faire fondre encore une seconde fois, & l'écumer encore avec soin avant de le jetter dans les moules.

On se sert du souffre à bien des choses que je ne dois pas rapporter ici. Mais je crois être obligé de faire part au public d'une preparation, dont bien des gens attaqués de l'athme ont reçû beaucoup de soulagement, & dont l'uâge en a enfin gueris ceux qui se sont trouvés d'une complexion un peu robuste, ou qui ne se sont pas rebutés de son usage.

Il faut choisir du souffre en canon, leger, cassant, raisonnant, d'un beau jaune doré. Il ne faut pas se contenter de le concasser comme le marquent les Dispensaires, il faut le mettre en poudre, & puis le faire boüillir à grande eau pendant un quart d'heure, le remuant pendant ce tems-là avec une cueilliere. On verse ensuite l'eau par inclination, & on remet la matiere dans un autre vaisseau avec d'autre eau, on la remuë comme la premiere fois, on recommence ce manege dix-huit à vingt fois de suite, sans donner le loisir à la matiere de se refroidir entierement, après que la derniere lotion est achevée, & que la matiere est seche, on la met dans un pot de terre vernissé neuf, & assez grand, on le couvre bien avec un parchemin sous le couvercle, & on le met au four après qu'on en a tiré le gros pain, & on l'y laisse pendant quatre à cinq heures. Le souffre se fond, s'exalte, & se prend aux parois du pot, on l'y laisse refroidir ; après quoi, on casse le pot pour en détacher le souffre, on le pile, & on le passe au tamis de

Preparation de souffre pour l'asthme.

C v.

foye. En cet état il se trouve reduit en une poudre impalpable blanche, & presque entierement sans odeur. On en fait prendre au malade deux fois par jour ; sçavoir, le matin à jeun, & il doit s'abstenir de manger, & de boire au moins pendant une heure, après avoir pris le remede, & le soir deux heures après qu'il a soupé legerement. La dose est un gros pour les personnes délicates, & un gros & demi, pour celles qui sont plus robustes, on fait de chaque dose un bol avec autant de conserve de rose. Ce remede opere lentement, & presque insensiblement, il détache les flegmes qui embarassent les fibres des poulmons qui causent l'athme, & la difficulté de respirer, que ressentent les asmatiques, il purge doucement, & reveille l'appetit. Ce remede est excellent étant pris de cette maniere, il pourroit devenir malfaisant si on prenoit une dose plus forte.

Je crois avoir parlé du vitriol en quelque endroit. Il y en a de quatre couleurs, qui font les quatre especes de vitriol que l'on connoît & qui sont en usage ; sçavoir, le blanc, le verd, le bleu, & le rouge. Celui que l'on tire des mines de cuivre & de fer est verd, on l'appelle vitriol Romain. On en fait beaucoup dans l'Etat Ecclesiatique: Celui de l'Isle d'Elbe est de cette espece.

On a tiré autrefois beaucoup de plomb, & d'étain de la même Isle. Les mines qui produisent ces métaux sont à present fort negligées, & comme abandonnées. Il faut qu'elles soient épuisées, ou que le plomb, & l'étain qui viennent d'Angleterre soient meilleurs, ou à meilleur marché. Car les sujets du Grand Duc, sont trop laborieux pour negliger de faire valoir une chose comme celle-là, si elle pouvoit leur donner du profit. Le plomb s'employe à une infinité de choses en Italie, comme dans les autres pays: pour l'étain il n'y est pas d'un si grand usage: parce qu'on ne se sert presque pas de vaisselle de ce métal. L'argent ou la fayance, & sur tout la fayance, est la matiere de toute la vaisselle dont se servent ceux qui n'ont pas de vaisselle d'argent.

On fait encore à l'Isle d'Elbe un trafic considerable de poisson salé, & sur tout de saucisses de Thon. La chair de ce poisson ayant été bien hachée, & marinée avec le vinaigre, le sel, & le poivre, l'ail, & quelques herbes fines, on en remplit les boyaux du même poisson, & on en fait des saucisses d'environ quinze pouces de longueur,

Saucisses ou Cervelas de poisson.

C vj

& de grosseurs differentes. On les mange sans autre preparation coupées par tranches, comme les cervelas. C'est un très-bon mangé, il sert d'entremets en Carême, & les jours où l'on ne peut user que des viandes de Carême. Car la loi du Carême ne permet pas l'usage du beurre, du fromage, du lait, & encore moins des œufs. Les Medecins ne donnent jamais permission d'user de ces sortes de choses dans ce saint tems. Ils disent que si on ne peut pas garder le Carême comme il est prescrit par l'Eglise, il faut manger de la viande; mais que ces sortes de choses servent plûtôt à entretenir la sensualité & la délicatesse, qu'à nourrir, & entretenir la vie, & par consequent ils ne peuvent en permettre l'usage. Je ne sçai si leur raisonnement est bien juste, ou s'il donnera assez bonne opinion d'eux pour faire croire qu'ils ont dans ce pays-là ce qui leur manque dans tout le reste du monde.

Il vient encore de ces saucisses de thon, & d'autres poissons de Sicile & des Isles de l'Archipel. C'est des mêmes Isles qu'on apporte le Caujar qui se fait sur les côtes de la mer noire, & de la mer Caspienne; il est composé des œufs d'éturgeon. Ce poisson est fort commun fur les côtes de ces mers, & dans les rivieres qui s'y perdent. Les œufs de ce poisson, & de quelques autres à peu près de même espece étant salés, marinés & petris font une pâte noire, luisante & de fort bon goût, que l'on met dans des boëtes, & dans des barils, où elle se conserve long-temps. C'est une manne pour les Chrétiens Grecs, & les Moscovites qui suivent leur Rit. Ils ont plusieurs Carêmes chaque année, pendant lesquels ils feroient fort mauvaise chere, s'ils n'avoient pas le secours du Caujar, & du poisson salé. J'ai mangé plusieurs fois du Caujar; j'ai eu de la peine à m'y faire à cause d'une certaine odeur qui me rebutoit; je m'y suis accoûtumé, & j'ai trouvé qu'il valoit mieux en avoir, que de manger son pain sec.

On m'assûra qu'il y avoit dans l'Isle une fontaine, dont l'eau suit regulierement la longueur des jours, de maniere qu'elle en fournit beaucoup, quand les jours sont longs, comme ils sont au solstice d'Eté, & moins au solstice d'hyver. J'avois envie d'aller voir cette merveilleuse fontaine, qui n'est qu'à dix, ou douze milles de Porto-Ferajo: mais le Patron ne jugea pas à propos de me donner cette satisfaction, me disant

Fontaine merveilleuse.

qu'il n'attendoit que le vent pour mettre à la voile, & que s'il se levoit un bon vent, il partiroit, & ne pourroit pas m'attendre. Tel est le destin des voyageurs curieux; il faut se priver de bien des choses, pour ne pas s'exposer à demeurer dans un lieu, où ils n'ont d'autre chose à faire, qu'à contenter leur curiosité.

Chevaux de l'Isle d'Elbe. Les chevaux qui naissent dans cette Isle, sont petits; j'en ai vû plusieurs dans la Ville, & aux environs où je me suis promené; & j'ai été bien aise de m'être détrompé de l'idée que je m'en étois faite sur ce que j'avois entendu dire de leur taille. Elle est petite, à la verité; mais elle ne l'est pas jusqu'à ressembler à des nains, comme bien des gens me l'avoient dit. Les chevaux de Nippes dans l'Isle de S. Domingue, sont aussi petits, & ne passent pas pour des nains. On prétend que ceux de l'Isle d'Elbe sont de Race-Barbe, ou de chevaux venus de Barbarie. Ils sont bien faits dans leur taille, vifs au-delà de l'imagination; ils s'entretiennent de peu, & sont d'une ressource étonnante.

Il y a sept ou huit Paroisses dans l'Isle, outre celle de la Ville. Les Habitans me parurent assez bonnes gens, & assez civilisez pour des insulaires, pêcheurs de mineurs; car ce sont là les deux professions qui y sont exercées. Les Barbaresques se seroient emparés du païs il y a long-tems, & auroient ravagés impunément toutes les côtes, si le Prince de Piombino ne s'étoit pas accommodé avec le Grand Duc, qui est infiniment plus en état que lui de s'opposer aux entreprises de ces Barbares.

Nous partîmes de Porto-Ferajo le 15. au point du jour, & arrivâmes sur le midi à Livourne, où nous demeurâmes le reste du jour & la nuit suivante. Nous en partîmes le 16. à l'ouverture des portes.

Notre Patron qui heureusement pour nous, n'avoit rien à faire à Gênes, & dont la Barque étoit très bonne voiliere, resolut de faire canal, c'est-à-dire, de ne point faire le tour du Golphe de Gênes, comme le font ordinairement les petits bâtimens; nous passâmes à une portée de fusil de la Gorgonne, & nous la laissâmes à stribor, c'est-à-dire, à notre droite, & en 36. heures nous reconnûmes les Isles d'Hieres.

La Gorgonne appartenoit autrefois à la Republique de Pise. Elle a eu le même sort que cette Republique; elle appartient depuis long-tems aux grands Ducs de Toscane, qui y entretiennent une garnison capable de repousser les Corsaires qui voudroient piller ou enlever les habitans. Cette Isle n'est qu'un amas de montagnes, dont les revers & les vallons nous parûrent cultivés.

Un Bâtiment qui venoit du large, & qui portoit sur nous, nous fit peur; il nous obligea d'entrer dans le port de la Cioutat, où nous passâmes la nuit. Nous arrivâmes le 19. Juin à Marseille un peu après midi.

La Reine de Pologne partit de Rome le 17. Juin; elle coucha le même jour à Palo, & arriva le lendemain à Civita-Vechia. Elle y fut reçuë avec tous les honneurs dûs à sa qualité. Elle fut conduite au Palais de la Rocca, où elle se reposa quelque tems, & s'embarqua sur le soir sur la Galere Capitane commandée par le Grand Prieur Ferreti. Elle avoit encore à son service celle du Chevalier Bussi, & trois Galeres de Malte, qui l'escorterent presque jusqu'à la vûë de Marseille, où elle arriva le 26. du même mois sur les 8. heures du matin.

Les deux Galeres du Pape moüillerent à demi mille de la bouche du port, pour attendre qu'on eût reglé quelque chose pour l'entrée de la

Reine. J'allai pendant ce tems-là à bord de la Capitane. Monsieur le Chevalier Buffi me donna un paquet que notre P. Général m'avoit adreffé à Civita-Vechia, ne fçachant pas que j'en étois parti avant les Galeres, il m'ordonnoit d'aller faire fes derniers complimens à la Reine, & de lui prefenter une Lettre qui étoit dans le même paquet. N'ayant pû m'acquitter de cette commiffion en Italie, je crû le devoir faire fur le champ. Je demandai audience, & je fus introduit dans la chambre de pouppe, où je trouvai la Reine toute habillée, & à moitié couchée fur fon lit. Après les reverences accoutumées, je lui fis mon compliment, & lui prefentai la Lettre de N. P. Général ; elle reçut la Lettre & le compliment d'une maniere fort honnête ; elle ouvrit la Lettre, en lut quelques mots, & me dit de remercier de fa part notre Général de fon attention, de l'affûrer qu'elle conferveroit toûjours pour lui une veritable eftime, & qu'elle fe recommandoit à fes prieres, & à fes Religieux ; elle me dit enfuite qu'elle m'étoit obligée, & qu'elle étoit bien aife que notre Général eût choifi un Religieux François pour lui rendre fes lettres. Je fortis après cela, & quand je fis ma troisiéme reverence, la Reine me fit l'honneur de me saluer avec une inclination de tête fort gracieuse.

La Reine demeura dans sa Galere jusques sur les cinq heures du soir; les Forteresses & les Galeres la saluerent, quand elle entra dans le port. Elle avoit été complimentée à bord par le Gouverneur de la Ville, par les Echevins, par le Commandant des Galeres, & par l'Intendant. Tous ces Messieurs la reçurent, lorsqu'elle mit pied à terre. Les Galeres du Pape la saluerent de tout leur canon. Elle monta en carosse avec la Princesse Sobieski, & sa Dame d'honneur, & se rendit à l'Hôtel qui lui avoit été preparé.

Dès qu'elle fut partie, la Capitáne du Pape quitta son poste, avança un peu dans le port, & salua la Réale de France de quatre coups de canon, que la Réale lui rendit coup pour coup. Elle reprit ensuite son premier poste vis-à-vis l'Hôtel de Ville. On peut croire sans que je le dise, qu'il y avoit presse à la venir voir. Elle le meritoit bien, car de l'aveu même des François, c'étoit la plus magnifique qu'on eût encore vûë.

Nos Peres me reçurent avec toute l'honnêteté que je pouvois desirer, &

comme je parlai de payer ma dépense, parce qu'il fut aisé de s'appercevoir que la Reine feroit un plus long séjour en cette Ville, qu'on ne l'auroit dû croire à cause de quelques difficultés qui étoient survenuës touchant le lieu, où elle devoit demeurer en France, & que les Galeres du Pape y demeureroient tant qu'elle y feroit; le Prieur me dit qu'il regarderoit comme un affront, que je ferois au Couvent, si je pensois à en sortir, ou à payer ma dépense. J'avois reçû les mêmes marques de bonté dans mes autres voyages, quand j'avois été obligé d'attendre un embarquement, & je dois rendre cette justice au Couvent de Marseille, qu'il n'y en a point où les Religieux étrangers soient aussi bien reçus & traités avec autant de generosité qu'en celui-là.

J'y demeurai quarante-huit jours, & je n'en partis que le Lundi six Août 1714. dans la Galere de Monsieur le Chevalier Buffi, qui eut la bonté de donner passage, & sa table au P. Leotard, Religieux de mon Ordre, mon bon ami, à qui je fis naître l'envie de venir voir Rome. Nous demeurâmes à Gênes assez de tems, pour faire voir toutes les beautés de cette Ville superbe à mon ami; nous mouillâmes à Livourne, & y demeurâmes deux jours. Nous en partîmes le 18. sur le soir, quoique le tems fût rude, & la mer si haute, que nous eûmes bien de la peine à nous tirer d'affaire. Le tems & la mer s'étant mis à la raison, le dix-neuf au matin, nous passâmes heureusement le canal de Piombino, & nous arrivâmes le 20. à Civita-Vechia.

Je vis pendant mon sejour à Marseille les fêtes que l'on y donna à la Reine de Pologne. La plus belle fut l'illumination de la façade de l'Arsenal, & celle des Galeres; elle avoit été precedée d'une joûte, où les matelots auroient donné beaucoup de plaisirs, s'ils avoient été plus animés: mais ils la firent si mollement, que je n'ai jamais vû rien de si froid; il sembloit que les Provençaux d'ailleurs si vifs & si ardens, étoient devenus des Lapons & des Somajedes. J'ai vû de ces joûtes à Paris sur la Seine. J'en avois vû dans le port de Civita-Vechia, il y avoit de l'action, du mouvement, du courage; celle de Marseille faisoit pitié, & d'un peuple infini qui étoit accouru, pour prendre part à ce divertissement, & qui remplissoit tous les bâtimens qui étoient dans le port, tous les quays, les fenêtres, & les toits des maisons. Je étoi qu'il n'y en eût pas un qui ne regretât le tems qu'il avoit perdu à voir ce froid divertissement, ou ce qu'il avoit payé pour la place qu'il avoit occupée.

CHAPITRE IV.

Voyage de l'Auteur à Viterbe. Description de cette Ville, des deux Couvents de son Ordre, & des environs.

Nous avions été obligés de discontinuer nos bâtimens, parce que l'argent nous avoit manqué: c'étoit ce qui m'avoit donné le loisir de faire le voyage de Marseille. Nous les reprîmes, dès que je fus arrivé ; nous travaillâmes vivement tant que l'argent dura, & nous nous reposâmes, dès qu'il fut fini.

Ce fut pendant une de ces interruptions, que je fis un voyage à Viterbe. Notre Pere General avoit été obligé de s'y transporter, pour terminer les differends qui étoient entre les Religieux de Notre-Dame de la Cerquia, ou du Chêne dont les uns vouloient entreprendre un bâtiment considerable, qu'ils pretendoient être necessaire à leur Couvent; & les autres s'y opposoient comme leur étant tout-à-fait inutile. Il leur fit sçavoir qu'il y feroit venir un homme qui decideroit leur differend, & qu'ils ne pourroient pas soupçonner de partialité; puisqu'étant étranger, il n'étoit attaché à aucun des deux partis. Il me fit l'honneur de me nommer pour cela.

Je partis de Civita-Vechia le quinze Octobre sur les 3. heures du matin. On compte trente mille, ou dix lieuës de Civita-Vechia à Viterbe : mais comme j'étois bien monté, je ne doutois pas d'y arriver de bonne heure; & j'y serois arrivé en effet, si je ne m'étois point arrêté à considerer diverses choses que je trouvai en chemin, & si une grosse pluïe qui me surprit, ne m'avoit point obligé à demeurer bien plus long-tems, que je n'aurois fait à *Monte-Romano* où je dînai.

On trouve à six milles de Civita-Vechia les ruines de la seconde Centumcelle, & par corruption Cincelle, que les habitans de la premiere Centum-Cellæ avoient bâtie dans le neuviéme siecle après avoir abandonné leur parie où ils n'étoient point en sûreté, à cause des pillages & des ravages continuels, que les Barbares faisoient sur les côtes de l'Italie. Ce lieu étant éloigné des bords de la mer, ils y étoient en sûreté; mais ils s'ennuyerent à la fin d'être éloignés de la mer, & d'un commun sentiment ils abandonnerent leur nouvelle Ville, & revinrent à l'ancienne, c'est-à-dire, à Centum-cellæ, bâtie & augmentée par l'Empereur Trajan; & comme ils l'appelloient leur vieille Ville, par rapport à la nouvelle qu'ils avoient bâtie, & qu'ils quittoient; le nom de vieille Ville ou de Civita-Vechia est demeuré à la Centum-cellæ de Trajan, & on ne la connoît pas encore aujourd'hui, que sous ce nom, quand on parle Italien; au lieu qu'on l'appelle constamment Centum-cellæ, quand on parle Latin.

Le chemin qui conduit à Viterbe passe si près des murs de cette Ville détruite, que je voulus la considerer encore une fois du moins autant que les ruines des maisons, & les ronces qui sont cruës de tous côtés, me le permirent.

<small>Cincelle, ou la seconde Centum-cel.</small>

Je n'ai jamais pû sçavoir au juste combien cette Ville avoit été habitée, mes conjectures me portent à croire qu'elle l'a été pendant un grand nombre d'années, parce qu'on y voit les ruines du grand nombre de maisons bâties de pierres & de briques, des murs d'enceinte hauts & forts, des tours, & deux ou trois portes bien bâties, & encore assez entieres : ce qui ne peut avoir été fait qu'avec beaucoup de tems & de depense. Les ruës selon l'usage des tems passés sont étroites, & vont en serpentant. Les portes de la Ville ne sont pas vis-à-vis des ruës. Je remarquai des écussons sur les clefs de quelques portes, & toutes les marques d'une Ville qui avoit été fort peuplée, quoique dans une enceinte assez resserrée ; sa situation étoit agreable, & avantageuse sur une colline oblongue, toute environnée de vallons d'une très bonne terre. Il seroit aisé de retablir ce lieu, si le païs venoit à se peupler plus qu'il n'est. Il y a dans le vallon au Nord-oüest un assez gros ruisseau qu'on appelle la Moleta, qui se jette dans le Mignone environ à deux milles de Cincelle.

Je passai le Mignone sur le pont de Benascone, un peu au-dessus duquel on voit le moulin de Fani, & continuant ma route au Nord je passai à gué le ruisseau appellé Ilnaslo, au-delà duquel

quel est la plus grande partie de la Forêt de sainte Marie. J'arrivai enfin à Monte-Romano. C'étoit autrefois une Ville nommée Axia, il paroît par les vestiges qui en restent, qu'elle a été considerable. C'est à peu près la moitié du chemin de Civita-Vechia à Viterbe. Ce n'est aujourd'hui qu'un village qui appartient à l'Hôpital du Saint Esprit ; il y a un gros corps de logis, bien bâti avec toutes les appartenances d'une Ferme d'un grand revenu. J'avois trouvé les deux côtés du chemin bien cultivés depuis la forêt de sainte Marie. Ce seroit bien dommage de negliger des terres aussi bonnes que celles-là, & aussi faciles à faire valoir.

Monte-Romano, ou Axia.

La pluïe me prit à Monte-Romano, & m'obligea de m'y arrêter plus que je n'en avois envie. Comme il me restoit encore 15. milles à faire, & que je me doutai bien que la nuit seroit venuë avant que je puisse arriver au Couvent de Notre-Dame de la *Quercia*, ou du Chêne où je devois trouver le P. General ; je pris un jeune païsan, pour me conduire, & je fis sagement ; car sans ce secours, j'aurois passé la nuit dans le chemin. La pluïe l'avoit rendu mauvais & glissant, & on ne trouve que deux, ou trois mechantes maisons dans ces quinze milles de pays. La pluye ne nous quitta pas un moment, & par malheur la nuit nous prit à près de trois milles avant d'arriver à Viterbe.

On trouve à près de deux milles de la Ville, une hauteur assez considerable au travers de laquelle on a taillé un chemin étroit, où deux charettes ne pourroient pas passer de front. La nuit & la pluye nous firent paroître cette route comme un antre, où nous ne pouvions rien distinguer. Je fis marcher le jeune paysan à la tête de mon cheval, & nous nous tirâmes assez heureusement de ce mauvais pas, & bien moüillés, crotés, fatigués, & ennuyés. Nous arivâmes à une porte de la Ville; mais mon guide ne jugea pas à propos d'y entrer, & ses raisons me parurent bonnes. Nous suivîmes donc les murs en dehors jusqu'à une autre porte, où nous vîmes la belle allée d'arbres qui conduit au Couvent de la *Quercia*. Cette allée a un mille de longueur; mais le chemin est beau, bien entretenu, & autant bien battu que le doit être celui qui conduit à la plus grande devotion du pays.

L'avant cour de ce lieu celebre, est

formée par des maisons occupées dans le tems des foires par des marchands de toute espece, qui s'y rendent de tous les Etats du Pape, & du Grand Duc, & qui y font un commerce très-considerable. Ces maisons sont inhabitées tout le reste de l'année; nous arrivâmes à la porte du Couvent, où nous sonnâmes, & frapâmes pendant plus d'un quart d'heure avant qu'on songeât à nous venir ouvrir; on vint à la fin. Le portier qui avoit été obligé de quitter son souper, voulut gronder de ce que je venois à une heure induë, il se radoucit quand j'eus decliné mon nom, & qu'il sçût que c'étoit par ordre exprès du General que je venois, on prit mon cheval, on eût soin de mon guide, & on me conduisit dans une bonne Chambre, où je me mis en état d'aller faire la reverence à mon Superieur. Il me reçût avec sa bonté ordinaire, & je l'accompagnai au refectoire, où il voulut souper avec les Peres graves de la maison: j'étois si fatigué qu'il ne me fut presque pas possible de manger, ni de boire. On ne parla point d'affaires ce soir-là. J'allai me coucher en sortant de table.

Le lendemain matin je sçûs du Prieur de quoi il s'agissoit. On me montra ce que le Procureur de la maison proposoit de faire. J'entendis les raisons des uns, & des autres, j'examinai avec soin la necessité, l'utilité, & la dépense des bâtimens projettés. Je sondai les dispositions du Prieur, que je connoissois par reputation pour un saint Religieux, très-propre à conduire les ames dans le chemin du Ciel; mais qui n'entendoit rien du tout dans les affaires de ce monde; il me l'avoüa fort ingenuement, & me pria de trouver le moyen de contenter tout le monde, & qu'il y donneroit les mains, & me seroit fort obligé. le Procureur fit tous ses efforts, pour me persuader que les bâtimens qu'il proposoit étoient absolument necessaires; si je n'eusse pas sçû mon metier, il m'auroit peut-être persuadé. Je crûs entrevoir la raison qui l'obligeoit à proposer ces bâtimens inutils, & dont la dépense n'auroit pas été petite. Il étoit prêt de finir le tems de son emploi, & il avoit envie d'y être continué, & il auroit fallu que la Communauté y eût consenti, & peut-être qu'il se seroit fait prier pour accepter ce qu'il souhaitoit avec passion. Pour m'en éclaircir, je feignis d'entrer dans ce qu'il proposoit, mais, lui dis-je, il faudra du tems pour achever ces édifices,

& si le tems de votre charge finit avant qu'ils soient faits, qui les continuera? quelque repugnance que j'aye pour la charge, me repondit-il, je l'accepterai de nouveau si on m'en prie uniquement pour le bien de la maison. Je le loüai de son zéle, & j'allai rendre compte au General de tout ce que j'avois vû, & appris. Il vint sur les lieux, il examina toutes choses, & convint qu'il ne falloit pas donner dans les vûës de cet adroit Procureur, & que l'argent de la maison seroit infiniment mieux dans les coffres que d'être employé à ces bâtimens, dont l'inutilité étoit évidente, & dont la dépense seroit très-forte, & pourroit être préju-diciable au Couvent.

Le Prieur me remercia de tout son cœur de ce que j'avois si bien conduit cette affaire selon ses intentions, & il ne tint pas à lui, que je quitasse Civita-Vechia pour demeurer à la *Quercia*.

On a donné à cette Eglise le nom de Notre-Dame de la *Quercia*, ou du Chesne, à cause d'une image merveilleuse de la Sainte Vierge qui y est honorée, & qui est une source feconde d'une infinité de miracles qui s'y font tous les jours. Voici comme cette Sainte Image fut decouverte.

Occasion de la Fondation de l'Eglise & du Couvent de laQuercia. Le lieu où est à present l'Eglise, & le Couvent des Dominiquains étoit une forest, au travers de laquelle étoit le grand chemin qui conduit à Banaia Orviette, Todi, Perouse, & autres lieux de la partie septentrionalle des Etats de l'Eglise. Des païsans qui y passoient souvent, virent la nuit des lumieres dans le plus épais du bois, cela étant arrivé bien des fois, il resolurent à la fin d'examiner une chose si extraordinaire; ils allerent en assez grand nombre pour ne rien craindre au lieu où ces lumieres paroissoient, & virent qu'elles sortoient d'une Image de la Sainte Vierge peinte sur une grande Tuille, & attachée à un chesne, ces lumieres leur parurent s'augmenter, quand ils furent au pied de l'arbre. Ils furent frappés de crainte à la vûë de l'Image, ils se prosternerent, prierent Dieu, & s'étant rassurés peu à peu, ils deputerent quelques-uns d'entre eux pour en aller donner avis à l'Evêque de Viterbe.

Le Prélat ayant fait faire les informations necessaires sur ce sujet, & ayant été assuré de la verité du fait, resolut d'apporter cette Image merveilleuse à la Ville, & de la placer dans sa Cathedrale, il alla sur le lieu avec tout son Clergé Séculier & Regulier, & ayant détaché l'Image de l'arbre où elle étoit, il l'apporta à son Eglise, & la plaça avec respect sur le grand Autel, en attendant que la Chapelle, où il avoit resolu de la mettre fût en état de l'y recevoir; mais on fut bien étonné de ne l'y plus retrouver le lendemain matin. On sçût qu'elle étoit au lieu d'où on l'avoit tirée. On l'alla rechercher une seconde fois, & la même chose étant arrivée jusqu'à trois ou quatre fois, l'Evêque vit bien que la Sainte Vierge vouloit être honorée au lieu où son Image se trouvoit ainsi transportée miraculeusement. Il fut donc resolu de l'y laisser, & de bâtir une Chapelle à cet endroit, afin qu'elle y fût d'une maniere plus decente, & qu'on y pût celebrer les divins mysteres.

Cette premiere Chapelle couvroit tout le Chesne, où la Sainte Image reposoit. On dressa un Autel au pied de cet arbre fortuné. Et l'on choisit les Religieux de l'Ordre de Saint Dominique pour avoir soin de ce Saint lieu, & pour y celebrer les Saints Mysteres.

La quantité de miracles qui s'y faisoient tous les jours y attira bien-tôt les peuples de tous les environs, & ensuite ceux de toute l'Italie. Il fallut bâtir une Eglise plus considerable, & un Couvent pour loger les Religieux qui la desservoient.

Cette Eglise est grande & très-belle. La grande Nef est accompagnée de deux collateraux separés par des colonnes de pierre dure très bien travaillées. Les arcades sont en pleins ceintres, & portant une architrave, une frise & une corniche avec tous les ornemens qu'on y peut mettre sans confusion. La Nef, & les collateraux sont voûtés, & les Chapelles qui sont des deux côtés sont belles, & ornées de retables & de peintures de bon goût. Le Chœur où les Religieux font l'Office, est derriere la Chapelle qui renferme le chesne, où la Sainte Image fut trouvée, il est à present sec, & la devotion des pelerins l'a fort maltraité en le coupant. On conserve à present le tronc avec plus de soin, & si on en donne à quelques personnes, c'est une petite quantité.

Au reste il ne faut pas s'imaginer qu'on attribuë aucune vertu à ce bois.

On est trop éclairé pour cela, & si des pelerins grossiers, ou superstitieux donnoient à connoître qu'ils ont cette idée, on auroit soin de la detruire, & de les instruire sur ce point. Si on leur en donne quelque parcelle, ce n'est que pour les faire souvenir du pelerinage qu'ils ont fait, des graces qu'ils ont obtenuës de Dieu par l'intercession de la Sainte Vierge, & du miracle qu'il a plu à Dieu d'operer, en mettant dans cet arbre ce tableau qui a été, & qui est encore à present, une source intarissable de toutes sortes de prodiges.

Il y a un grand nombre de Confesseurs dans cette Eglise, qui ont le pouvoir d'absoudre de tous les cas reservés. Car c'est une regle generale, que tous ceux qui y viennent s'y confessent, & reçoivent la Sainte Communion, & le nombre des pelerins est quelquefois si grand, qu'il faut appeller des Confesseurs de dehors pour aider ceux qui y font leur residence ordinaire, qui sont souvent obligés de passer la nuit dans l'Eglise pour entendre les confessions.

Une chose qui gâte beaucoup cette Eglise, c'est une tribune qu'on a bâtie au-dessus de la premiere Chapelle qui couvroit l'arbre, entre les branches duquel on trouva l'Image de la Sainte

Vierge. Cette tribune sert de petit Chœur aux Religieux pour les Offices de la nuit, & pour les petits Offices du jour. Elle leur est commode, parce qu'elle est de plein pied avec leur dortoir, mais elle fait un vilain effet. Elle empêche qu'on ne voye toute la longueur de l'Eglise, c'est-à-dire leur grand Chœur, qui est derriere la Chapelle de la Vierge. Et d'ailleurs il me paroît que c'est une indecence d'être ainsi au-dessus du Saint Sacrement, & de la Chapelle, où on conserve ce tableau merveilleux.

L'Eglise est pleine de vœux de ceux qui ont reçû des graces particulieres, par l'intercession de la Sainte Vierge. On ne se contente pas de les representer en tableaux, comme presque par tout ailleurs, on voit de tous côtés des figures de carton grandes comme nature, qui représentent les gens qui ont reçû des graces singulieres. Je n'ai vû des vœux de cette espece qu'en ce lieu, & en l'Eglise de l'Annonciade de Florence. Je ne prétends pourtant pas assurer qu'il n'y en a que dans ces deux endroits: mais comme je n'ai pas été par toute l'Italie, je n'en ai vû que dans ces deux Eglises.

On peut croire, que les vœux de

Carton ne sont pas les seuls qui ayent orné ou enrichi cette Eglise. La pieté des Fidéles sembloit s'être épuisée, tant on voyoit d'argenterie, & d'ornemens d'or enrichis de pierreries au tour de de ce precieux tableau. On croyoit ces richesses tellement en sûreté, par leur consecration, qu'on n'avoit pas songé à mettre des grilles de fer aux fenêtres basses de l'Eglise. Il n'étoit jamais venu dans l'esprit de personne, qu'il pût se trouver au monde des gens capables de commettre un si horrible sacrilege, que celui de mettre leurs mains sur ces tresors; & d'en dépoüiller la Sainte Vierge. La sécurité des Religieux étoit si grande sur ce point, qu'ils ne fermoient les portes de l'Eglise que par bien-séance, pour empêcher les bêtes sauvages d'y entrer pendant la nuit. La Sainte Image fut pourtant depoüillée il y a quelques années. On trouva un beau matin, que des scelerats étoient entrés avec une échelle par une fenêtre, & avoient emportés toutes les richesses de ce saint Lieu. On regreta sur tout une large bordure d'or massif couverte de diamans, & d'autres pierreries qui étoient autour du saint tableau. Il est impossible de dire à combien monta ce vol sacrilege,

D vj

parce qu'on ne s'étoit jamais avisé de faire peser, & priser les pierreries, l'or, & l'argent, dont cette Chapelle étoit remplie.

On fit de grandes perquisitions, & jusqu'à present on n'a rien decouvert; & il n'y a pas d'aparence qu'on en sçache jamais davantage. Un pauvre païsan qui cüeilloit des feüilles de meurier a été long-tems en prison, & a été mis plusieurs fois à la torture; parce que les voleurs s'étoient servis de deux échelles qui lui appartenoient, qu'il avoit laissé au pied du meurier. Ces deux échelles ayant été trouvées, l'une dans l'Eglise, & l'autre dehors appliquées à la fenêtre par laquelle on étoit entré, donnerent de violens soupçons contre lui; il étoit pourtant très-innocent; mais malgré son innocence, il seroit peut-être mort en prison s'il ne fût venu un ordre de Rome de lui rendre sa liberté, ce qui fit soupçonner, que celui ou ceux qui avoient commis ce sacrilege, étoient venus s'accuser au Pape, & avoient accommodé leur affaire.

Ce vol n'a pas diminué la devotion que l'on avoit pour cette sainte Image. Les miracles n'ont pas discontinué, on n'a pas cessé d'y faire des vœux, &

quoiqu'il s'en faille beaucoup qu'il y ait à présent autant de richesses qu'il y en avoit autrefois, les Réligieux sont plus soigneux, & gardent plus exactement celles qui y sont. Ils ont fait mettre de bonnes grilles de fer aux fenêtres, & n'ont oublié aucune des précautions qu'ils auroient dû avoir prises devant le vol.

Aprés avoir bien considéré ce qu'il y auroit à faire, pour occuper utilement les Réligieux qui avoient tant d'envie de bâtir, je leur conseillai d'abattre leur vilaine tribune, & de faire une balustrade sur la corniche de la Chapelle de la Vierge, & de prendre sur la voûte d'un des collateraux l'espace necessaire, pour faire leur Chœur de nuit; chose fort commode, & absolument necessaire en Italie, où plus qu'en aucun pays du monde, on cherche avec soin tout ce qui peut contribuer à la commodité, & au bien être.

Le Couvent de la *Quercia* est grand; il n'a pas été bâti tout d'un coup, il s'en faut bien, & il est aisé de s'en appercevoir. On auroit pû faire beaucoup mieux; cependant il est très-logeable. Il y a toûjours Noviciat & Etude, & beaucoup de Confesseurs. C'est e tout tems une Communauté de plus de soi-

Couvent des Jacobins de la Quercia.

xante Religieux, il est riche, l'eau n'y manque pas, les cloîtres & les cours, les offices, & les jardins ont des fontaines, & des jets d'eau; avec tout cela l'Ordre a un autre Couvent à l'extrêmité de la Ville opposée à celle-ci, nommée Notre-Dame de Gradi, qui me plairoit infiniment davantage.

La Ville de Viterbe, prétend être bien plus ancienne que Rome. Les preuves qu'on en donne m'ont paru obscures : elles le contredisent même dans des points essentiels. Je veux pourtant bien lui passer quelque chose pour ne me pas brouïller avec des gens de condition, qui y prennent interêt parce qu'ils en sont.

On convient que le nom de Viterbe étoit inconnu avant le Regne de Didier dernier Roi des Lombards, qui regna depuis l'an 763. jusqu'en 774. qu'il fut défait & pris par Charlemagne Roi de France, & depuis Empereur. Ce Prince Lombard réunit quatre Villes, Bourgs ou Villages appellés en Latin *Fanum Vultumnæ, Arbanum Vetulonia & Longula*, & en fit une seule Ville, qu'il environna de murailles qu'il fortifia de tours, & de fossés, & qui à cause de cette quadruple union, fut d'abord appellée Tetrapolis, & ensuite Viterbe, & en ancien Latin *Vetarcium*; c'est le nom dont le Roi Didier l'honora après l'avoir bâtie, & fortifiée, comme on le voit dans une table de marbre blanc, qui est à l'Hôtel de Ville, & qui est posterieure au Regne de ce Prince. On a negligé de marquer la datte du tems qu'elle a été faite. La voici en latin telle qu'elle est avec sa traduction. *Desiderius ultimus Insubrium Rex, Longulam, Vetuloniam, atque Volturnam mœnibus cinxit, & Etruria priore nomine inducto, Vitercinum multâ capitis indictâ appellari jubet anno salutis* 773. Didier dernier Roi des Lombards environna de murs, *Longula, Vetulonia, & Volturna,* & ayant fait revivre l'ancien nom Toscan, il commanda sous peine de la vie qu'elles fussent apellées *Vetercum*, l'an de salut 773.

Le nom de *Vetercium* a depuis été changé en celui de *Viterbium*. Les Italiens disent *Viterbo*, & les François *Viterbe*.

Cette Ville est la Capitale du Patrimoine de S. Pierre donné à l'Eglise par la genereuse Comtesse Mathilde, comme Rome est la Capitale de celui qu'on prétend avoir été donné à l'Eglise, par l'Empereur Constantin. Bien des gens

Patrimoine de Saint Pierre donné par la Comtesse Matilde.

trouvent des difficultés sur cette derniere donation; il y en a qui la traitent de chimerique. Ce n'est pas ici le lieu d'examiner ce point. Les Papes en sont en possession depuis bien des siècles, & cette très-longue possession vaut bien un titre, quand même on n'en pourroit produire aucun autre; car à combien de discussions ne s'exposeroit-on pas si on en produisoit un? Quand même on le supposeroit revêtu de toutes ses formes les plus autentiques, ne seroit-il pas toûjours libre aux critiques, & aux envieux de la gloire, & de la puissance de l'Eglise d'accuser ce titre de supposition, d'attaquer le stile, le caractere, l'encre, le parchemin, les sçeaux? & quand on supposeroit qu'il auroit souffert l'examen selon les regles les plus severes de la diplomatique, n'en reviendroit-on pas à dire que les Empereurs, & les Rois étant toûjours mineurs, les successeurs de ce grand Prince sont toûjours en droit de se relever de cette donation exhorbitante, où leur gloire, & leurs interêts ont tant à souffrir?

Donation de Constantin.

Il n'en est pas de même de la donation de la Comtesse Mathilde. Elle a donné à l'Eglise ce qu'elle étoit en droit de lui donner; & le Titre qu'on en conserve, est revêtu de toutes les formes necessaires, pour le mettre hors d'état d'être attaqué, ou soupçonné de fausseté ou de supposition.

En voici comme un Extrait gravé dans le même Hôtel de Ville de Viterbe qui pouvoit passer pour la Capitale des Etats de cette Princesse. *Æterna memoria inclyta Mathildis, quæ ob præstabile Religionis studium, ac pietatem sedi Pontificia suum hoc patrimonium Divi Petri in Thuscia dein nuncupatum elargitur, & in veterem urbis ejus splendorem intuens Paschalis secundus Bleden Pontifex maximus ejus Metropolim, ut ante Viterbinum constituit anno salutis* 1113.

Donation de la Comtesse Mathilde.

A la memoire éternelle de l'illustre Comtesse Mathilde, dont le zele pour la Religion, & la pieté l'ont portée à donner son patrimoine au Saint Siege, que l'on a depuis appellé le patrimoine de saint Pierre en Toscane. Paschal II. souverain Pontife, voulant relever la splendeur ancienne de cette Ville l'a établi Metropole de ce patrimoine, comme elle l'étoit autrefois l'an du salut 1113.

En voilà ce me semble assez pour faire connoître la verité de la donation de cette Princesse, la gloire ancienne de Viterbe, & le rang d'honneur, & de prééminence qu'elle conserve sur toutes les autres Villes de l'Etat.

Il est vrai que dans l'inscription du Roi Didier que j'ai rapportée, il n'est fait mention que de trois Villes, parce qu'il n'y est parlé que des trois qu'il avoit unies à la quatriéme nommée *Arbanum*, qui selon les apparences étoit la plus considerable ; & c'est de l'union de ces quatre Villes, qu'est venu le nom de Tetrapolis, ou 4 Villes. Le dictique qu'on lit au haut de l'escalier de l'Hôtel de Ville, en est une preuve. Le voici.

Hanc Favum, Arbanum, Vetuloni, Longula quondam.
Oppida dant urbem : prima elementa.

F. A. V. L.

Viterbe est à quarante milles à l'Occident de Rome, & à trente milles de la mer qu'elle a au Midi. Elle est située presqu'au pied d'une haute montagne que les Latins appelloient *Ciminius mons*, & que l'on nomme aujourd'hui la montagne de Viterbe. Elle est à l'Orient de la Ville ; c'étoit une forêt épaisse, dont le passage étoit dangereux. Je l'ai dit dans un autre endroit, que la sûreté y est toute entiere aujourd'hui par une Garde qu'on y entretient.

La Ville est dans un terrein assez uni du côté de l'Orient, il y a des monticules & des vallons dans la partie Occidentale, & Meridionale ; elle est grande, bien percée, ses ruës pour la plûpart sont droites, larges, bien pavées, fort propres. Les maisons y sont belles. Il y a nombre d'Hôtels, ou de Palais qui meritent d'être vûs, & un plus grand nombre d'Eglises, de Chapelles, de Couvens & de Monasteres qu'il ne convient à une Ville de son étenduë : car je crois qu'il y en a de tous les Ordres qui sont dans l'Eglise, excepté des Jésuites. Aussi est-elle mal peuplée. On n'y compte que quinze à seize mille ames. C'est trop peu pour un si bon païs. Elle en contiendroit commodément quarante mille, & si les peuples étoient plus laborieux qu'ils ne sont, ils deviendroient riches, ayant chez eux tout ce qu'il faut pour le devenir, même à peu de frais.

Les maisons anciennes ont pour la plûpart à côté d'elles des tours quarrées, fort hautes, qui font un effet assez bizarre & peu agreable à ceux qui n'y font pas accoûtumés, & qui n'en fçavent ni l'ufage, ni le motif.

On prétend que ces tours, auffi-bien que celles de Pife ont été bâties dans les tems des guerres civiles ; & lorfque les factions des Guelphes, & des Gibelins dechiroient fi cruellement l'Italie, que les citoyens armés les uns contre les autres ne fe faifoient aucun quartier. Ces tours étoient comme autant de Forterefles, où ils fe retiroient, & d'où ils combattoient à coups de pierres & de traits. Plus elles étoient élevées, plus elles donnoient d'avantage à ceux qui étoient dedans. Mais lorfqu'un parti avoit le deffus, il ne manquoit pas de rafer les tours, & les maifons fortes du parti contraire : fans cela prefque toutes les maifons feroient accompagnées de tours.

On prétend encore que ces tours étoient des marques, que le Proprietaire de la maifon avoit joüi de la premiere Magiftrature de la Ville, & que c'étoit une diftinction qui faifoit connoître à tout le monde le rang & la Nobleffe de la Famille. En effet j'ai remarqué, étant à Cornette, que les Proprietaires de ces tours les entretiennent avec foin, quoiqu'elles gâtent affez fouvent la fimétrie de leurs maisons. Ils souffrent avec plaisir cet inconvenient plûtôt que de se priver de l'honneur d'une Noblesse à tours, dont on ne leur peut disputer l'ancienneté, dès qu'on en voit ce Titre public.

Notre Noblesse Françoise se reconnoissoit autrefois aux tours, dont ses Châteaux étoient fortifiés, aux fossés, & aux ponts-levis, & sur tout aux Donjons, ou à la grosse tour qui étoit au milieu de la cour, & qu'on regardoit comme le centre & la marque de la Souveraineté, ou de la Seigneurie. Depuis un long-tems on a negligé toutes ces tours ; les creneaux, & les machicoulis ne sont plus en usage. Il n'y a plus que quelque Noblesse qui se croit interessée à la conservation de ces restes, qu'elle regarde comme faisant partie de ses Titres, qui a encore soin des restes des fléches de ses ponts-levis, & qui attache à côté des portes les chaînes qui servoient à les élever quand il y en avoit.

Je n'ai pas compté les tours qui sont à Viterbe, j'aurois eu trop à faire, car il y en a un bien plus grand nombre, que ne le dit M. Misson, & qu'il n'en a vû, lorsqu'il y est passé en venant de Rome.

On trouve hors de Viterbe fort près de la porte Romaine un Couvent de Dominiquains, appellé Notre-Dame de Gradi, ou des degrés, à cause du nombre considerable de degrés qu'il faut monter, pour arriver à la porte de l'Eglise, & à celle du Couvent. Il est accompagné d'un Hôpital, où l'on reçoit tous les Pelerins qui vont à Rome, ou qui en viennent. On n'est obligé que de leur donner deux repas, & de les coucher une nuit à moins qu'ils ne soient malades. Ceux qui ont le bonheur de s'y trouver, quand on fait la lessive, ont des linceuls blancs qui servent à ceux qui viennent après eux jusqu'à ce qu'ils soient sales. Ils sont mieux pour la nourriture, mais c'est toûjours à la maniere des Hôpitaux, qui sont par tout les mêmes, ou à très peu de choses près.

Eglise, Couvent, & Hôpital de Gradi à Viterbe.

L'Eglise de ce Couvent est plus ancienne, & plus grande que celle de la Quercia, mais elle n'est pas si belle, il s'en faut beaucoup. En échange le Couvent est infiniment plus beau. Le premier Cloître est ancien, vaste, bien bâti, bien voûté. Il y a tous les ornemens usités dans les bâtimens faits depuis quatre ou cinq siecles. Le second Cloître est plus petit. Il est plus riant,

& bâti dans toutes les regles de la bonne Architecture, il est de pierre taillées & mises en œuvre fort proprement. Les chambres sont belles aussi-bien que tous les lieux reguliers. Il y a une bibliotéque nombreuse, & bien choisie, on y conserve entre les manuscrits les minuttes de Jean Annius, qui étoit Religieux de cette Maison, & qui est mort à Rome, sous le Pontificat d'Alexandre VI. à la fin du quinziéme siécle, étant alors maître du sacré Palais. Il étoit sçavant dans les Langues Grecques, Hebraïques, & Caldaïques, & très-versé dans l'antiquité. Il est vrai que quelques modernes, & entre-autres Misson l'accusent de filouterie dans les Histoires, & les inscriptions que nous avons de lui. Ils auroient dû parler avec lus de respect d'un écrivain celebre, plein de religion, & de bonne foi. Je tombe d'accord qu'il peut s'être trompé en quelques endroits, il est à plaindre, son malheur est d'avoir puisé dans de mauvaises sources, de n'avoir pas assez examiné les manuscrits sur lesquels il a travaillé. Je serois bien aise de pouvoir dire la même chose de Monsieur Misson, & d'être en état de l'excuser aussi facilement que mon confrere le peut être. J'ai remarqué en passant

Jean Annius Refutation des calomnies debitées contre lui.

quelques-unes des fauſſetés qu'il nous a debitées; ceux qui voudront lire avec attention ſon voyage en remarqueront bien d'autres, & cependant je ne l'ai point traité de filou. Je plains ſon ſort, il s'eſt mis dans la dure neceſſité de debiter bien des menſonges pour divertir la populace du pays, où il s'eſt retiré, en eſt-il plus honnête homme ? Il auroit dû ſe ſouvenir qu'on conſerve avec reſpect le portrait de ce grand homme, dans la Maiſon de Ville. Mais pour revenir à Annius qui écrivoit à la fin du quinziéme ſiécle, nous avons de lui des Commentaires, & des Notes ſur Caton, ſur Fabius Pictor, ſur Marcille de Leſbos, ſur Archilogue, ſur les équivoques de Xenophon, ſur Philon Juif, ſur Metaſtêne Perſan, ſur Beroſe Caldeen, ſur une partie de l'Itineraire d'Antonin, ſur l'Edit de Didier Roi des Lombards, ſur Properce, & ſur l'Apocalypſe de Saint Jean. Il nous a encore laiſſé des Diſſertations curieuſes ſur quantité d'autres ſujets, & ſur l'antiquité. Son merite, & ſa profonde ſcience, ſes connoiſſances vaſtes, & ſon aſſiduité au travail, l'ayant fait connoître à la Cour Romaine, il fut élevé à la Charge de Maître du Sacré

Palais

Palais, dans laquelle tout le monde fçait qu'on ne met que des gens d'un fçavoir rare, & d'une folide vertu, & fi la mort ne l'avoit pas enlevé fi-tôt, on ne doute pas qu'il n'eût été élevé à la pourpre, il écrivoit vers l'an 1470.

Mais fi les envieux de la reputation qu'il s'étoit acquife ont ofé attaquer fes écrits, ne pouvant attaquer fa vie, & fes mœurs, il a trouvé dans tous les tems de fçavans & de zelés deffenfeurs de fes ouvrages. Celui qui approche le plus près de fon âge, eft le celebre Hiftorien Leandre Albert auffi Religieux de l'Ordre de Saint Dominique, qui dedia fa defcription d'Italie en 1550. à Henry II. Roi de France, & à la Reine Catherine de Medicis fon époufe.

Le fecond eft le Pere Thomas Mazza auffi Religieux Dominicain, & Inquifiteur à Genes, qui a publié une fçavante Apologie pour le juftifier, & quelques autres ; aufquels il faut joindre mon confrere le fçavant Pere le Quien, fi eftimé, & fi connu dans la Republique des Lettres, par les excellens ouvrages dont il l'a enrichie, & qu'il eft encore prêt de mettre au jour. Te's ont été la deffenfe du Texte

Hebreu, & de la Vulgate contre le Livre de l'antiquité des tems : cet Ouvrage fut imprimé à Paris en 1690. Les Oeuvres de Saint Jean Damafcene en Grec, & en Latin, en deux volumes in folio, à Paris en 1712. Panoplia contre le Schifme des Grecs auffi à Paris in 4°. en 1718. Son grand Ouvrage intitulé *Oriens Chriftianus, necnon Africa*, va être mis fous la preffe, auffi-bien que d'autres Ouvrages que les fçavans attendent avec impatience ; c'eft lui qui va prendre la deffenfe du Pere Annius. Il m'avoit dit ce qu'il penfoit de cet Auteur ; mais je l'ai prié de m'en donner l'abregé par écrit. Le voici tel que je l'ai reçû de lui.

Vous fouhaités que je vous donne par écrit les raifons qui m'autorifent à foûtenir, que Jean Annius de Viterbe, qui depuis long-tems paffe pour un infigne fauffaire, n'eft point du tout coupable de ce crime ; mais que toute fa faute ne confifte que dans une trop grande credulité, qui lui a fait regarder comme autentiques des pieces dont fon érudition auroit dû lui faire connoître la fuppofition, & la fauffeté.

Si je prétends juftifier mon confrefe du crime de falfification, ce n'eſt ni par interêt, ni par préjugé que je prens ce parti. Jamais l'interêt, ni le préjugé, ne m'en ont fait prendre de parti contraire à la verité, quand je l'ai connuë. On ſçait, que quelque eſtime que j'aïe toûjours euë pour le Pere Combefis mon confrere, qui a tant merité de la Republique des Lettres & de toute l'Egliſe, je n'ai point fait de difficulté de le condamner dans le jugement qu'il a porté trop legerement des Catecheſes de Saint Cyrille de Jeruſalem, qu'il a attribué à Jean de Jeruſalem ſon ſucceſſeur Contemporain de Saint Jerôme, ſur une leçon d'un manuſcrit qu'il n'avoit pas aſſez examiné. Je me garderai bien encore d'entreprendre de juſtifier l'édition qu'il nous a donnée des Actes de Saint Euſtathe Martyr, de Saint Sylveſtre, & d'autres ſemblables qu'il a ramaſſé dans un volume in 8°. Il n'en eſt point l'Auteur à la verité; mais ſes longues études, & la connoiſſance qu'il avoit acquiſe de l'antiquité, auroient dû le detourner de nous donner ces Ouvrages comme des pieces autentiques. Cette édition a fait beaucoup de tort à la reputation, que ſes autres Ouvrages lui avoient merité juſtement.

E ij

Il regne parmi nous une franchise qui nous fait condamner librement nos confreres, quand nous les trouvons en faute, quelque considerable que soit le rang qu'ils tiennent, ou qu'ils ont tenu parmi nous.

J'aurai donc l'honneur de vous dire d'abord que long-tems avantque j'eusse de quoi justifier plus pleinement Annius, ayant eu les Ouvrages qu'il a publiés sous le nom de Manethon Egyptien, & de Berose le Babilonien, & les ayant comparés avec ses Nottes sur le même Ouvrage, où il raporte les differens fragmens du vrai Manethon, & du vrai Berose que nous lisons dans les Livres de l'Historien Joseph Juif. Je ne ne pouvois me mettre dans l'esprit qu'Annius, s'il eût été lui-même le fourbe, qui avoit composé ces fausses Histoires, n'eût pas eu l'esprit, ni l'adresse de les composer, de telle sorte que ces fragmens s'y trouvassent au long, pour rendre la supposition plus plausible. J'ai souvent proposé cette difficulté à des personnes doctes, & judicieuses qui sont demeurées d'accord, que ma reflexion meritoit quelque attention.

Depuis ce tems-là le Pere Echard mon confrere, me mit entre les mains un Catalogue d'Auteurs qu'il avoit trouvé cités dans une Chronique manuscrite compilée entre l'an 1220. & 1230. qui est dans la Bibliotheque de M. Colbert. Il me chargea de le montrer à un sçavant homme, que je voyois assez souvent. Le voici.

Pompeius Trogus . . . . Sciratuus, Alemanus . . . Helius, Hieron Egyptius de antiquitate Phenicia . . . Mnaseas Damascenus . . . Orosius de Historia Chaldeorum . . . . Metastenes de Historia Indica. . . . Dioclis de Historia Coloniarum . . . . . Philostratus de Historijs Indicis, & Phœnicis . . . . Oridius Sabaci, de Successoribus Alexandri . . . . Polibius Megalopanitanus de Tholomeis . . . Nicolaus Berosius.

On a écrit les noms comme ils sont ortographés dans le manuscrit. Je croi qu'au lieu d'*Orosius de Historia Caldeorum*, il faut lire *Berosius*, quoique Berose soit nommé plus bas dans le Catalogue. Il n'est pas extraordinaire qu'un Copiste peu habile écrive le même nom, tantôt bien, tantôt mal.

Le sçavant homme à qui j'ai montré le Catalogue, sans lui dire ma pensée, s'écria tout d'un coup, voilà votre *Annius* justifié de la fausseté qu'on lui impute. Il reconnut sur le champ que les faux Manethon, Berose, Metastêne qu'*Annius* a publiés, existoient fort long-tems avant lui, & que par consequent ces Ouvrages n'étoient pas de l'invention d'*Annius*. Je me suis toûjours plaint au Pere Echard, de ce qu'il n'avoit pas eu soin de marquer le numero de ce manuscrit de Monsieur Colbert qui appartient aujourd'hui à Monsieur le Comte de Seignelay.

Le même Pere Echard ne pouvant plus sortir aisement, me chargea d'emprunter pour lui un manuscrit Latin de la Bibliotheque du Roi, petit in folio d'un Ecrivain de notre Ordre du quatorziéme siécle, qui contient des demandes, & des Reponses sur differentes sortes de matieres; l'ayant feüilleté, j'y vis une Reponse, où le nom de *Pompeius* étoit rapporté, un détail de Genealogie des premiers Patriarches, telle qu'elle est écrite dans notre Vulgate. Je montrai cet endroit au Pere Echard, & le fis souvenir du *Trogus Pompeius* qui est à la tête de son Catalogue, ajoûtant que le Berose d'*Annius*, aussi-bien que le Manethon, le Metastêne, & le Philon devoient être du même tems & anterieurs au quinziéme siécle; cet Auteur, autant que je puis m'en souvenir, est Henry de Steford Allemand, & Saxon, Religieux de notre Ordre. Le numero du manuscrit du Roi est 5792. Je tâcherai de le voir encore, & d'y verifier le passage du faux *Trogus Pompeius*. Peut-être y en trouverai-je d'autres de pareille fabrique.

Cependant sur ce qu'un ancien Chroniqueur du treiziéme siécle, avoit cité plusieurs de ces sortes d'Auteurs supposés, je me suis imaginé que j'en trouverois de même dans d'autres Chroniques du même tems, qui commençassent à compter les années depuis la creation du monde. Je n'ai pas été tout à fait trompé dans mon esperance; car j'ai trouvé dans la Chronique, que M. Leibnitz a publié sous le nom d'Alberic des Trois-Fontaines, un fragment d'une Histoire attribuée à Philon qui ne peut-être que celle dont *Annius* ne nous a donné qu'un abregé Chronologique, où on lit ce qui suit à la page 8.

Anno L. ætatis Phalec, dicit Philo, ex tribus filijs Noë, eo vivente, nati sunt 24000. virorum, & centum extra mulieres & parvulos. Nemroth filius, Chus, filij Cham, regnavit super filios Cham; Jectam super filios Sem; Suffene super filios Japhet. Anno

L. Phalec Reu filij sui XX. turres ædificantur Abhinc post diluvium & divisionem Linguarum, quatuor principalia regna surrexerunt in terra, primum Scytharum ab Aquilone, tempore Saruc, ubi primus regnavit Thanas, à quo fluvius Tanais denominatur. Scithæ fuerunt de Japhet, à quibus descenderunt Trojani, & à Trojanis Romani, & Franci, & multi alij.

Secundum Regnum Ægyptiorum à meridie regnavit Zoël, sive Mineus.

Tertium Regnum principale Assyriorum, ad Orientalem cæteris excellentius similiter de Cham, & de patre Sem.

Quartum Regnum Sciciniorum, Sysioniorum, ad Occidentem in insula Moncionis dicitur fuisse de Sem : de Sem namque fuerunt Judæi, sed & Medj, & Persæ; & Greci de Cham, Assyrij, & Ægyptij, & Chananæi. De Japhet Scithæ, & Trojani, Romani, & Franci. Item de Sem gentes XXVII. de Cham XXX. & de Japhet XV.

C'est apparemment du faux Philon Latin qu'Alberic aura tiré la Chronologie, qu'il nous donne dans la suite des ancêtres de Jesus-Christ, depuis Zorobabel, jusqu'à Saint Joseph, comme dans la Collection d'*Annius*. On voit sous le nom de Philon, une succession de Princes de la Tribu de Juda, qu'on dit avoir gouverné le peuple Juif, depuis Zorobabel jusqu'à Judas Macabée, dont les noms paroissent aussi empruntés de la Genealogie, chapitre troisiéme de Saint Luc.

Anno primo Cecropis, dit Alberic, *Regis Macedonum, Jechonias post transmigrationem Babilonis genuit Salatiel, qui cùm esset annorum XVII. genuit Zorobabel, qui cùm esset annorum LII. genuit Abiud, qui annorum XV. genuit Eliacim, qui XXI. annorum genuit Azor, qui L. annorum genuit Sadoc, qui XXIX. genuit Achim, qui XLIX. annorum genuit Eliud, qui XLIX. annorum genuit Eleazar, qui XLIX. annorum genuit Jacob, qui XLIX. annorum genuit Joseph.*

Cette Chronique d'Alberic est une Compilation de bons, & d'aussi mauvais Auteurs, que ceux dont *Annius* a publié des fragmens.

Comme le prétendu Philon d'Alberic & d'*Annius*, a ajusté son Histoire sur la Chronique, sur la Version Vulgate de l'Ecriture, son Ouvrage est fort different d'un autre qui a été imprimé à Basle en 1538. sous le nom de Philon le Juif. *Philonis Judei antiquitatum Biblicarum liber.* Parce que celui-ci suit en tout la Verſion des 70. pour la Chronique, & en d'autres choſes, ce qui montre que l'Ouvrage eſt d'un Grec, que l'on a traduit en Latin. On y lit bien des contes des Juifs, & des Genealogies des anciens Patriarches ſemblables à celles qu'on liſoit dans un vieux livre plein de fables compoſé dans les premiers ſiécles ſous le nom de la petite Geneſe. Je trouve dans un fragment d'Anaſtaſe d'Antioche, qu'un Philon Chrétien du quatriéme ou cinquiéme ſiécle, avoit auſſi compoſé une Hiſtoire Eccleſiaſtique, Jean Malella l'a auſſi cité dans ſa Chronique.

Alberic, outre Philon, cite un Arnobe le Rheteur dont il eſt fait mention dans la Chronique du treiziéme ſiécle, dont j'ai parlé. *Alter Arnobius Rhetor. De Sem fuerunt gentes CCCVI. in linguas XXVII. De Cham, gentes CCCXCIII. in linguas XXII. De Japhet CC. in linguas XXIII.*

Mauclerc au commencement de ſa Chronique raporte un endroit de Metaſtêne d'après Pierre de Troyes ſurnommé le Mangeur, tel que nous le liſons dans l'édition d'*Annius*. Ce Pierre le Mangeur, qu'on eſtimoit ſi fort de ſon tems, & dans le ſiécle ſuivant, a cité d'autres Auteurs, qui nous sont aujourd'hui inconnus, & qui ne different en rien de ceux d'*Annius*.

A tous ces témoignages d'Auteurs, qui font foi que plusieurs des Livres qu'*Annius* a publiés, & qu'on a prétendu être de sa façon, ont été vûs, & lûs long-tems avant lui ; j'ajoûterai celui de Leandre Albert écrivain très-curieux, & très-exact, qui avoit fureté dans la plûpart des Bibliotheques, dont il a tiré divers monumens qui lui ont servi à composer ses Ouvrages. Il dedia sa description de l'Italie, en 1550. à Henry second Roi de France, & à Catherine de Medicis son épouse. Il rend ce témoignage à *Annius* pag. 115. que quoique bien des gens le regardassent comme un fourbe, qui avoit supposé plusieurs sortes d'Ouvrages Historiques, ils les avoit pourtant trouvé lui même, il y avoit long-tems, dans les recherches qu'il avoit faites. En parlant de la Ville de Viterbe, & des grands Hommes qui en étoient sortis, il dit ces mots...... *In primis Excellentissimus Theologus, & Joannes Annius ; quorum uterque ex Prædicatorum familia ; sed posterior Sacri Palatij Magister fuit, homo egregie non solum Latinis Litteris, sed etiam Græ-*

cis , Hebreis , Arabicis , & Caldeis conditus. Præterea totius antiquitatis, studiosissimus Indagator. Uti scriptis editis a unde est testatus. Opera enim, reliquit hæc. Commentationes in Catonem, Fabium Pictorem, Mirsilium Lesbium , Archilochum de temporibus. Xenophontis æquivoca , Philonem Judæũ, Metastenem Persam, Berosum Caldæum. Item in itinerarij Anonin partem in edictum Desiderij Regis Longobardorum, Properciam de Vertumno, & in Apocalypsim D. Joannis. Præterea quæstiones curiosissimas , cum institutionibus, alijsque scriptis quæ profectò omnia virum eum maximi solertis ingenij fuisse testantur , quamquam non desint, qui fragmenta Catonis aliosque ta'es libros eum confinxisse calumnientur ; quippe quoniam ipsis illorum authorum scripta visa non fuêre ; mihi verò primis etiam annis cognita.

Après ce que j'ai tiré de divers Auteurs touchant les Histoires publiées par Annius, & sur le temoignage d'Alberic, j'ose avancer, que si on faisoit une exacte recherche des manuscrits qui existent dans les Bibliotheques d'Italie, & ailleurs, on y trouveroit ces fausses pieces, à moins que le mepris qu'elles merirent, ne les ait fait tellement negliger qu'elles auront enfin la plûpart disparu.

Sur quoi il faut se souvenir, que le onziéme, & le douziéme siécle, ont été feconds en ouvriers, qui ont fabriqué un grand nombre de fausses pieces, gens oisifs, & ignorans, qui s'occupoient dans leur solitude à composer des vies des Saints, dont on a dans la suite rempli nos Legendes, & qui ont servi aux *de Natalibus*, & aux *de Voragine*, à grossir leurs Compilations, & leurs Recüeils.

C'est dans ces mauvais & infidéles Ecrivains, que *Annius* a puisé ce qu'on lui reproche. Ce que j'en ai dit ci-dessus suffit pour le justifier du crime de supposition ; il nous reste à voir comment Monsieur Misson, ou ses partisans s'y prendront pour le justifier des faussetés qu'il a avancées.

Le Couvent de Gradi est riche, il est toûjours rempli d'un nombre considerable de Religieux fort appliqués aux devoirs de leur état, & à l'étude. Il en est sorti de grands hommes, & dans le tems que j'y ai été il y avoit des Professeurs celebres, & des écoliers habiles qui étoient en état d'occuper avec honneur les chaires de leurs maîtres.

La Ville de Viterbe est encore aujour-

Les quatre quartiers de Viterbe.

d'hui partagée en quatre quartiers qui portent les noms d'*Erbeno*, de *Longola*, de *Vetulonia*, & de *Volturna*, qui font ceux des quatre Villes, dont Didier compofa Viterbe. Je ne fçai pourquoi on a changé le nom de *Voltumnium*, ou *Fanum Voltumnæ*; c'eft-à-dire le Temple de la Déeffe des Jardins, en celui de *volturnum*. Quoiqu'il en foit, on ne peut lui difputer une très-haute antiquité, quand même on ne conviendroit pas qu'*Ifis* & *Oziris*, ayent été les Fondateurs de l'une des quatre Villes qui la compôfent, ni qu'Hercule ait été dans le pays, & ait fait fortir de terre la fontaine qui forme le lac Ciminus, qu'on appelle aujourd'ui le lac de Vici. Ce qu'il y a d'étonnant, c'eft que cette Ville confiderable n'ait été decorée du titre de Cité, & n'ait eu un Evêque que du tems de Celeftin III. vers l'an 1192. c'eft-à-dire, plus de quatre cens ans après fa fondation par Didier.

Celeftin III. l'érige en Ville, & en Evêché.

Au refte ce n'eft pas peu pour elle, qu'elle foit encore aujourd'hui dans l'état qu'on la voit après les ravages infinis que fes propres Citoyens y ont caufés pendant les guerres Civiles qu'ils fe font faites les uns aux autres.

On compte dans Viterbe plus de

quarante familles, aufquelles on ne peut difputer une Nobleffe très-ancienne, & très-illuftre, puifqu'elles ont données des Papes à l'Eglife, plufieurs Cardinaux, grand nombre d'Evêques, & encore plus de Prélats, de Docteurs, & de fçavans de toutes les fortes.

La famille des Vichi a été long-tems à la tête du Gouvernement, ou de la Republique qui s'étoit formée dans Viterbe. On peut dire que ces Seigneurs étoient les maîtres abfolus de la Ville, & qu'ils difpofoient de toutes chofes en Souverains. Ils en furent chaffés par le Cardinal Gilles Cavilla, Legat des Papes qui refidoient alors à Avignon. Mais ce Cardinal étant mort, ils rentrerent dans la Ville, s'emparerent de nouveau du Gouvernement, & s'y maintinrent jufqu'au Pontificat d'Eugene IV.

Le dernier de cette famille qui fut maître de la Ville s'appelloit François, qui ayant été tué dans une occafion, où le Patriarche *Vitellifci*, Legat du Pape commandoit, il laiffa pour fucceffeur dans fa fouveraineté Jean Gatti. Celui-ci ayant rappellé auprès de lui fon fils Princinalli qui étoit à Rome, ce jeune Seigneur fe trouva environné de ses ennemis, & fut tué. Cette mort excita une horrible sedition dans la Ville, le peuple se souleva, prit les armes, commit une infinité de meurtres, ruina, & pilla grand nombre de maisons.

La sedition étant enfin appaisée, Jean Gatti second du nom, s'empara du Gouvernement, & le posseda en paix jusqu'à l'année 1497. qu'il fut tué. Les Seigneurs Colonnes entrerent alors dans la Ville pour vanger cette mort, & firent perir un grand nombre de Maganersi, qui étoient les ennemis de Gatti. Il y eut en cette occasion un grand nombre de maisons pillées, & ruinées.

Mais trois ans après les Ursins qui protegeoient les Maganersi, étant entrés dans la Ville, en chasserent les Gatti. Ils y commirent tant de meurtres, & les deux partis s'acharnerent si fort les uns contre les autres, qu'ils ne faisoient quartier à personne. On ne respectoit ni l'âge, ni le sexe, on remplit de carnage cette Ville infortunée, on en détruisit la plus grande partie, on pilla, & brûla une infinité de maisons, d'une maniere si cruelle, qu'on n'en auroit pas pû attendre davantage des barbares s'ils s'en fussent rendus maîtres.

Ces malheurs ont été si frequens, que c'est une espece de miracle que cette Ville se soit pû relever, & qu'elle soit encore aujourd'hui dans l'état qu'on la voit.

Ils n'ont cessé que quand elle s'est entierement soumise aux Papes, ses veritables Seigneurs dont le Gouvernement sage, & pacifique a reparé les desordres causés par ces guerres intestines. Les Citoyens chassés, & répandus de tous côtés sont revenus s'y établir. On a rebâti les édifices publics, & particuliers, & on a donné des bornes à l'ambition de la Noblesse, en la mettant hors d'état de troubler la tranquillité publique, en se soulevant contre ses Seigneurs legitimes.

Le Gouvernement de la Ville est toûjours confié à un Prélat, qui a un Lieutenant, & les autres Officiers necessaires. Il connoît de toutes les affaires civiles, & criminelles, & les juge definitivement, sauf l'Appel à la Rotte de Rome, ou à l'Auditeur du Pape. Il y a outre cela un Conseil de Ville pour la Police; auquel on a laissé quelque ombre d'authorité, que la Cour, & le Gouverneur augmentent, ou diminuent comme ils le jugent à propos. Le Gouverneur Prélat a un

Palais fort commode, & meublé selon les facultés de celui qui l'habite; cependant pour l'ordinaire il l'eſt toûjours bien. Les Prélats qui roulent dans les Gouvernemens, ce qu'on appelle la *via longhara*, pour arriver à Saint Pierre, c'eſt-à-dire, au Chapeau de Cardinal, font obligés à faire figure pour faire honneur à leur Prince, & à leur Charge, il faut qu'ils ayent un équipage convenable, un caroſſe à ſix chevaux, qu'ils ſoient toûjours en état de recevoir les Cardinaux, & les Prélats qui paſſent dans leur Gouvernement. Il faut qu'ils les traitent, & qu'ils ſe gardent bien d'oublier le plus petit point de Ceremonial. J'ai remarqué dans un autre endroit, que les appointemens qu'ils reçoivent de la Cour ſont modiques, & que quelques ſoins qu'eux, & leurs Lieutenans puiſſent prendre de faire valoir leurs Greffes, & quelque économie qu'ils obſervent dans leur dépenſe ordinaire, cela ne ſuffiroit pas s'ils n'y mettoient beaucoup du leur. Heureux ſi dans le cours de leur penible carriere, il ne ſe trouve point quelque deffaut, qui les mette à *ſedere*, c'eſt-à-dire qui leur procure, ou une revocation, ou une diſcontinuation des emplois qui faiſoient leurs eſperances. Monsieur de Carolis étoit Gouverneur de Viterbe, dans le tems que je vis cette Ville. C'étoit un Prélat de merite, fort appliqué à tous ses devoirs, & qui se faisoit honneur de son bien.

Il n'y avoit point de troupes reglées à Viterbe, & par consequent point de Gouverneur des armes: il y avoit seulement quelques mortes-paye, qui gardoient le Château appellé la Rocca. Ce Palais a été la demeure des Papes, qui s'y sont retirés quand ils n'étoient pas tout-à-fait les maîtres à Rome: Quelques-uns y sont morts. On voit dans la Cathedrale les tombeaux magnifiques de Jean XXII. & d'Alexandre IV. Aux Cordeliers, celui d'Adrien V. & aux Dominiquains de Gradi, celui de Clement IV.

La Rocca de Viterbe.

On montre à côté de la Cathedrale une fort grande salle, dans laquelle on a tenu quelques Conclaves.

La Cathedrale est assez grande, elle est bâtie entierement dans le goût gotique. On l'a ornée autant qu'on a pû, ou voulu; il ne paroît pas qu'on ait voulu grande chose, ou qu'on ait fait de grands efforts pour l'embellir; pour l'ordinaire, c'est un Cardinal qui est pourvû de cet Evêché, auquel on a uni celui de Toscanelle, & le titre de celui de Civita-Vechia, dont pourtant l'Evêque de Viterbe ne parle pas dans ses qualités; il se contente de se dire Evêque de Viterbe, & de Toscanelle; ce n'est pas pour mettre le feu aux étoupes; mais si j'étois citoyen de Civita-Vechia, je ne souffrirois pas ce mépris. Dailleurs la Ville est assez riche, pour faire un fonds de deux mille écus de rente, & avoir un Evêque, il n'en faut pas davantage. Un Cardinal François m'a assuré que la portion congruë d'un Evêque, n'étoit que de deux mille écus selon les Canons; il me semble qu'il les faudroit reformer, & tripler la portion congruë. Car que peut-on faire avec deux mille écus. Il est pourtant vrai, que l'Evêché de Viterbe avec ses réunions, n'en a qu'environ trois mille. Aussi le Cardinal Conti qui en étoit pourvû, dans le tems que j'étois à Civita-Vechia, & qui a été depuis Pape, sous le nom d'Innocent XIII. cherchoit à le donner à quiconque lui auroit fait mille écus de pension.

Couvens d'hommes à Viterbe.

Outre les deux Couvens de Dominiquains, qui sont hors de la Ville, il y a dans la Ville deux Couvens de Capucins, un de Conventuels de Saint

François, un de Recolets, deux de Carmes, un de Minimes, deux d'Augustins, un de Servites, un de l'Ordre du Bien-Heureux Pierre Pisan. Mais ce qui est étonnant, il n'y en a point de Jesuites, quoique la Ville soit grande, belle, & riche.

Le nombre des Monasteres de Religieuses est plus considerable. Il y en a de toutes especes. On conserve dans celui des Cordelieres, le corps de Ste Rose de Viterbe Religieuse du même Ordre. On dit qu'il est tout entier, il est dans une Chapelle obscure, la châsse qui le renferme est garnie de cristaux, au travers desquels, & à l'aide de quelques bougies, ceux qui ont la vûë bonne, voyent le visage, & les mains, le tout fort sec & noir. Les bonnes Religieuses qui le montrent, crurent me persuader entierement de sa sainteté, à cause de cette espece d'incorruption. Je leur dis, que les grandes vertus que la Sainte avoit pratiquées pendant sa vie, étoient une preuve bien plus certaine du bonheur dont elle joüissoit dans le Ciel, que cette incorruption qui me paroissoit une preuve des plus équivoques, depuis que j'avois vû les corps secs de notre Couvent de Toulouze, qui ont quelque

Corps de Ste Rose de Viterbe.

chose de plus que celui de cette Ste; puisqu'ils ne sont que pâles, & tout au plus de couleur de bois, au lieu que celui-là est noir. J'aurois bien souhaité pouvoir en approcher de plus près, & le toucher; mais la chose ne fut pas possible. On ne laissa pas de me donner un chapelet, qu'on avoit fait toucher au corps Saint, & quelques autres petits presens de devotion.

L'Eglise de ces bonnes filles est assez grande, bien bâtie, & fort propre.

Les Religieuses de S. Dominique. Celle des Religieuses de Saint Dominique est petite, comme il convient à des Religieuses. On venoit d'y faire des reparations considerables qui l'avoient extrêmement embelie, elle étoit ornée de stucs dorés avec des peintures très-belles. Je n'ai gueres vû d'Eglise plus mignone, & d'un aussi bon goût que celle-là: Toutes les Religieuses sont filles de condition, quoiqu'il n'y ait sur cela aucune Ordonnance particuliere, qui oblige de faire des preuves de Noblesse; mais seulement un usage immemorial, qui s'y observe avec la derniere exactitude. Je n'ai pas entré dans le Monastere, j'eus le malheur de manquer l'occasion; mais ce que j'en ai vû par dehors, me fait croire que ce Monastere est grand,

& bien bâti. J'y ai dit la Messe plusieurs fois, & les Religieuses n'ont pas manqué selon la coûtume, de me presenter au parloir, qui est joignant la Sacristie, du chocolat, ou des eaux glacées avec des pâtes de Genes. C'est une politesse, qu'on ne connoît pas en France, quoiqu'on se pique de l'emporter sur les païs qu'on appelle étrangers. Ce Monastere est riche. Il est sous la Jurisdiction du General de l'Ordre, & du Provincial de la Province Romaine, ainsi que tous les autres Monasteres des autres Religieuses de quelque Ordre que ce soit, très-loüables de ne s'être point souftraites de la Jurisdiction de leurs Superieurs naturels, pour se mettre sous celle des ordinaires Seculiers, qu'elles n'ont recherchés selon les apparences, que pour vivre d'une maniere plus libre, & être moins sujettes à l'exacte observance de leurs regles.

Comme on ne reçoit dans le Monastere de saint Dominique que des filles de condition, on a été obligé d'en faire un autre du même Ordre, où l'on reçoit celles qui n'ont pas reçû la Noblesse de leurs parens. Il est beau & riche, & celles qui le remplissent, sont fort estimées dans la Ville pour leur regularité.

Outre la Commanderie de Malthe, dont l'Eglise est dediée à sainte Marie *in Carbonara*, il y a un Monastere de Religieuses du même Ordre, dont l'Eglise est dediée à sainte Luce.

Paroisses, Chapelles & Hôpitaux de Viterbe. La Ville est partagée en seize Paroisses, dont la Cathedrale en est une, & la plus considerable comme de raison. Quatre de ces Paroisses, y compris la Cathedrale, sont Collegiales.

Il y a nombre de Chapelles de Confrairies, & des Hôpitaux appartenants à ces Confreres, & à differens corps de métiers. Il y en a pour les orphelins & les enfans exposés pour les malades, convalescens, pour les vieillards & les incurables. On peut dire en verité qu'il y a beaucoup de pieté & de charité dans cette Ville.

Fontaines publiques. Les fontaines publiques y sont en grand nombre ; la plus belle est dans la place de la porte de sainte Lucie à côté de la Rocca. Elle merite assûrément l'attention des curieux ; il y en a dans toutes les autres places qui, bien qu'inferieures à celle dont je viens de parler, feroient honneur à des Villes plus considerables, & sur tout aux Villes de France, sans excepter même Paris, où l'on manque d'eau dans bien des quartiers, & où le peu de fontaines

nes que l'on y voit, n'ont ni abondance d'eau qui y est très-necessaire, ni la beauté & les ornemens qu'on prodigue, pour ainsi dire, dans les Villes mediocres d'Italie. Nous n'avons que celle des Innocens, dont Jean Gougeon a été l'Architecte & le Sculpteur, qui est d'un goût & d'une correction de dessein admirable, & aussi mal placée qu'elle est mal entretenuë. Toutes les autres de cette grande ville sont d'un dessein si uniforme & si lourd, qu'il semble que les Architectes vieux & modernes, qui les ont construites, se soient copiés, & qu'ils ayent pris plaisir à se faire mépriser. Je ne puis passer aux Normands le peu de zele qu'ils témoignent pour embellir celle de la Croix du Tiroir, eux qui en doivent avoir infiniment, pour un lieu qu'on dit leur appartenir, & qu'ils choisissent d'ordinaire pour terminer leurs jours.

Toutes celles de Viterbe sont de desseins differens, bien exécutées. Elles sont entretenues avec soin. Elles sont en jets d'eau, qui en tombant dans les bassins variés, forment des cascades agreables qui tombent enfin dans le bassin le plus bas, d'où l'eau se répand continuellement dans les ruës

Il y a outre les fontaines trois ruisseaux assez considerables qui passent dans la Ville, & qui servent à une infinité d'usages. Les environs de Viterbe sont aussi très-bien arrosés : ce qui ne contribue pas peu à rendre tout le terrein extrêmement fertile. Ces ruisseaux, ou petites rivieres s'appellent en Italien *l'Escalide*, *l'Egel do*, *le Rivo oscuro*, *Rivo Urcerio*, *l'Alcione*, *le Roseno*, *l'Atlao*, *l'Albiano*, *le Vessano*, *le Catenace*, *le Vejano*, & quantité d'autres moins considerables, & de fontaines dont les eaux sont parfaitement bonnes & très-claires. Ces petites rivieres sont extrêmement poissonneuses, & les poissons qu'elles nourrissent, ont un goût merveilleux.

On trouve au Sud-Ouest, environ à un mille de Viterbe, des eaux chaudes, dont on se sert avec succès dans differentes maladies. La plus considerable de ces fontaines boüillantes s'appelle le *Bolicane*. On la nommoit autrefois *aqua Caja*. Je serois assez porté à croire que l'on doit plûtôt dire *aqua calida*, elles sont en effet si chaudes, ou plûtôt si boüillantes, qu'elles cuisent les viandes qu'on y plonge, & qu'elles les consomment entierement, si on les y laisse un peu trop long-tems. Strabon qu'elle lave, & qu'elle rafraîchit.

Petites rivieres & fontaines du territoire de Viterbe.

Bolicane, ou fontaine boüillante.

D'Espagne et d'Italie.

on a parlé dans son Histoire, & le Poëte *Facius Ubertus* les décrit en ces termes :

> *Haud equidem credebam quod sæpe*
> *didiceram,*
> *Nec eram expertus Balicam esse*
> *Tam immenso ardore ferventem :*
> *Sed injecto ove vece de collumnam*
> *Minori spatio, quàm 250 passus con-*
> *feceris :*
> *Adeo vidi ut præter ossa nihil appa-*
> *reret.*
> *Aqua ibi suprà omnia medicamina ;*
> *Ad lapidem salubris, quippe quo-*
> *niam*
> *Eum terit, frangitque ceu grana*
> *milii.*

J'avois vû les fontaines boüillantes de la Guadeloupe, je voulois voir celles de Viterbe ; ces dernieres me parurent plus chaudes que les premieres ; s'il n'y avoit point de medecins à Viterbe, on les consideteroit bien autrement qu'on ne fait. Les hydropiques, & les paralitiques s'y feroient porter, ceux qui souffrent les cruelles douleurs de la goutte, de la sciatique, de la pierre, de la gravelle.
Ceux qui ont la galle, on les écroüel-

F ij

les, & ceux qui sont incommodés d'engourdissemens, de retractions de nerfs, & de douleurs froides, y trouveroient une guérison entiere, ou du moins un soulagement prompt & sans risque. Mais le païs gémit sous la tyrannie des medecins ; sous peine de la vie on ne peut avoir recours à ces eaux salutaires sans leur consentement, & ils n'ont garde de le donner, il en coûteroit la vie aux malades, & à eux-mêmes, parce qu'ils mourroient de faim. On est devenu si poltron, qu'on craint plus leur tyrannie, qu'on ne craignoit autrefois celle des Vichi, & des Gatti.

Les vignes du territoire de Viterbe produisent de très-bons vins. Le froment y est excellent. L'orge, l'avoine, le ris, les pois, les féves, les lentilles, en un mot toutes sortes de grains & de legumes y viennent en perfection. Il y a quantité de meuriers & d'oliviers ; on y fait beaucoup de soye & d'huile. Il y a des fruits de toute espece en quantité, qui ne le cedent gueres à ceux de Naples. En un mot il n'y manque rien de ce qui peut enrichir un païs par le commerce, & de ce qui sert à la vie, à la delicatesse & au luxe.

Il y a beaucoup de Noblesse dans la

Ville & aux environs ; elle se fait honneur de son bien ; elle aime les étrangers ; le peuple même y est fort poli.

Dès que j'eus achevé ce qui m'avoit fait venir à Viterbe, & que j'eus visité la Ville tout à mon aise, je ne songeai qu'à voir les environs, je le fis avec soin & avec plaisir. La plus belle maison de campagne est à un mille ou environ au Nord-Est du Couvent de la Quercia. Elle appartient à présent au Duc Lanti, elle s'appelle Bagnaja. Le Cardinal Gambara la fit bâtir en   & y fit de prodigieuses dépenses. Le Duc Lanti l'entretient assez bien. Il n'y étoit pas, quand j'y fus avec quelques Religieux de la Quercia. Le Concierge nous reçut fort bien, & nous obligea d'y passer toute la journée, il nous regala comme son maître auroit fait s'il y avoit été, & nous fit tout voir. Les appartemens sont très-beaux, & distribués d'une maniere ingenieuse. Il y a de très-belles peintures, des statuës antiques : mais les meubles me parurent un peu simples. Les jardins sont grands, magnifiques, bien entretenus. Nous vîmes de très-beaux poissons dans les viviers, & nous les trouvâmes bons.

Palais de Bagnaja.

Il y a d'autres maisons aux environs de Viterbe, qui appartiennent à la Noblesse du païs qui y vient passer les chaleurs, ou le tems de la villegiature, c'est-à-dire, le tems des promenades qu'on fait au printems, & à l'automne. Il seroit inutile de les nommer ici. Nous fûmes parfaitement bien reçûs par tout, soit que les maîtres s'y trouvassent, soit qu'il n'y eût que les concierges.

J'étois prêt à m'en retourner à Civita-Vechia, lorsque deux Religieux me proposerent d'aller voir la cascade de Terni. Ils avoient des parens & des amis dans cette Ville. Nous prîmes des chevaux, & nous partîmes de Viterbe. On compte trente milles de Viterbe à Terni. Nous passâmes les montagnes de Soriano, ainsi nommées d'un Bourg ou petite Ville du même nom, bâtie sur le sommet d'une montagne. Elle n'a rien de considerable. Il y a un Château ancien qui apartient au Duc d'Altemps, nous n'y entrâmes point. Nous côtoïâmes pendant près de deux milles le lac de Bessano, & nous allâmes dîner à Orta, après avoir fait quinze milles.

Nous passâmes le Tibre un peu au-dessous d'Orta, après avoir fait 8. milles; nous arrivâmes à Narni las & fatigués extraordinairement; parce que les quatre derniers milles que nous fîmes avant d'y arriver, sont très-difficiles. Il faut sans cesse monter & descendre; les chemins sont rudes & remplis de pierres, soit que l'on suive les contours des collines, soit qu'on marche dans les vallons, ou à my-côte, on a beaucoup à souffrir par tout, & on est souvent en danger.

Nous arrivâmes enfin à cette petite Ville, située en partie sur la croupe, & en partie sur la pente d'une montagne élevée, escarpée, & d'un accès très-difficile; la riviere de Nera coule au pied de la montagne, sur laquelle la Ville est située; c'est plûtôt un torrent qu'une riviere, elle grossit très-considerablement par les moindres pluïes, ou par la fonte des neiges; les sauts, & les cascades qu'elle fait, en rendent la navigation impraticable. Elle a sa source dans l'Apennin un peu au-dessus de Montaglioni; après un cours de quarante-cinq à cinquante milles, elle se perd dans le Tibre à Guastenello, un peu au-dessus, & au Nord-Est d'Orta.

Les habitans de Narni disent que leur Ville est plus ancienne que Rome. Les gens raisonnables & desinteressés n'en conviennent pas, & soûtiennent qu'elle l'est moins de quelques années. Il seroit plus facile de les accorder sur ce point, que sur l'éthimologie de son ancien nom. On l'appelloit *Nequinum*, qu'on fait venir sans beaucoup de contrainte de *nequitia*, mechanceté: mais les uns disent qu'elle n'a eu ce nom, qu'à cause de la difficulté des chemins qui y conduisent, ou de sa situation sur une montagne rude & escarpée, où l'on ne peut arriver qu'avec peine. Les autres moins indulgens soûtiennent que la Ville a merité ce nom odieux à cause de la mechanceté de ses habitans & de leur naturel cruel & barbare. Ils prétendent être en droit d'en parler ainsi, parce que cette Ville ayant été assiegée & pressée tellement par la disette, qu'il falloit se rendre, ou mourir de faim ; les habitans s'étant assemblés, resolurent de tuer leurs enfans, leurs meres, leurs sœurs & leurs femmes, afin d'épargner le peu de vivres qui leur restoient, & n'être pas sitôt obligés de se rendre à leurs ennemis ; & ces vivres étant consommés ils se tuerent les uns les autres, ayant choisi de mourir, plûtôt que de survivre à la prise de leur Ville, & à la perte de leur liberté. C'est cette action detestable, qui fit donner à la Ville le nom de *Nequinum*; il faut pourtant qu'il soit resté quelques-uns de ces désespérés, & qu'ils ayent repeuplés leur Ville, puisqu'on voit dans l'histoire Romaine, que les Nequiens & les Samnites, étant confederés, furent défaits par les Romains commandés par le Consul *M. Pulvins Petunius*, qui triompha d'eux l'an de Rome 454. Elle a pris depuis le nom de *Narnia*, ou de *Narni* à cause de la riviere *Nera*, qui passe au pied de la montagne, sur laquelle elle est bâtie : ce qui arriva, lorsque les Romains s'en étant rendus maîtres, la peuplerent d'une colonie à qui il ne convenoit pas de porter un nom si odieux.

On voit les restes d'un pont magnifique, qu'on dit avoir été bâti par Auguste après la défaite des Sicambres, & de leurs dépoüilles. Ce pont étoit extraordinairement exhaussé, afin de pouvoir joindre les sommets de deux collines, au milieu desquelles passe la *Nera*; & pour donner un cours plus libre à l'eau de ce torrent, qui s'éleve souvent à une hauteur très-considerable, on juge par ce qui en reste, que l'arche du milieu avoit deux cents pieds de large, & cent cinquante de hauteur.

Ancien pont de Narni.

Il étoit tout bâti de grands quartiers de marbre joints ensemble par des bandes de fer scellées en plomb.

Nouveau Pont. On a fait un autre pont au-dessous, & à une assez petite distance de celui qui est rompu. Il est de pierre de taille & de briques ; il s'en faut infiniment qu'il soit de la beauté de l'ancien ; aussi n'est-il pas permis à tout le monde d'imiter Auguste. Ce nouveau pont a sept arches, au lieu que l'ancien n'en avoit que quatre. Une de ces arches est en pont-levis. La teste du côté opposé à la Ville, est fortifié d'une tour quarrée de peu de deffense.

Le chemin qui conduit du pont à la Ville, est difficile & rude ; on trouve en entrant par ce côté une espece de Faux-bourg environné de vieilles murailles & de tours; on continue de monter, & on trouve la Ville aussi environnée de vieilles murailles avec des crenaux & des tours. Il y a de ce côté-là trois ouvrages, qui ont quelque ressemblance à des bastions mal faits. Ils m'ont parus d'une maçonnerie plus moderne que le reste de l'enceinte.

La Ville est beaucoup plus longue que large, sa situation n'en rend pas le terrein commode. les ruës ne laissent pas d'être assez belles, les maisons sont bien bâties; les Eglises propres. La Cathedrale est dediée à saint Juvenal son premier Evêque. Elle est ancienne, bâtie dans le goût Gothique, mais remodernée, & ornée autant qu'on l'a pû. Le revenu de l'Evêché est au-dessus de la portion congruë, dont j'ai parlé ci-devant; & son Chapitre est très-riche. L'ordre de saint Dominique y a un Couvent bien bâti, & qui n'a plus besoin de la charité des Fidéles. Nous y fûmes reçus à merveilles, & traités splendidement & cordialement. Les Augustins, les Conventuels de saint François, & les Observantins y ont chacun une maison ; les Capucins en ont deux. Elles sont à la verité hors des murs, mais elles ne laissent pas d'être fort propres, quoique dans le goût de cette Reforme, ou de cet Ordre nouveau. Il y a un College sous la direction des Peres des Ecoles pieuses. Ces Peres ne se mêloient autrefois, que d'enseigner à lire, écrire, & les premiers rudimens de la Grammaire aux enfans, ils les conduisoient ensuite au College des Jesuites, ou autres, des Villes où ils étoient établis : mais peu à peu ils se sont érigés eux-mêmes en maîtres, & ont fait des classes. Ces nouveaux Regens ayant fait craindre aux Anciens, que

F vj

leurs Classes ne devinssent desertes, parce qu'il est assez ordinaire de courir à la nouveauté, ils obtinrent un bref d'Innocent XI. qui deffendoit aux Peres des Ecoles pieuses de recevoir des Candidats pour leur Congregation. Cette deffense l'auroit bien-tôt anéantie, si le Reverend P. Cloche, Géneral de notre Ordre, ne se fût declaré leur Protecteur, & n'eût fait valoir l'utilité que l'Eglise recevroit de cet Institut nouveau avec tant de force, & un succès si heureux, que la deffense de recevoir des Sujets a été levée, & que le S. Siege leur a permis non seulement de continuer leurs premiers exercices, mais même d'enseigner les Humanités, la Philosophie, & la Theologie dans les lieux, qu'ils pourroient s'établir, & où on leur donneroit des Colleges. La maniere de vivre de ces Peres est très-pieuse, leurs mœurs sont bien reglées, leur doctrine pure. On ne peut rien ajoûter aux soins qu'ils se donnent pour instruire & pour conduire la jeunesse qu'on leur confie dans l'acquisition des sciences humaines & dans la pieté. Ces Peres sont habillés à peu près comme les Jesuites, excepté qu'ils n'ont qu'un manteau court, comme on dit que le portoient

Les Ecoles pieuses.

autrefois les Novices de la Compagnie de Jesus. Il y a parmi eux de très-beaux esprits, de vrais Sçavans qui joignent à l'étude une pieté solide, qui semble faire le caractere de leur Institut qui est beaucoup étendu en Italie. Ils sont très-reconnoissans de la protection que notre Général & tout notre Ordre leur a accordée, & se font honneur de dire qu'ils nous doivent ce qu'ils sont, bien éloignés en cela de l'ingratitude de certains Religieux, qui ayant reçus de nous l'habit & la regle, tâchent par toutes sortes de voyes de faire oublier ce qu'ils nous doivent; les Ecoles pieuses de Narni sont bien bâties, les études y fleurissent. Nous eûmes le plaisir d'entendre bien parler de ces Peres par tout où nous fûmes. Nous leur rendîmes visite. Ils nous reçûrent avec toute la politesse imaginable, & ne manquerent pas de venir nous voir chez nous, & de nous faire toutes sortes d'offres de services; ils vivent par sous dans une étroite union avec nos Religieux.

La Ville de Narni, qui avoit resisté à toute la puissance d'Hannibal, lorsqu'il ravageoit l'Italie, s'étant trouvée dans des divisions, lorsque l'armée de l'Empereur Charles V. assiegeoit le Pape

Clement VII. dans le Château S. Ange, tomba par sa faute entre les mains des troupes Venitiennes qui grossissoient les troupes de ce Prince. On ne peut exprimer les ravages qu'ils y firent ; ils brûlerent & démolirent la plûpart des maisons & des édifices publics. Ils égorgerent sans pitié jusqu'aux femmes & aux enfans, & réduisirent cette Ville dans un état si affreux, que Leandre Albert Religieux de mon Ordre, célebre Historien, nous assure qu'y étant allé en 1530. il ne put trouver d'endroit pour y loger. Le peuple qui étoit venu s'y établir, & les Magistrats mêmes qui gouvernoient la Ville sous le nom de Prieurs, n'ayant presque pas dans ce tems malheureux de quoi se mettre à couvert. Elle est heureusement ressuscitée de ses cendres. Elle est riche, bien peuplée. Ses citoyens sont polis ; il y a nombre de familles Nobles, qui donnent tous les jours des Chevaliers aux Ordres de Malthe & de S. Etienne, dans lequel comme dans le premier il faut faire les mêmes preuves de Noblesse.

Les familles Nobles les plus considerables sont celles des Scocti, des Cardoli, des Cardoni, des Jeremics, des Mangoni, des Vipera, & plusieurs autres, à la tête desquelles on doit mettre la Maison des Princes Cefy, établie à Rome depuis bien des années, & qui possede encore de grands biens dans cette Ville & aux environs: mais ce qui releve infiniment cette Ville, c'est que l'Empereur Nerva y étoit né.

L'eau n'y manque pas, quoiqu'elle soit bâtie sur une montagne haute & escarpée. Elle y est conduite par un Acqueduc, auquel on donne quinze milles de longueur. Il passe sous des montagnes, une desquelles est très-haute & très-difficile à percer, dans lesquelles on n'a pas laissé de creuser son lit avec des peines & des dépenses très-grandes; il fournit l'eau à trois fontaines publiques, ornées de bassins de marbre & de statuës de bronze, qui font plusieurs jets, dont les eaux se partagent en differens canaux de plomb qui les conduisent dans plusieurs maisons.

On nous fit voir auprès de la Ville le lieu, d'où sort une fontaine que l'on appelle la fontaine de la famine: parce qu'on a observé qu'elle ne donne de l'eau, que pour marquer que l'année suivante sera sterile. Elle étoit alors à sec. C'est un phænomene bien propre à exciter des disputes entre les sçavans.

Ceux qui en voudroient douter, n'ont qu'à consulter les Regiftres de l'Hôtel de Ville, où l'on a marqué, avec exactitude, les années que cette fontaine a coulé, & les fterilités, qui les ont fuivies. Je ne pretends pas pourtant que l'écoulement de ces eaux foit la caufe de la difette. Je fçai qu'il y a de l'impertinence d'inferer *poft hoc, ergo propter hoc*; mais je raporte ici un fait attefté & verifié bien des fois.

Il y a à l'extremité, & au plus haut de la montagne, fur laquelle la Ville eft fituée, une ancienne Forterefle quarrée, flanquée de quatre tours quarrées, qui étoit refpectable dans le tems qu'on n'avoit ni canons, ni bombes. Elle eft à prefent fort delabrée. Quoiqu'on la veüille faire paffer pour un ouvrage des Romains, j'ai des raifons de croire qu'elle eft bien plus moderne, & qu'elle n'eft tout au plus que du tems des Lombards.

Une des chofes extraordinaires que l'on remarque dans ce canton, c'eft que les revers des montagnes qui regardent le midy, qui dans toute l'Italie, & je crois dans tout le refte du monde, font les plus fertiles à caufe de leur expofitions au foleil; les nourriciers des plantes, & des arbres, font dans celui-ci les plus ſteriles, ce ne ne ſont que des rochers nuds, ſecs, brûlés, incapables de rien produire, & qui n'offrent rien que de triſte, & deſagréable à la vûë, au lieu que ceux qui ſont tournés vers le Septentrion, l'Orient, & l'Occident ſont très-fertiles. On y voit quantité d'oliviers, dont les fruits produiſent de l'huile auſſi excellente que celle de Tivoli, au ſentiment des gens du pays. Il fallut par politeſſe dire comme eux, & penſer par juſtice comme ceux de Tivoli. Les vignes y viennent très-bien, & le vin eſt bon. Il y a auſſi de ces treilles qui portent le raiſin appellé Paſſarine, qui eſt un eſpece de raiſin de Corinthe fort petit, d'un goût admirable, on le fait ſecher, & on l'envoye preſque par toute l'Italie, où les marchans fripons, ne manquent pas de le vendre pour veritable raiſin de Corinthe. On ne peut croire la conſommation qui ſe fait de ces petits fruits. Les Italiens les mettent à toutes ſauces, auſſi-bien que les Hollandois, les Anglois, & tous les peuples du Nord. Je croyois ne m'y pouvoir jamais accoûtumer, & cependant j'en ſuis venu à bout ſans beaucoup de peine.

Narny n'eſt pas fécond ſeulement en Nobleſſe, elle l'eſt encore en ſçavans,

& en grands Capitaines. Sans compter l'Empereur Nerva, elle a eu il n'y a pas long-tems, le fameux Garramelara General des armées des Venitiens, qui les conduisit avec tant de sagesse, de bravoure, & de bonheur, qu'après avoir remporté une infinité de victoires, ces superbes Republiquains lui firent élever une statuë de Bronze dans Padoüe, cette Ville celebre qu'il avoit prise, & unie au Domaine de la Republique.

Le nombre des sçavans est beaucoup plus grand que celui des Capitaines; quoique celui-ci soit très considerable, sans parler des Cardinaux Cesi, & de plusieurs sçavans Evêques de la famille des Carduli. On conserve avec respect la memoire d'un François Carduli sçavant au-delà de ce qu'on peut s'imaginer, & dont la memoire étoit si prodigieuse qu'il repetoit mot pour mot deux pages entieres qu'il avoit entendu lire une seule fois, & non-seulement il les repetoit comme il les avoit entendu lire, mais même en retrogradant du dernier mot jusqu'au premier. Son Frere Marc étoit un des sçavans hommes de son siécle, & d'une memoire qui ne cedoit gueres à celle de son frere françois. Galeoto, Maxime

Arcano, Michel Ange Arrono, Pierre Dominique Scoto, & une infinité d'autres, qui ont honorés la Republique des Lettres dans le seiziéme, & dix-septiéme siécles, étoient de Narni. Il n'en manque pas encore à present, mais comme ils sont vivans, je blesserois leur modestie, si je les nommois. Ils sont d'ailleurs assez connus chez les sçavans.

Nous partîmes de Narni, après y avoir demeuré cinq jours, & nous arrivâmes en moins de deux heures à Terni, il n'y a que sept milles. Quoique tout ce pays ne soit qu'un amas de côteaux, & de montagnes, le chemin ne laisse pas d'être assez beau, & le pays des plus agréables, & des mieux cultivés.

Terni est appellé en Latin *Interamna*; parce qu'elle est située dans une Isle d'environ quatre milles de circonference, formée par les deux bras de la riviere Nera. Elle a été autrefois bien plus considerable qu'elle ne l'est aujourd'hui. Les grandes ruines dont elle est environnée, en sont une preuve convainquante. C'étoit une Ville Municipale, qui se gouvernoit par ses propres loix, comme une Republique qui joüissoit du droit de Bourgeoisie

Description de Terni.

Romaine. Le tems qu'elle a été honorée de ce titre n'est pas bien certain; & celui de sa fondation encore moins. La plûpart des Villes de l'Ombrie, & des Provinces adjacentes, se disent plus anciennes que Rome. Elles n'en sont pas plus avancées pour cela, cette Ville les a toutes subjuguée, leur a donné des loix, & la plus grande faveur qu'elle leur ait faite, a été de leur donner le droit de Bourgeoisie Romaine, au lieu de recevoir d'elles celui de Bourgeoisie de leurs Villes.

Terni est de ce nombre. On s'exposeroit à être insulté, si on s'avisoit de dire qu'elle n'est pas plus ancienne que Rome, au moins de dix-huit ans. Cependant quand on a affaire à des gens sages, on peut dire sans danger, qu'elle n'a été bâtie, que quatre-vingt-deux ans après cette Capitale du monde, comme il est aisé de le montrer, par une inscription qu'on conserve dans la Maison de Ville. Je ne la rapporterai pas ici; parce que d'autres écrivains l'ont rapporté avant moi, ou seulement quatre-vingt ans, comme l'Historien Pighio le prétend fondé sur une inscription qui est dans la Cathedrale, où l'on lit qu'elle fut bâtie 544. ans avant le Consulat de C. Domitius Enobarbus,

& de M. Camillus Scribonius, qui furent Consuls l'an Rome 624. Or si de 624. on en ôte 544. il reste 80. & non pas 81. ans, pour le tems de la naissance de cette Ville après Rome, ce qui n'est pas à negliger.

André Scoto dans son intineraire d'Italie, n'en demeure pas là; il nous fait observer la bevûë de Leandre Albert & d'autres écrivains, qui prétendent que Terni, ou *Interamna*, a été une Colonie Romaine, surnommée *Interamna*, qui fut fondée sous le Consulat de M. Valerius, & de P. Decius, l'an de Rome 440. dans le *Latium*, sur le fleuve Barigliano, on la nomma *Interamna Lirina*, pour la distinguer de celle qui étoit sur la Nera, ou la Nar qu'on surnommoit à cause de cela *Interamna Naaris*.

Après ces recherches exactes, qui donnent à la Ville de Terni 360. ans d'antiquité, qu'on lui vouloit enlever, ces Bourgeois Romains auroient-ils lieu de se plaindre de moi, & ne leur ai-je pas marqué la reconnoissance des honnêtetés, que j'ai reçû d'eux pendant que j'ai été dans leur Ville?

Cette Ville a joüi bien long-tems de la douceur du Gouvernement Republicain, & en joüiroit peut-être encore, si l'ambition de ses propres Citoyens n'y avoit allumée le feu des guerres intestines, qui après l'avoir désolée bien des fois, l'ont fait tomber à la fin sous la domination des Romains, puis des Lombards, & ensuite de quelques familles particulieres, protegées par les Empereurs Allemans, & autres Princes sous lesquels elle a gemi, jusqu'à ce qu'elle soit retournée sous ses veritables Seigneurs, les Pontifes Romains dans le quinziéme siécle.

La Ville est beaucoup plus longue, que large, ses ruës sont assez droites, pavées de briques de champ. Elle ont de la pente suffisamment, pour que les eaux des fontaines publiques, & de celles qui sont dans la plûpart des maisons, les lavent, & emportent toutes les ordures, cela lui donne un air de propreté qui fait plaisir, & qui contribue beaucoup à la bonne santé, dont on y joüit. On dit qu'il y a plus de deux mille maisons, & plus de douze mille Habitans. Je n'ai pas de peine à le croire, quoique je n'aye compté ni les unes, ni les autres ; ce qui fait paroître la Ville plus peuplée, qu'elle ne l'est peut-être en effet, c'est l'affluence des gens du dehors qui viennent tous les jours au marché. On dit que c'est toute autre chose dans le tems des Foires franches, des mois de Février, & de Septembre, pendant la première desquelles le Gouvernement de la Police de la Ville, est entre les mains des Bourgeois, que le Corps de Ville élit pour cette fonction, & pendant la dernière, entre les mains des Confreres de Sainte Lucie.

La Ville est partagée en six quartiers qui renferment quatorze Paroisses, huit Couvens d'hommes, cinq Monasteres de filles, plusieurs Compagnies, ou Confrairies de Penitens & quatre Hôpitaux pour les pauvres, & pour les malades.

L'Evêque relève immediatement du Saint Siege; c'est un assez bon benefice, & comment ne le feroit-il pas? Il est dans le pays le plus fertile, & le plus abondant des Etats du Pape. On y fauche les prez trois fois chaque année, après quoi on y met paître les bestiaux jusqu'au commencement du Printems. Le bœuf y est excellent; mais le mouton quoique gras, & tendre n'en approche pas, parce que les terres où il paît sont trop grasses, & trop humides. Il faut des lieux secs & des herbes fines pour que cet animal ait du fumet. Les pigeons domestiques, &

sauvages, les tourdes, & les tourterelles y sont très-bonnes. Les lièvres & les lapins n'y valent rien, par la même raison que les moutons: on y mange du veau aussi bon que le mongano de Rome, & que celui de riviere de Roüen. La volaille y est en abondance, & très-bonne; c'est le pays des gros fruits, je ne croi pas qu'on trouve autre part, pas même dans le Royaume de Naples, des pêches de 20. onces la piece, comme on en trouve communément à Terni. Les abricots, les poires, les figues, & generalement tous les fruits y sont très gros, & d'un très-bon goût. Les melons y sont d'une grosseur qui ne se trouve qu'en Amerique.

Fruit d'une grosseur extraordinaire.

J'ai vû des navets de six à huit livres pesant, & comme je m'en étonnois, & que je les regardois comme des Phœnomenes potagers, pour me servir des termes rapportés dans le Dictionaire Neologique, on me disoit qu'il n'y avoit rien que de très-ordinaire en ceux-là, & qu'on en voyoit de trente à quarante livres, ce qui fit connoître la faute que j'avois faite, lorsque j'avois accusé Pline de mensonge, quand j'avois lû dans ses Ouvrages, qu'il y en avoit de trente à quarante livres, dont il n'en falloit que sept

pour

pour faire la charge d'un âne. C'est dommage que Guilliver n'ait pas connu ces navets, ou ne s'en soit pas souvenu, il n'auroit pas manqué d'en faire cultiver dans son Isle des geans.

J'avois crû que les pigeons de Lombardie étoient les plus gros qu'on pût trouver dans le monde, ceux de Terni ne leur cedent en rien. Mais ce qui est tout-à-fait extraordinaire, c'est que ce pays uni, gras, & humide, produise d'aussi bons vins qu'on en puisse souhaiter, & même de la malvoisie, & du muscat. Il y a des choux communs, & des choux pommés d'une grosseur étonnante fort tendres, & d'un très-bon goût; mais sans faire tort à Narni, le negoce de l'huile est bien plus grand à Terni. Je n'oserois raporter la quantité qu'on nous assura qu'on en faisoit tous les ans, de crainte qu'on ne m'accuse au moins d'exageration, ce qui est certain, c'est que cette Ville est riche.

Après nous être promenés dedans, & dehors la Ville pendant deux jours, nous resolumes d'aller voir la fameuse Cascade, qui étoit la fin de notre voyage.

Nous y allâmes à cheval, accompagnés de quelques parens de mes compagnons, avec les provisions necessaires

Tome VII. G

pour passer la journée; il y a environ quatre milles de Terni à la Cascade, que les gens du païs nomment la *Cacata del marmore*, à cause que le *Volino* passe par trois lacs, dont le plus proche de la Cascade, se nomme le lac *del marmore*, il me semble pourtant qu'il y auroit plus de raison de l'appeller la Cascade du Volino, qui est le nom de la riviere qui s'y precipite.

Dès qu'on est à deux milles de Terni, on trouve des montagnes pelées, hautes, escarpées, dans lesquelles on a ouvert des chemins dangereux, & très-difficiles. Si je n'avois pas été accoûtumé aux chemins de ma Paroisse de Macouba à la Martinique, ceux-ci m'auroient fait peur. Mais comme j'avois un cheval du païs fait à ces mauvais pas, je me moquai de mes compagnons, qui firent une partie du voyage à pied, tirant leurs chevaux par la bride, cela leur fit paroître le chemin bien plus long qu'il n'est en effet. Ces deux milles de mauvais chemin m'en parurent pourtant bien trois, & m'en auroient parus six, si j'avois imité mes compagnons.

Nous arrivâmes enfin à la Cascade. Il n'est pas necessaire d'avertir les curieux qu'ils y sont arrivés. Le bruit hor-

...ble que fait la riviere en se precipitant les en avertit assés.

La Riviere de Volino a sa source au Royaume de Naples dans l'Apennin, environ à quarante-cinq milles de l'endroit, où elle se jette dans la Nera, à 4. milles au-dessus de Terni. M. Misson s'est trompé, lorsqu'il a dit que cette riviere avoit ses sources à douze ou quinze milles du lieu, où elle se jette dans la Nera. L'erreur est trop considerable pour la lui passer, j'en suis fâché, car je voudrois faire quelque chose en faveur de son stile, si la verité me le pouvoit permettre.

Cours du Volino.

Cette riviere après avoir passé à Civita-Ducale, derniere Place du Royaume de Naples à l'Occident, arrose les murs de Rieti, Ville Episcopale des Etats de l'Eglise dans le Duché de Spolette, qui fait partie de l'Ombrie, & reçoit à deux milles plus bas le *Ourano* riviere mediocre, qui a sa source assez près du lac *Celano*, dans la partie Occidentale du Royaume de Naples; elle n'a qu'environ vingt-huit milles de cours: une autre petite riviere s'y joint un peu plus bas; & ainsi augmentée, elle passe dans la partie Meridionale du petit lac de *veti*; & puis dans celui de *Pie de luco*, & enfin dans celui *Delle marmore*. Ainsi grossie de toutes ces eaux differentes, elle court avec rapidité à un rocher uni, & large de plus de soixante pas, taillé à plomb par la nature, & élevé de plus de trois cens pieds au-dessus d'un second rocher, que la chûte continuelle des eaux a creusé comme un vaste gouffre semé de pointes inegales, où l'eau qui tombe de si haut se brise en une infinité de parties, qui jaillissant en l'air, fait comme une pluïe deliée, ou une bruine, sur laquelle les rayons du soleil se reflechissans diversement, forment des milliers d'arc en ciel qui changent, & qui se succedent les uns aux autres d'une maniere tout-à-fait digne d'attention. Je prefere sans peine cette Cascade à celle de Tivoli; mais je dois preferer celle de *Nigara* dans l'Amerique Septentrionale à ces 2. puisqu'on ne peut passer en aucune façon sous celle-ci, au lieu qu'on trouve un chemin assuré d'un bord d'un très-grand fleuve, à l'autre sans être moüillé, quoiqu'on passe sous une prodigieuse masse d'eau.

Nous nous reposâmes quelques heures à côté de cette Cascade, sous des arbres épais, qui n'empêcherent pas que nous ne fussions moüillés copieusement, quoiqu'imperceptiblement, par cette bruine qui s'éleve sans cesse du fond de l'abyme, où la riviere se précipite: nous y dînâmes, & nous allâmes ensuite à deux milles au-dessus de la Cascade voir le lit de la riviere. Nous revinmes ensuite à la Cascade, d'où après nous y être arrêtés tout le tems qu'il nous falloit pour voir cette merveille, & pour raisonner dessus, nous nous rendîmes à la Ville, où nous demeurâmes deux jours.

Nous retournâmes à Narni, où nous demeurâmes un jour, & notre compagnie s'étant accrûë d'un de nos Peres, nous en partîmes tous quatre à cheval, pour nous rendre à Civita-Vechia, sans passer par Viterbe.

Au reste il ne faut pas oublier, qu'il y a des vallons entre ces affreuses montagnes, qui sont remplis d'orangers plantés en plein vent, les plus beaux que j'aye vû de cette espece en Italie. Il y a aussi une grande quantité de Tamarins, de figuiers, & d'autres arbres qui craignent le froid, & qui demandent une exposition continuelle au soleil. Ils ont tout ce qui leur convient dans ces vallons. Les gorges en sont étroites, & ouvertes seulement du côté du midy. La hauteur des montagnes les couvre des vents du Nord, & les deffend du froid, & pour peu qu'il y ait de la chaleur, & du soleil, elle se trouve renfermée dans ces reduits serrés; de sorte que les frimats n'en osent approcher. J'ai parlé si amplement de ces arbres dans quelques autres endroits, que ce seroit fatiguer le lecteur, de repeter ici ce que j'en ai dit.

Il seroit à souhaiter qu'on s'appliquât plus qu'on ne fait en France à la culture des tamarins, sans s'attendre à ce qui nous vient de dehors. Il est certain qu'ils y viendroient parfaitement bien, & qu'il n'y a que la premiere année, pendant laquelle on a un peu de peine à les deffendre de la trop grande chaleur, ou du froid excessif.

Nous ne prîmes pas le chemin de Viterbe, je n'y avois plus affaire, & mes compagnons vouloient voir Civita Vechia; mais nous prîmes celui d'Otricoli, Ville autrefois celebre, mais dont il ne reste plus aujourd'hui que des ruines dans la plaine, assez près de la hauteur, sur laquelle est bâti l'Otricoli d'à-present. On compte huit milles de Narni à Otricoli; la moitié de ce chemin est dans dans des montagnes, & des rochers, où il a fallu employer le cizeau pour ouvrir le passage, ou pour élargir le chemin en côtoyant les rochers, de maniere que d'un côté le rocher est coupé à plomb, comme un mur de plus de trente pieds de hauteur, & de l'autre on a un precipice d'une hauteur prodigieuse. Ce chemin est large de douze à quinze pieds, bien entretenu; mais qui ne laisse pas d'être très-dangereux, sur tout quand il pleut abondamment, à cause des ravines d'eau, qui tombent du haut de la montagne, & qui entraînent souvent avec elles des masses de terre, ou des quartiers de rochers, dont la rencontre est très dangereuse.

Chemin de Narni à Otricoli.

Les Auteurs Latins, & Italiens disent des merveilles de l'ancien Otricoli, Colonie Romaine orné de temples, de théâtres, de Cirques, de Palais superbes, & d'autres édifices convenables à une Ville de consequence. Je n'ai pas envie de les copier, ni de revoquer en doute ce qu'ils disent. Les grandes ruines qui couvrent une espace considerable de la plaine, prouvent en partie ce qu'ils disent. Je croi qu'un bon antiquaire bien descœuvré, & qui auroit de l'argent de reste trouveroit des choses rares, s'il faisoit fouiller dans ces ruines. Il faudroit pourtant avant toutes choses qu'il se munît de bonnes permissions de la Cour, & qu'il eût avec

G iiij

lui quelques Sbires assez honnêtes gens pour l'empêcher d'être assassiné, ou pour ne pas l'assassiner eux-mêmes, s'il avoit le bonheur de decouvrir quelque chose de rare, & de precieux.

Otricoli nouveau. L'Otricoli d'à present, est sur une hauteur. L'Abbé Baudran lui fait honneur en le traitant de petite Ville. Je croirois lui en faire trop, si je le traitois seulement de Bourg; rien n'est plus petit, plus pauvre, plus délabré. Nous ne jugeâmes pas à propos de nous y arrêter.

Pont du Tibre. Nous passâmes le Tibre à deux pas plus bas sur le pont de Sixte V. il est de pierre, & de brique, assez beau, & bien entretenu.

Galese Duché. Nous allâmes dîner à Galese, qui est à deux bons milles du Tibre. Il y a un Château ancien peu considerable, un Bourg de peu d'apparence, & l'hôtellerie la plus dépourvûë, qu'on se puisse imaginer. Par bonheur pour nos chevaux, ils y trouverent du foin, & de l'avoine, & nous du pain noir, du vin assez bon, & du fromage si dur qu'on en auroit pû faire du moillon. Galese a pourtant le titre de Duché, & appartient à la maison d'Altemps.

Nous continuâmes notre voyage après ce mauvais repas, On compte 12 milles de Galefe à Caprarola. Nous y arrivâmes d'assez bonne heure, & fûmes descendre au Couvent des Carmes déchaussés, dont le Prieur étoit frere d'un de mes compagnons. Ce Couvent est hors de la Ville dans une belle situation ; c'est un Hermitage enchanté, où ces solitaires contemplatifs ont tout le loisir de vaquer à l'Oraison. Nous fûmes parfaitement bien reçus & bien traités, nous en avions besoin après la traitte que nous avions faite. Nous passâmes agréablement la soirée. Nous fûmes bien couchés, & ces bons Religieux n'oublierent rien pour nous convaincre de l'union étroite qui est entre eux & nous depuis la reforme de leur Ordre par sainte Therese, qui fut puissamment assistée dans ce grand ouvrage par des Religieux de notre Ordre, qui étoient ses Confesseurs, & ses Directeurs. Un d'eux nous conta en soupant, que cette grande Sainte aïant prié un jour le Pere Bagnés Dominiquain, qui étoit son Confesseur, d'éxaminer une fille qui se presentoit, & qui demandoit l'habit de son Ordre ; le Pere s'acquitta de sa commission, & après en avoir rendu compte à la Sainte, il lui dît qu'il avoit un talent particulier pour connoître l'esprit & le

Couvent des Carmes déchaussés à Caprarole.

cœur d'une fille, & qu'il ne lui falloit qu'une conversation de deux heures pour cela. Vous le croyez ainsi, mon Pere, lui dit la Sainte : mais trouvez bon que je vous assûre, que trois ans ne suffisent pas. Nous convînmes tous qu'elle avoit raison, & cela donna amplement de quoi nous entretenir pendant le repas, qui se seroit passé le plus agreablement du monde, si ces Peres ne nous eussent point mis sur leur généalogie, & sur leur succession Prophétique : car ils n'entendent gueres raison sur cet article. Par bonheur pour nous, nous étions sur la fin du repas, & par consequent plus en état de dire librement ce que nous pensions. La conversation se tourna peu à peu en dispute, on s'échauffa de part & d'autre. Je tâchai de la terminer en disant, comme si je l'eusse crû, que les vingt-quatre compagnons de saint Jacques, quand il alla en Espagne, étoient des Carmes, & même des Carmes déchaussés : ce qui me paroissoit une preuve incontestable, que l'Ordre du Mont-Carmel étoit établi bien avant que le Messie parût au monde. Les Carmes furent ravis de me voir de leur sentiment, & mes compagnons penserent se fâcher tout de bon contre moi.

Mais pouvois-je faire autrement, & ne falloit-il pas par politesse & par reconnoissance trahir un peu ma pensée en faveur de gens qui nous recevoient & nous traitoient si bien? Je croi que quand je me serois confessé à quelqu'un d'eux, il n'auroit pas hesité à m'en donner l'absolution; non seulement parce que ce fait passe chez eux pour veritable, & même pour évident, mais encore parce qu'ils sont dans la Morale pratique les plus accommodans Confesseurs qui soient au monde. Ils suivent à la verité dans la speculation la doctrine de saint Thomas: mais leur discrétion les oblige à garder pour eux seuls toute la rigueur de la Loi, & à prodiguer la douceur & l'indulgence aux autres.

Ils nous accompagnerent tout le jour suivant, que nous emploïâmes à visiter haut & bas, à droit & à gauche, dedans & dehors, le magnifique Château de Caprarole. On dit que c'est le chef-d'œuvre de Barocchio, surnommé Vignola, du nom du lieu de sa naissance. Ce fut le Cardinal Alexandre Farnese, qui fit la prodigieuse dépense qui fut necessaire pour ce bâtiment. Sa forme est extraordinaire. C'est un pantagone regulier, dont la cour est ronde; & toutes les pieces des appartemens, salles, sallons, anti-chambres, chambres, cabinets, garde-robbes, galleries, & autres pieces sont toutes à angles droits. Le Concierge qui nous conduisoit, & les Peres Carmes qui nous accompagnoient, relevoient cette disposition comme une merveille de l'art : mais ils ne me trouverent pas d'aussi bonne composition sur cet article, que je l'avois été sur leur succession du Prophete Elie. Je leur montrai que l'Architecte n'a rien fait en cela que de très-aisé en rachetant le biais par les épaisseurs inégales de ses murs : ce que je leur fis voir en mesurant les épaisseurs des murs de deux portes, qui étoient dans le même pan.

Description de Capraro- le. Cette observation fit peine au Concierge, & le mit de mauvaise humeur. Je croi que sans la presence des Carmes, il m'en auroit témoigné quelque chose, ou se seroit vangé en nous privant de voir quelques pieces des appartemens. Ce Château appartient au Duc de Parme, qui est de la Famille des Farneses ; & comme il y a bien des années qu'il n'y a été, les choses y sont en mauvais ordre. Il n'y a que les peintures qui n'ont point besoin d'entretien, & qui sont en bon état; on y voit en nombre considerable de figures antiques de bronze & de marbre, de très-beaux bas-reliefs, des vases, & autres choses de prix. Les meubles que nous y vîmes, étoient en petite quantité, mais venerables pour leur antiquité. Le concierge nous assûra qu'il y en avoit de très-beaux & de très-riches dans les gardes-meubles, que l'on exposoit, quand le Prince vouloit y faire recevoir quelque personne d'une grande distinction. Je croi que cela arrive rarement.

Les Offices de ce Château sont sous l'étage du rez de chaussée; tout est voûté en plein ceintre. Les jours sont sur les fossés; il y a du logement pour plusieurs Princes, & pour leurs Domestiques.

On peut dire que le tout est d'une correction de dessein, qui fait honneur à l'Architecte. Rien n'est plus beau, plus suivi & plus conforme à la bonne architecture qui fleurissoit dans le tems d'Auguste.

Les jardins sont vastes & très beaux: mais ils ont besoin de la presence d'un maître. S'il y avoit un Cardinal de la Maison de Parme, ce Palais seroit une partie de son appanage, à ce qu'on dit, & pour lors on le verroit dans tout son lustre.

Nous couchâmes encore cette nuit au Couvent des Carmes, qui malgré les disputes du soir precedent, ne laisserent pas de nous traiter avec la même cordialité, qui convient à des enfans de Prophéte.

Nous en partîmes le troisiéme jour, après avoir pris du chocolat. Nous passâmes la petite riviere de Ricono, en Latin *Ricanus* à Ronciglione, où nous ne nous arrêtâmes que pour prendre un guide, qui nous conduisit à Vetralla, distante de six à sept milles de Ronciglione. Sans cette précaution nous nous ferions égarés infailliblement: car c'est un chemin de traverse, peu frequenté, où il y a des bruïeres en quantité, & bien des terres qui attendent qu'on les cultive. Elles nous parurent pourtant très-bonnes. Nous fimes manger nos chevaux à Vetralla, petite Ville, Bourg ou village, comme on voudra l'appeller, qui ne vaut pas grande chose. Nous y trouvâmes heureusement du pain Papelin, que l'hôte avoit apporté de Rome le jour precedent: malgré quelque repugnance qu'il paroissoit avoir, il fallut qu'il nous accomodât des pigeonneaux. Son vin étoit bon, nous dînâmes bien, & aïant pris un autre guide nous allâmes coucher à la Tolfa, chez l'Agent des fermiers de l'alun, qui nous reçut parfaitement bien. Mes compagnons avoient envie de voir cette manufacture. Nous apprîmes qu'on a l'obligation de cette découverte à un Lombard, nommé Jean Castro habile homme, & très-expert dans ces sortes de découvertes. Il la fit sous le Pontificat de Pie II. environ vers l'an 1460. Depuis ce tems on en a tiré des quantités prodigieuses, & on en tire encore tous les jours J'ai amplement parlé de cette manufacture dans mon 5. volume, où je prie le Lecteur d'avoir recours.

Nous arrivâmes à Civita-Vechia un peu avant midi, il y avoit trente-deux jours que j'en étois parti. Je repris aussi-tôt le soin de nos bâtimens, que je poussai aussi vivement & aussi longtems que nous eûmes de l'argent. J'achevai le premier ordre du portail de notre Eglise, l'entrée du Couvent, deux maisons adjacentes, & le quatriéme côté du Cloître.

CHAPITRE V.

Voyage de l'Auteur à Livourne. Description de Porto-Longone, Fort San-Stephano, Porto-Hercole, Monte-Philippo, & des Isles adjacentes.

Voyage de Livourne.

Monsieur le Chevalier de la Motte d'Orleans, qui commande à present l'escadre des Galeres de S. S. m'ayant proposé de l'accompagner dans un voyage qu'il alloit faire à Livourne avec sa Galere seule, j'acceptai ce parti avec joïe ; & quoique notre voyage ne dût être que de 10. à 12. jours, je disposai le travail des ouvriers, que je conduisois pour nos bâtimens, comme s'il eût dû être bien plus long. La suite fit voir que j'avois eu raison, & que j'avois prévenu ce qui nous devoit arriver.

Nous serpâmes environ sur la minuit ; le vent étoit Sud-Est, & fort moderé. C'étoit un vrai tems de Galeres ; nous allâmes à merveilles jusques par le travers du mont Argentaro, que le vent étant tombé tout d'un coup, il se leva un vent du Nord si violent, qu'il fit groſſir la mer, & éleva des vagues hautes comme des montagnes. Par bonheur ce mauvais tems nous prit par le travers de Piombino, & de Porto-San-Stephano. Nous tînmes bon autant que la Chiourme fut en état de le faire. Mais la mer, & le vent augmentant toûjours, nous crûmes qu'il y auroit de l'imprudence à braver une tempête très-dangereuſe, pendant que nous avions à côté de nous un endroit pour nous retirer, & nous mettre en ſûreté. C'étoit Porto-Longone dans l'Iſle d'Elbe. J'ai parlé aſſez amplement de cette Iſle dans un autre endroit. Il faut à preſent que je diſe ce que je ſçai de cette place, que les deux Sieges qu'elle a ſoûtenus en 1646. & 1650. ont renduë fameuſe.

Il faut ſe ſouvenir que l'Iſle d'Elbe fait partie de la Principauté de Piombino, qui appartient à la Maiſon Ludoviſio. Les Eſpagnols ne pouvant ſouffrir que ce Prince ſe fût accommodé d'une partie de ſes droits ſur cette Iſle avec le Grand Duc de Toſcane, vinrent s'emparer de cet endroit par droit de bienſéance : titre admirable qu'on étend bien loin, & qu'on fait valoir tant qu'on veut, quand on eſt le plus fort. Outre la bienſéance ils avoient un besoin extrême d'avoir un port dans ce canal, pour retirer leurs vaisseaux & leurs Galeres, quand ils étoient obligés de les envoyer de la côte d'Espagne, ou des Isles de la Mediterranée en Sicile, ou au Royaume de Naples. Ils s'y fortifierent vers l'an 1577. & voyant l'importance du port, & l'avantage qu'en recevoient leurs bâtimens, outre que ce leur étoit un moïen pour tenir en bride les Etats du Pape, & ceux de Toscane, & de Luques, & l'Isle de Corse qui appartient aux Genois; ils y bâtirent en 1606. une Forteresse considerable, environnée de cinq bastions & de quantité d'ouvrages exterieurs.

Il y avoit long-tems que j'avois envie de voir cette place; mais j'aurois remporté avec moi ce desir en France sans cet accident.

Description du port de Longone.

Porto-Longone, ou *Port-Longon*, ou simplement *Longone*, & en Latin *Portus-Longinus*, ou *Portus-Longonis*, est ainsi appellé à cause de sa longueur. Il est à l'Est Nord-Est de l'Isle d'Elbe. Son entrée n'a pas plus d'un demi mille de largeur sur plus de trois milles de profondeur. Sa largeur n'est pas égale par tout, elle s'augmente considerablement à un mille en dedans de son entrée, & fait un coude à sa droite, qui est un port naturel, fermé presqu'entierement de tous côtés, où les plus gros bâtimens peuvent moüiller assez près de terre, & y être dans une sûreté toute entiere, à couvert de la plus grosse mer & des vents. Le fond est bon par tout, il ne manque à la droite en entrant, que quelque Fort, Redoute, ou Batterie fermée, pour deffendre l'entrée ; car le canon de la Forteresse ne peut pas plonger assez pour cela. Il y a sur la gauche un petit Fort ou Château, qui par sa construction paroît fort ancien, dans lequel on met un mediocre détachement de la garnison de la place. Je n'y ai point entré : mais je l'ai vû d'assez près, pour remarquer qu'il est assez bien pourvu d'artillerie. S'il y en avoit un pareil du côté droit au-dessous de la Forteresse, les feux se croiseroient & rendroient l'entrée du port impossible à ceux à qui on ne la voudroit pas permettre.

La Forteresse est à la droite du port sur une montagne haute presqu'entierement de rocher, ou de tuf, escarpée ou inaccessible du côté de la mer qui l'environne, & en fait une presqu'Isle qui ne tient à la terre de l'Isle, que par un front que deux bastions occupent aisément. C'est le seul endroit, par lequel la Forteresse peut être attaquée. Ce front est couvert d'une grande demie-lune à flanc, deffenduë de deux contre-gardes, d'un double chemin couvert avec des fossés secs, & des redoutes sur le glacis. Il seroit aisé d'isoler cette place, en creusant un canal si large qu'on voudroit, qui serviroit d'avant-fossé au glacis le plus éloigné du corps de la place. Tous ces ouvrages forment un amphiteâtre, dont le coup d'œil est très-beau, de quelque côté qu'on le place.

Nous moüillâmes dans le coude sous la Forteresse. Je vis alors que deux redoutes, qui sont au-delà du dernier chemin couvert, peuvent incommoder avec le canon, & leur mousqueterie les bâtimens qu'on ne voudroit pas souffrir dans cet endroit. Cela me parut quelque chose, mais j'en voudrois davantage.

Monsieur le Chevalier de la Motte envoya un Gentilhomme de poupe faire compliment au Général Espagnol, qui commandoit toutes les troupes de sa nation dans l'Etat, appellé *Deg'i Præsidij*, avant que les places de terre ferme fussent tombées entre les mains des Allemands. Ce General reçut avec politesse le compliment du Chevalier, & lui envoya son Major lui en faire un de sa part, lui offrir tout ce qui étoit en son pouvoir, & le prier à dîner. J'eus l'honneur de l'y accompagner. D. Estevan Bollet, ou Pollet étoit Catelan; il avoit donné des preuves éclatantes de son attachement, & de sa fidelité pour son Souverain legitime Philippe V. dans la revolte presque generale de tous ses compatriotes; & la Cour étoit tellement persuadée de la sincerité de ses intentions, qu'elle se reposoit entierement sur lui de ce qui regardoit ses interêts en Italie. Ils ne pouvoient être en mains plus sûres; & s'il avoit pû prevoir la trahison du Gouverneur d'Orbitelle, & qu'il eût reçû quelque secours, après que cette place eût été livrée aux Allemands; il est certain que le mont Philippe, & Porto-Hercole ne seroient pas tombés entre leurs mains.

Le corps-de-garde prit les armes, quand le Chevalier de la Motte entra dans la place. Le Major le reçut, & l'accompagna chez le General qui sortit quelques pas au-devant de lui, lui donna la droite, & lui fit tous les honneurs qu'on pouvoit attendre d'un homme qui étoit la politesse même. J'en eus ma part par concomitance. Après une demie-heure de conversation, on vint avertir qu'on avoit servi ; le General fit mettre le Chevalier à la place d'honneur, il se mît à sa gauche, & quelque resistance que je pusse faire, on me plaça à sa droite. Nous nous trouvâmes quinze à table. Le repas fut splendide, long, & bien servi. Je remarquai que la plûpart des Officiers Espagnols ne burent que de l'eau pendant presque tout le repas, quoiqu'on servît du vin sur toutes les soûcoupes avec de grands verres. Cette sobrieté dura jusqu'au dessert. Alors tous les conviés burent du vin ; il y en avoit de plusieurs sortes, & des meilleurs. On apporta à la fin des soûcoupes avec de grands verres pleins de Lacryma de Sicile. J'en avois bû d'excellent à Messine : celui que je bus à Porto-Longone me parut encore meilleur. Le General me dit que ce vin avoit cinq ans, & qu'il étoit meilleur à mesure qu'il vieillissoit. Ces Messieurs en burent sobrement ; quand ils avoient bû la moitié d'un verre, ils ne faisoient pas difficulté de presenter le reste à leur voisin, qui en faisoit encore moins de le recevoir. Comme ils sçavoient que cette ceremonie n'étoit pas d'usage parmi nous, personne ne nous en presenta de cette maniere : mais aussi il fallut que le Chevalier de la Motte & moi achevassions chacun notre verre. Ce qu'il y a de commode, c'est qu'on le peut boire à plusieurs reprises. On presenta le chocolat, après qu'on eut levé la nappe, la table demeurant couverte d'un tapis de maroquin rouge fort propre. On servit ensuite des pâtes de Gênes & des liqueurs. La conversation fut fort gaïe pendant le repas, & après qu'il fut fini, le Chevalier de la Motte l'ayant fait tomber sur mes voïages, le General me demanda beaucoup de choses de l'Amerique. Je le satisfis autant qu'il me fut possible, & je ne manquai pas de lui souhaiter une des Vice-Royautés de ce païs-là. J'en aurois bien besoin, me dit-il : car les ennemis de mon Maître m'ont entierement ruiné ; mais il est juste & riche, & j'en dois tout esperer.

Il nous proposa ensuite de faire le tour de la place ; nous y consentîmes avec joye, & moi sur tout qui en avois une envie extrême depuis bien longtems.

Quoiqu'elle n'ait que cinq bastions, elle ne laisse pas d'être grande, parce que les bastions, & les courtines sont considerables. Il n'y a qu'un fossé, &

un chemin couvert du côté de la mer. Les ouvrages feroient inutils de ce côté-là, parce qu'elle n'y peut pas être attaquée. On a jetté tous les ouvrages du côté de la terre, & on a eu raifon. Le General en nous montrant la tenaille de ce côté-là, nous fit remarquer la demie lune, & les deux contre-gardes dont j'ai parlé, & nous dit que ces trois pieces & les trois redoutes, qui font au bas du dernier glacis, étoient de veritables cimetieres, où une infinité de braves gens Efpagnols, & François avoient perdus la vie, & avoient été enterrés. Il prit la peine de nous faire le détail des deux Sieges que cette place avoit foufferts en 1646. & en 1650. & donnoit la preference des deux Sieges au dernier. J'approuvois tout ce qu'il difoit, quoique je l'entendiffe d'une maniere toute oppofée à fa penfée qui étoit d'élever fa nation, en abbaiffant la mienne, pendant que je concluois de fon difcours, que ces deux Sieges avoient fait infiniment plus d'honneur aux François qu'aux Efpagnols. La raifon en faute aux yeux. Les François ont pris cette place en 20. jours, & les Efpagnols ne l'ont reprife qu'en quarante-fept de tranchée ouverte. Les Efpagnols avoient pour eux

la

D'ESPAGNE ET D'ITALIE.

la côte de terre ferme, les Roïaumes de Naples, & de Sicile, celui de Sardaigne qui en est très-voisin, les places de la côte de Gênes, en un mot toute l'Italie, qui ne voyoit qu'avec une peine infinie les François maîtres de cette place, qui étant un port assûré, & une retraite pour les bâtimens de guerre, pour les Marchands & pour leurs corsaires, pouvoit interrompre tout leur commerce, s'en emparer, ruiner leurs Etats maritimes, & en devenir à la fin les maîtres. Au lieu que les François éloignés de chez eux, & au milieu de leurs ennemis & de leurs envieux, n'avoient rien à esperer que de leur bravoure.

L'armée de France commandée en chef par le Prince Thomas de Savoye, & sous lui par les Maréchaux de la Meilleraye & du Plessis Pralin, s'empara de Piombino, & des Forts qui en dépendent après un Siege de quelques jours; assiegea aussitôt la Forteresse de Porto-Longone. La tranchée fut ouverte la nuit du dix, à l'onze d'Octobre de la même année 1646. & le Siege poussé avec tant de vigueur, nonobstant la resistance des Espagnols & des Italiens qui étoient dedans au nombre de plus de dix mille hommes, qu'ils fu-

Prise de Porto-Longone par les François en 1646.

Tome VII. H

rent obligés de capituler la nuit du 29. au 30. du même mois. On ne peut nier qu'il ne se fit de part & d'autre un très-grand nombre d'actions de valeur, & que les deux plus braves nations du monde n'eussent tout mis en œuvre pour se signaler. La prise de la place en si peu de tems sembloit avoir été decidée en faveur des François, puisqu'ils étoient les vainqueurs, & cependant D. Estevan n'en vouloit pas convenir, & prétendoit que sa nation avoit acquis plus de gloire en perdant cette place, que les François en l'emportant.

Par une suite necessaire, il auroit dû conclure que les François avoient acquis plus de gloire en perdant la même place en 1650. que les Espagnols qui s'en rendirent maîtres après quarante-sept jours de tranchée ouverte. Il ne le fit pourtant pas, & voulut toûjours nous persuader que la gloire avoit été pour les Espagnols en perdant cette place, & en la recouvrant. On en jugera par ce que je vais dire.

L'armée navale d'Espagne, composée de douze Galeres, de vingt-trois vaisseaux de guerre, quatre brûlots, soixante tartannes, sur lesquelles il y avoit six mille cinq cens hommes d'Infanterie, & sept cens chevaux, moüilla Porto-Hercole le 15. May 1650. Elle étoit commandée par le Comte d'Oignate Vice-Roi de Naples, suivi de la plus florissante Noblesse des Roïaumes de Naples, de Sicile, & d'Espagne. Les troupes furent augmentées de quelques Compagnies Napolitaines le 25. May. D. Juan d'Autriche ayant alors pris le commandement de toute l'armée qui avoit fait sa descente dans l'Isle d'Elbe, & investi Porto-Longone; ce Prince amena avec lui sept à huit mille hommes, & en reçut encore presqu'autant du Milanès, & même des Etats du Pape avec tous les vivres, & les munitions qui lui étoient necessaires.

Ils attaquerent d'abord les Fortins détachés le premier Juin, & après les avoir pris, & perdus plusieurs fois, ils ouvrirent enfin la tranchée devant la place le dix-neuf du même mois. Ce fut alors que le Siege devint extrêmement meurtrier. On disputa long-tems l'avant-chemin couvert; les mines, & les contre-mines ne furent pas épargnées; & comme D. Juan avoit partagé son armée en trois corps qui faisoient chacun une attaque particuliere, les Espagnols, les Allemands, & les Italiens qui composoient les trois corps,

H ij

travailloient à l'envie les uns des autres à avancer leurs attaques. On doit dire pour rendre justice aux uns & aux autres, qu'ils firent des prodiges de valeur, & que le sieur de Noüillac qui commandoit dans la place, fit aussi de son côté tout ce qu'on pouvoit attendre d'un grand Capitaine, pour conserver la Ville qui lui avoit été confiée. Il fut enfin obligé de capituler le trente de Juillet, voyant sa garnison réduite de dix-huit cens à quatre à cinq cens hommes sains, ou malades, manquant sur toutes choses de médicamens pour les blessés, sans esperance de secours, & après avoir fait perir plus de dix mille des ennemis. Il sortit de la place le 15. d'Aoust avec deux pieces de canon, & toutes les autres marques d'honneur & de distinction qu'un ennemi genereux a coûtume d'accorder à des gens qui ont merité son estime par leur bravoure.

C'est au Lecteur à voir qui a plus justement acquis de la gloire dans ces deux occasions.

Aux Rodomontades près nous eûmes sujet d'être bien content de Dom Estevan. Nous achevâmes le tour de la place justement à tems de voir la parade que faisoit le détachement de la garnison qui alloit monter la garde. Il nous dit qu'il avoit cinq Regimens, qui dans un besoin en batteroient dix autres. Le Major fit faire l'exercice de ce bataillon qui étoit à cinq de hauteur, & cent hommes de front, tous Espagnols naturels, de taille mediocre, noirs & maigres, les cheveux gras, noüés derriere la tête, mal vêtus, mais très-bien armés. Ils n'avoient ni piques ni fourchettes comme on en avoit autrefois. Je croi pourtant qu'ils n'en avoient quittés l'usage, que depuis que Philippe V. étoit sur le Trône. J'ai vû l'usage des fourchettes dans le vaisseau de guerre Espagnol, qui me prit au commencement de 1701. à la baye de Coa sur la côte Meridionalle de l'Isle de saint Domingue en Amerique ; mais je ne vis ni piques, ni fourchettes dans les troupes Espagnoles, lorsque je me trouvai à Cadis en 1706.

Un Colonel étoit à la tête du détachement qui montoit la garde, quoiqu'il y eût cinq Regimens, il n'y avoit que quatre Colonels. On avoit envoïé le cinquiéme en Espagne depuis quelques jours sous le pretexte honorable que la Cour avoit besoin de lui, pour reformer les troupes, & les remettre dans l'ancienne discipline : mais la veritable raison étoit que D. Estevan vouloit remedier au desordre de la cervelle de cet Officier ; il avoit crû que l'air natal y seroit d'un grand secours. Ce galant homme s'étoit mis en tête, que les soldats ne devoient rien faire qu'au son du Tambour : & sur ce principe il avoit reglé toutes leurs actions sur le pied des exercices & du maniement des armes. Entr'autres exercices qu'il avoit introduits, en voici un qui pourra servir d'échantillon pour les autres.

Plaisante Imagination d'un Colonel Espagnol.

Il faisoit manger les soldats rangés en bataille sur la place d'armes. Pour cet effet il faisoit battre la Générale un quart d'heure avant midi. A ce signal les soldats sortoient de leurs casernes avec leurs armes, leur pain dans leur havresac, & une callebasse ou bouteille pleine d'eau en bandoüilliere ; ils marchoient en bon ordre à la place, s'y mettoient en bataille ; & quand l'*Angelus* sonnoit, ils le disoient dévotement à genoux, comme on fait par toute l'Espagne. Un coup de baguette étoit le signal du *Benedicite*, un autre coup leur faisoit mettre les armes à terre, ils s'asseoient par terre à un troisiéme coup, à un autre, ils tiroient le pain du havresac, un autre faisoit mettre la bouteille à côté d'eux. On mangeoit quand il plaisoit au Colonel de faire donner trois coups de baguette sur la quaisse. Quelque soif qu'on pût avoir, il ne falloit pas songer à boire que le tambour n'eût donné le signal, & seulement autant de fois que le Colonel le jugeoit à propos; & quand on avoit bû, il ne falloit pas recommencer à manger avant le coup de baguette. A la fin le tambour avertissoit de se lever ; un coup de baguette étoit le signal des graces ; un autre coup, celui de mettre le reste du pain dans le havresac, un autre pour remettre la bouteille à sa place, un autre pour reprendre les armes, après quoi on s'en retournoit, tambour battant aux casernes, où ceux qui avoient encore faim, & quelque chose pour la satisfaire, achevoient leur dîner en particulier & en secret : car ç'auroit été un crime de manger hors de la place d'armes. Le Colonel s'étoit mis en tête de vivre comme ses soldats. Il portoit lui-même son pain & son eau, & auroit bien voulu obliger ses Officiers à l'imiter : mais il n'en étoit pas encore venu à bout, quand il partit. Il prétendoit mettre ainsi en regle toutes les actions de ses soldats, & les rendre par ce moyen les plus disciplinés, dont on ait jamais entendu parler. Ce projet le plus plaisant du monde, avoit diverti quelque tems le General, & le reste de la Garnison, dont une bonne partie ne manquoit pas de venir voir dîner, & souper ce Colonel, & sa troupe; mais les Officiers du Regiment, ayant representé au General que cette discipline severe & tout-à-fait inusitée seroit deserter leurs soldats, il ne trouva point d'expedient plus propre pour remedier à ce desordre, que d'envoyer cet Officier homme de naissance, & très-brave en Espagne.

Un jeune Officier ayant sçû que je m'étois trouvé en quelques occasions contre les Anglois, me demanda si je n'avois jamais été blessé. Je lui dis que je n'avois reçû aucune égratignure. Je le croi bien, me dit-il, vous avez de quoi vous garentir des coups. Je l'assurai que je n'avois jamais porté ni casque, ni cuirasse. Vous avez, me repartit-il, quelque chose de plus leger, & bien plus sûr. Je lui dis qu'il me feroit plaisir de m'enseigner ce secret, je m'étonne que vous ne le sçachiez pas; c'est un corporal sur lequel on a dit la Messe, il n'y a qu'à le porter avec foi, & respect sur la poitrine, on est impenetrable à tous les coups de fusil. Je croi

Remede contre les coups de fusil.

même, ajouta-t-il, que les boulets de canon perdroient leur force, contre un homme qui en porteroit un, il m'apprenoit ce secret d'une maniere si grave, & si assurée, que je ne jugeai pas à propos d'en rire. Je me contentai de lui faire des objections sur la quantité des corporaux, dont il faudroit s'envelopper depuis la tête jusqu'aux pieds pour se rendre invulnerable dans toutes les parties du corps; mais il m'assûra qu'un seul corporal porté sur la poitrine, suffisoit pour garentir tout le corps, & qu'il avoit vû des gens qui n'avoient pas reçû la moindre blessure, quoique leurs habits eussent été criblés de balle.

Voilà la recette, je la donne sans interêt, telle que je l'ai reçûë, on en croira ce qu'on voudra, & on s'en servira si on le juge à propos.

Après avoir vû défiler les troupes, le General nous conduisit aux magazins, ils étoient assez bien pourvûs de bled, de farine, de ris, d'huile, & de vinaigre. Il y avoit du sel, des legumes, & du vin en mediocre quantité. Ces magazins étoient sous les bastions, & les courtines du côté de la mer creusés dans le Tuf, & dans le roc fort secs, & capables dans un besoin de servir d'infirmerie pour les blessés & les malades, étant à l'épreuve de la bombe, & dans l'endroit de la place, qui ne peut être attaqué.

Nous revînmes nous reposer chez le General, il nous fit servir des eaux glacées, dont nous avions grand besoin, & pressa extrêmement le Chevalier de la Motte de s'arrêter à souper ; mais comme le vent avoit beaucoup molli, & que la mer s'appaisoit à vûë d'œil, il remercia le General, & resolut de partir dès que le tems le permettroit. Il prit congé du General qui le vint conduire jusqu'à la porte de la Forteresse, où la garde étoit en haye, & sous les armes.

Nous descendîmes avec moins de peine que nous n'étions montés : & examinâmes à loisir la situation avantageuse de cette Place. Nous rentrâmes dans la Galere, un peu après les vingt-quatre heures ; c'est-à-dire, une demie-heure après le coucher du soleil, & on disposa tout pour partir dès que la mer le permettroit, & même sans attendre qu'elle fut entierement appaisée, de crainte de perdre quelques momens, que nous aurions peut-être attendus long-tems.

Nous vîmes bien-tôt combien cette

précaution avoit été sage. Un vent de Sud-Est assez moderé aida nos rames, & nous fit arriver au Port de Livourne sur les dix heures. Il tomba aussi-tôt que nous eûmes donné fond, & il s'éleva un vent de Nord, & ensuite de Nord-Ouest si violent, qu'il auroit fallu relâcher à Porto-Longone, ou Porto-Ferajo, si nous n'eussions pas été dans celui de Livourne.

Port de Livourne.

Nous étions moüillés derriere le fortin de l'entrée. C'est le meilleur endroit, & le plus sûr. Les gros Vaisseaux y trouvent assez de fonds, pourvû qu'ils ayent soin de moüiller le plus près de terre qu'il est possible; car ce vaste Port n'est pas bon par tout. Il y a des hauts fonds dans le milieu, qui le gâtent, & qui empêchent que les Vaisseaux un peu gros, n'y puissent passer. Les grosses barques, & les petits Bâtimens, moüillent le long du quay opposé à l'entrée du grand Port. A l'égard de la Darce, il n'y a que les Galeres, & les barques qui y entrent.

Le Chevalier de la Motte, envoya un gentilhomme de poupe complimenter de sa part Monsieur de Tornaquinei General des troupes nombreuses, que S. A. R. de Toscane entretient dans cette Ville. Cet Officier qui a sous ses ordres les Gouverneurs, ou Commandans des deux Citadelles, & des fortins, ne manqua pas d'envoyer son Major remercier le Chevalier de la Motte de sa politesse, & lui offrir tout ce qui dependoit de lui. Le Capitaine du Port étoit venu, & avoit fait ranger les Bâtimens qui étoient trop proche de la Galere, afin que rien ne l'incommodât; on mettoit une planche pendant le jour, qui alloit de l'échelle jusques sur le Quai, on l'ôtoit la nuit, & on se tiroit quelques toises au large afin d'ôter à la Chiourme, & aux Soldats l'envie de s'aller promener à terre.

Nous fûmes heureux d'être entrés; car le tems devint si orageux, accompagné de pluye extraordinaire, & de vents violens, que nous fûmes obligés de demeurer vingt-deux jours entiers dans le Port, sans avoir pû trouver la moindre occasion d'en sortir avec quelque espece de sûreté; quoique les affaires que la Galere y avoit, n'en demandassent tout au plus que trois ou quatre. On peut croire que je me serois bien ennuyé, si j'avois été dans une autre situation; mais le Chevalier de la Motte avoit pour moi tant de politesse, &

tant d'égard, que je ne pourrai jamais lui en marquer assez ma reconnoissance : bonne table, conversation agréable, en un mot tous les plaisirs que des Religieux bien reglés peuvent prendre, je les trouvois avec lui ; mais malgré cela rien n'est plus triste, que d'être dans une Galere quand il fait mauvais tems, & que la pluye oblige d'être enfermé dans la chambre de poupe, ou dans le Gavon. Car comme on est obligé d'avoir toutes les tentes abbaissées ; il faut de la lumiere en plein midy. Ce n'est pas comme dans les Vaisseaux où l'on a des fenêtres bien garnies de vitres. Celles qui sont à l'arriere de la chambre de poupe d'une Galere, deviennent inutiles à cause de la tente qui couvre la loge des timoniers, & celles de devant, parce que les tentes du corps de la Galere sont entierement abbaissées. Aussi dès que la pluye cessoit un peu, nous ne manquions pas d'aller prendre l'air sur le mole, ou nous promener dans la Ville, & même quelquefois aux environs.

J'accompagnai un jour ce genereux Chevalier à Notre Dame de Monte Negro. C'est un lieu d'une très-grande devotion à quatre ou cinq milles à l'Est de Livourne sur une montagne très-haute, & dont l'accès seroit presque impossible sans les travaux que le Grand Duc, & d'autres personnes devotes, ont fait faire pour rendre le chemin praticable même aux calêches. Nous y allâmes de cette maniere. Le Couvent est

N. D. de Monte Negro

fort joli, en bon air, & en belle vûë. Le Superieur vint recevoir le Chevalier, lui fit voir la maison & l'Eglise. C'est la plus grande devotion de Livourne, & de tous les environs : on y conserve une image de la Sainte Vierge, qui est une source intarissable de prodiges, aussi y a-t'on recours de toutes parts, & les tableaux, ou autres marques d'actions de graces tapissent toute l'Eglise & les Chapelles, entre lesquelles il y en a deux qui ont des Autels privilegiés ; c'est-à-dire, ou par une grace speciale du Souverain Pontife, on peut

Autels Privilegiés.

dire des Messes pour les Trépassés, quand il n'est pas permis d'en dire à cause de la solemnité du jour. Voilà en quoi consiste le privilege de ces Autels, & non à délivrer à coup sûr une ame du Purgatoire, comme le dit très-faussement Monsieur Misson. S'il n'est pas mieux instruit des principes de sa Secte, qu'il l'est des usages de la Religion Catholique, contre laquelle il ne ne cesse de déclamer à tort & à travers, il est à plaindre de professer une Religion qu'il ne sçait pas. Il n'en imposera à personne de bon sens, & ne fera paroître que de l'ignorance, ou de la mauvaise volonté dans ce qu'il avance contre la nôtre. Il faut donc qu'il sçache que toutes les Messes, les prieres, les aumônes, les Indulgences, & generalement toutes les bonnes ouvres que l'on peut offrir à Dieu pour le soulagement des ames qui souffrent les peines dûës à leurs pechés, qu'elles n'ont pas expiés pendant qu'elles étoient sur la terre, ne s'offrent à Dieu que par maniere de suffrages, *per modum suffragij*, c'est-à-dire, comme des supplications que l'on fait à Dieu, pour flechir la rigueur de sa justice, & l'engager à recevoir en sa grace ces ames souffrantes.

Les bonnes œuvres dont on les accompagne n'ont point d'autre but, & on n'a jamais crû parmi les Catholiques qu'il y a dans ce monde ni dans l'autre, aucune creature qui ait le pouvoir d'ouvrir les prisons, où les ames sont enfermées, & où elles achevent d'expier leurs pechés, & de les en tirer. Si l'ignorance, ou la cupidité a fait parler autrement quelques particuliers, ce qui est encore fort douteux, ce n'est point le sentiment de l'Eglise, qui bien loin de penser ainsi, s'est toûjours opposée de toutes ses forces à ces faussetés.

J'eus en cette occasion du tems de reste, pour considerer Livourne que j'avois déja vû plusieurs fois, comme je l'ai remarqué en d'autres endroits ausquels je renvoye le Lecteur.

Il y arriva pendant que nous y étions deux Vaisseaux de guerre de Malte. Ils venoient des côtes de Provence & de Genes, & comme ils n'avoient point fait de prises sur les Infidelles, ils eurent l'entrée libre sans faire la quarantaine. Ils demeurerent pourtant moüillés à la grande rade auprès de la Malore, rocher hors de la portée du canon de la Ville. Ils conduisoient à Malthe, nombre de jeunes Chevaliers qui alloient faire leurs Caravanes. Il en coute cinq cens écus à ceux qui se font recevoir dans cette Ordre illustre : c'est ce qu'on appelle le passage. En effet la Religion est obligée de faire les frais de leur voyage, & de les prendre aux Ports de mer où ses Vaisseaux, & ses Galeres touchent, & de les conduire à Malthe. Il se trouva sur ces Vaisseaux quelques jeunes Chevaliers, parens de Monsieur le Chevalier de la Motte, qu'il ne manqua pas de regaler avec sa magnificence ordinaire.

Enfin après un séjour de vingt-deux jours dans ce Port, il plût à la mer, & aux vents de s'appaiser assez pour nous laisser partir. Nous profitâmes des premiers momens qui se presenterent. Et quoique nous trouvassions la mer encore rude, dès que nous fûmes à deux milles ou environ de Livourne, nous ne laissâmes pas de faire route aux dépens des bras de la Chiourme, qui avoit eu du tems de reste pour se reposer. Nous comptions d'être bien-tôt à Civita-Vechia, lorsqu'étant par le travers du Mont Argentaro, nous fûmes pris d'un Nord-Est si violent, que tout ce que nous pûmes faire, fût de nous mettre à couvert au Port San-Stephano.

J'ai peine à donner le nom de Port à ce mauvais acul, qui n'est à couvert que des vents qui viennent de la bande de l'Est, & un peu de ceux qui viennent du Sud, & qui est exposé à tous les autres. Mais comme nous avions à faire aux vents d'Est, & qu'il nous sauva de leur violence, pour cette fois, & sans conséquence, je veux bien l'appeller Port. Il ne fut pas besoin de faire place à la Galere du Pape, pour la faire moüiller dans le lieu le plus avantageux, elle eût à choisir. Il ne se trouva pas seulement une chaloupe pour lui disputer le terrein. Nous moüillâmes vis-à-vis la Chapelle, & on envoya dire qui nous étions à l'Officier qui commandoit dans un fortin, ou tour fortifiée, qui est sur la hauteur au-dessus de la Chapelle: à tous Seigneurs, tous honneurs. On n'envoya à celui-ci qu'un Officier marinier à qui il fit cent mauvaises questions qu'il termina enfin par demander que la Galere saluât sa forteresse. L'Officier repondit que ce n'étoit pas l'usage, & que ses predecesseurs n'avoient jamais pensés à une telle pretention. Cela le mit de mauvaise humeur, & il n'envoya pas faire la moindre honnêteté au Chevalier de la Motte, qui de son côté s'en tint à celle qu'il lui avoit envoyé faire: ce qui me priva du plaisir que j'aurois eu d'aller voir de plus près cette forteresse.

Il y avoit, à ce qu'on dit, une petite Ville auprès de la Chapelle; mais il y a long-tems qu'il n'en est plus mention, soit que les courses des barbares, ayent obligés les habitans de se retirer, soit pour d'autres raisons, il ne reste plus que trois, ou quatre mauvaises maisons auprès de cette Chapelle, une desquelles est la plus horrible gargotte de toute l'Italie. On ne reconnoît la Chapelle qu'à une croix qui est sur la porte, & à un Autel de pierre tout nud. Je vis avec étonnement, que les Matelots s'y retiroient, quand ils relâchoient en cet endroit, & qu'ils y faisoient du feu, & selon les apparences leur cuisine. Ce que je trouvai de plus curieux, fut une pancarte clouée à la porte, portant deffense de lire les livres deffendus, & sur tout ceux de Machiavel, de Socin, de l'Astrologie judiciaire, & du Pere Quesnel. Si j'avois trouvé le Chapelain, ou Curé de cette belle Eglise, je lui aurois demandé le motif de cette affiche, & lui aurois conseillé de fermer son Eglise, & de la tenir d'une maniere plus decente. Ce petit lieu, fait partie de l'Etat appellé des Garnisons ou de *Gli præsidij*, dont toute la partie qui est en Terre Ferme, étoit possedée par les Allemands, qui l'ont enlevée aux Espagnols, quand ils se sont emparés d'Orbitelle, de Mont Philippe, & de Porto-Hercole.

Le Port San-Stephano, n'est qu'à sept milles d'Orbitelle j'aurois bien voulu voir cette Place, que l'on regarde comme imprenable, parce que l'armée de France commandée par le Prince Thomas de Savoye, & par les Maréchaux de la Meilleraye, & du Plessis-Pralin, l'ont assiegée inutilement en 1646. Mais elle étoit entre les mains des Allemands, gens deffians au dernier point, & qui n'auroient jamais voulu croire, que la seule curiosité m'eût engagé à leur rendre visite. Il fallut donc me contenter de me promener une fois jusqu'au bord du lac qui l'environne presque entierement. Il est certain que cette situation est des plus avantageuse, & que ne pouvant être attaquée que par une langue de terre assez étroite, qui la joint à la Terre-Ferme; on la peut deffendre fort aisement: quoiqu'il en soit, je ne la vis que de fort loin, non plus que le fort San-Stephano. Nous fûmes retenus dans ce mauvais Port près de 3. jours. A la fin le vent, & la mer s'étant un peu adoucis; nous en partîmes avec aussi peu de ceremonies, que nous y étions entrés, & nous étions presqu'à la vûë de Civita-Vechia, lorsqu'un vent impetueux se leva tout d'un coup, & nous obligea de nous retirer à Porto-Hercole.

Je n'eus garde de me plaindre de ce

vent, il favorifoit trop le defir que j'avois de voir cette Place: Nous y mouillâmes un peu après midy. Après les complimens reciproques que le Chevalier de la Motte, & le Commandant de la Place s'envoyerent faire, nous mîmes pied à terre fur les trois heures après midy. Le Major qui étoit Irlandois, que nous avions vû chez le Caftelan de Civita-Vechia, fut ravi de voir notre Capitaine. Il le pria à fouper, & en attendant l'heure il nous fit voir la Ville dehors, & dedans.

Cette Ville eft très-ancienne, fuppofé qu'elle ait Hercule pour Fondateur, & que la Flotte des Argonautes y ait moüillée. Elle eft fituée dans la partie Orientale du Mont Argentaro, fameux Promontoire que quelques Auteurs ont appellés le cap d'Italie, comme en étant la partie la plus avancée dans la mer vers le midy: ce n'eft pas ici le lieu d'examiner, fi cela eft bien exactement vrai. Ce qu'il y a de fûr, c'eft qu'il borne à l'Occident les côtes de l'Etat Eccléfiaftique fur la Mediterranée, comme le Mont Circelle les bornes à l'Orient. On donne communement vingt milles de circonference à cette montagne, que l'on peut regarder comme une prefqu'Ifle attachée à la Terre Ferme, par un Isthme d'environ un mille de largeur, entre la mer & le lac d'Orbitelle; il y avoit dans les tems passés une Ville bâtie sur cette Isthme, que l'on appelloit Cosla: ceux qui ont bonne vûë en distinguent encore quelques vestiges.

Mon confrere Annius pretend qu'on le devroit appeller le Mont Volcensaire, ou *Mons Volcentarius* en latin, à cause d'une ancienne Ville des Betrusques nommés Volsques, qui y étoit bâtie, & dont les Auteurs anciens, comme Antonin, & Caton font mention, mais dont il y a long-tems qu'on ne voit plus les vestiges. Le nom de cette Ville, étoit composé de deux syllabes, dont la premiere Vol, signifioit dans le langage de ce tems-là quelque chose de très-ancien, & de ce, ou cen, qui signifioit du cuivre, de l'airain, de l'argent, selon les apparences, parce qu'on en avoit tiré de cette montagne; ce qui suffit, n'en déplaise à mon confrere, pour justifier le nom plus reçû qu'on a donné à cette montagne depuis que l'ancienne langue Etrusque n'est plus en usage, de sorte qu'on pourroit dire que Volce signifioit Ville très-ancienne de cuivre ou d'argent, & le mont auquel elle a donné le nom de

Le Mont Argentaro.

mont d'argent, ou argenté. *Mons argenteus*, ou *Monte Argentaro*.

Cette montagne est haute, & extrêmement escarpée, entierement deserte, & sterile, comme il convient à une terre qui a produit des metaux, & qui en renferme peut-être encore dans ses entrailles, où ils ont eu le loisir de se produire depuis tant de siécles, qu'on sçait qu'on n'y a point foüillé. C'est un avis charitable que je donne à ceux qui en sont à present les maîtres. Ils ont parmi eux d'habiles gens pour ces sortes de decouvertes; quelle obligation ne m'auroient-ils pas, s'ils venoient à decouvrir quelques mines d'argent? Je les exhorte d'y travailler afin que trouvant chez eux ce metal qu'ils cherchent avec tant d'empressement, ils laissent le reste du monde en repos.

Il y a trois tours sur la côte de cette montagne, qui regardent la mer. On les appelle de la Madelaine, de Cavelli, & de Chiana; on y fait garde, ou du moins on l'y doit faire; il y en a une quatriéme sur une hauteur à la droite en entrant dans le Port.

Il n'est redevable de ce qu'il est qu'à la nature, c'est un enfoncement circulaire de près d'un mille de diamettre couvert à droite, & à gauche de deux colines rondes, & dont l'entrée est un peu couverte de la petite Isle deserte, appellée l'Isle d'Hercule, entre laquelle, & la Terre Ferme, il y a un canal appellé l'*Archetto*, par lequel les Felouques, & les Bâtimens de pêche peuvent passer.

La Ville est à la gauche en entrant dans le Port, elle est couverte d'une coline; & presque adossée à la haute montagne, sur le sommet de laquelle est la Forteresse appellée *Monte Philippo*, qui semble avoir été bâtie plûtôt pour deffendre l'Isthme, que pour être la Citadelle de *Porto Hercole*, comme quelques Voyageurs se sont imaginés. *Monte Philippo*, n'a que quatre bastions, des demies-lunes, un fossé & un chemin couvert. Ce que nous pûmes voir de ces Fortifications, me parut assez bien entretenu. La Ville ne peut être moins qu'elle est, à moins de n'être point du tout. Les ruës sont étroites, tortuës, sales, bordées de petites vilaines maisons, si mal peuplée, qu'excepté la garnison, je ne crois pas qu'il y ait cinquante habitans. On dit qu'il y en avoit davantage, quand les Espagnols en étoient maîtres, parce que malgré leur gravité, & leur naturel tel fier, & hautain, ils avoient reconnu le besoin qu'ils avoient que les gens du païs, demeurassent avec eux pour leur fournir les choses necessaires à la vie, & cela les avoit obligé de se relâcher beaucoup de leurs manieres austeres, & de laisser vivre avec eux, ceux dont ils avoient eux-mêmes besoin pour vivre. Ces habitans ont mieux aimé pour la plûpart, se retirer avec les Espagnols, que de s'exposer aux manieres violentes & dures des Allemands.

Nous allâmes nous promener hors de la Ville, le long de la côte qui forme le Port. Nous vîmes de-là *Monte Philippo*, & s'il avoit été de meilleure heure, le Major nous y auroit conduit, il me le promit pour le lendemain, ce qui n'étoit pas une petite affaire pour lui, vû la défiance des Allemands. Mais comme nous partîmes quelques heures avant le jour, je ne pus avoir ce plaisir.

Le souper suivit la promenade. Le Major nous traita comme si nous avions été dans une bonne Ville. Deux Capitaines Allemands des plus polis étoient du nombre des conviés. Ils parloient Italien très-correctement, & même François avec Monsieur le Chevalier de la Motte. Car j'affectai de parler toûjours Italien, de crainte de leur faire naître quelque soupçon. Ils n'y sont que trop portés naturellement, tout le monde le sçait, & j'en ai par devers moi une infinité de preuves.

Nous allions nous mettre à table, quand on annonça au Major qu'un soldat avoit à lui parler; il entra dans le moment son fusil sur l'épaule, il presenta ses armes, fit à droit & à gauche, & quelques autres mouvemens d'exercice, après quoi il s'acquitta de sa commission en Allemand, ayant son mousquet sur l'épaule. Le Major lui repondit en même langue, après quoi le soldat fit les mêmes mouvemens, bût un verre de vin qu'on lui presenta, & se retira; il en vint encore deux autres pendant le repas parler au Major, qui firent les mêmes ceremonies.

Le souper étant fini il fallut songer à nous retirer. Le Major, & ses amis nous conduisirent: nous trouvâmes le corps de garde sous les armes. On ouvrit le guichet, & on fit sortir un Sergent, & quatre Soldats, pour découvrir; ils revinrent, & ayant rapporté qu'il n'y avoit rien dans le chemin couvert, la moitié de la garde sortit en deux files, & se plaça hors le dernier guichet, jusqu'à la barriere du glaeis; on ferma le guichet, & on leva la barriere. Ces Messieurs avancerent quelques pas dehors, & prirent congé du Chevalier. Ils rentrerent chez eux, après nous avoir prié de ne nous point promener proche la Forteresse; mais un peu loin, si nous n'avions pas envie de nous retirer si-tôt dans notre Galere.

Les routes differentes que les mauvais tems nous avoient obligés de faire, nous avoient portés assez près de toutes les petites Isles ou rochers qui sont aux environs de l'Isle d'Elbe, & du Mont Argentaro, je vais dire sans garder d'ordre ce que j'en sçais.

La Palmarole qu'il ne faut pas confondre, ni avec la *Palmaria*, qui est à l'embouchure du Golphe de la *Specia* vis-à-vis de *Porto Venere*, ni avec la Palmaruola voisine de l'Isle Ponza dans le Roïaume de Naples, est une petite Isle deserte, ou plûtôt un écüeil, au Nord de l'Isle d'Elbe dans le canal de Piombino. Elle appartient au Prince de ce nom, qui selon les apparences n'en joüiroit pas, si elle étoit quelque chose de bon. Les Pêcheurs s'y retirent en certaines saisons; parce que la Pêche y est assez abondante.

La Pianosa est une autre petite Isle basse, dependante encore du Prince de

La Palmarolle.

Piombino, à qui elle ne rapporte pas plus de profit que la precedente. Elle est à l'Est de l'Isle d'Elbe. Elle a été peuplée autrefois ; mais les Pirates l'ont si souvent ravagée, que le peu d'habitans qui avoient échappés l'esclavage en se cachant, l'ont entierement abandonnée. On voit encore quand on passe à une certaine distance, quelques restes de mazures du Château qui y étoit. Ceux qui y mettent pied à terre, & qui aiment la chasse trouvent aisément de quoi se satisfaire. Il y a des lapins en quantité, toutes sortes d'oiseaux de passage dans leurs saisons, & des cailles en abondance. Les habitans de l'Isle d'Elbe, qui n'en sont éloignés que de douze à quatorze milles, y viennent tendre des filets au commencement du Printems, & à la fin de l'Automne, & y prennent une très-grande quantité de ces oyseaux.

Monte Christo.

A dix-huit milles, ou environ au Sud-Est de la Pianosa, est le celebre écüeil nommé *Monte Christo* ; c'est une grosse pointe de montagne environnée de rochers nuds & brûlés, où personne n'a affaire, parce que l'atterage est dangereux. Un Hermite qui voudroit vivre éloigné de tout commerce du monde, seroit à merveille dans cet endroit, pourvû qu'il pût engager quelqu'un, à lui porter de tems en tems des provisions.

Il y a entre cet écüeil, & la Pianosa un amas de petites Isles, comme des pointes de rochers, auxquelles on a donné le nom de fourmis. Il y en a encore en deux autres endroits, sçavoir à l'entrée du Golphe d'Orbitelle, & à quelques milles à l'Est de Porto-Hercole. Les premiers s'appellent les fourmis de *Monte Christo*, les seconds les fourmis d'Orbitelle, & les derniers les fourmis d'Ansedonia, à cause qu'elles sont vis-à-vis des ruines d'une ancienne Ville de ce nom, située sur la côte Septentrionale de l'étang, ou du lac de Borano qui étoit de l'Etat de Sienne, & qui fait à present partie du petit Etat de *Gli præsidij*.

Le Giglio, ou le Lis, est une petite Isle à dix milles ou environ à l'Ouest du Mont Argentaro, ce n'est qu'un amas de montagnes, dont les sommets paroissent incultes, & steriles ; mais les vallons qu'elles forment sont couverts de verdure, & m'ont paru cultivés. Ce petit morceau de terre a appartenu au Grand Duc, qui y conserve toûjours des prétentions, quoiqu'il fasse à present partie du Domaine du Pape. Il y a une Ville, & un petit Châ-

Le Giglio.

teau, ou pour parler plus juste, une grosse tour, où les habitans se retirent quand ils craignent d'être enlevés, ou pillés par les Barbaresques. Comme la chose ne merite pas que ces Corsaires attaquent cette tour dans les formes, & qu'ils y pourroient perdre plus de monde qu'ils n'y feroient de profit, ils ne tentent jamais de l'enlever. La chasse des lapins y est très-abondante, aussi-bien que celle des oyseaux de passage, & des cailles dans leurs saisons. Tous les habitans de cette Isle sont pêcheurs de profession, ils cultivent les terres qui meritent de l'être, & font assez bien leurs affaires, & comment ne les feroient-ils pas, vivans sous le Gouvernement pacifique du meilleur maître qu'il y ait au monde? Le *Gigli*, est à 9. à 10. milles de la pointe la plus Occidentale du Mont Argentaro.

Gianuti.

A dix milles à l'Est du Giglio, & à peu près à pareille distance au Sud du travers du Mont Argentaro, on trouve la petite Isle appellée Gianuti. Elle est à peu près de la même grandeur que le Giglio, c'est-à-dire d'environ dix milles de circonference. Elle est fort montagneuse. Le terrein ne laisse pas d'être cultivé. Les habitans comme ceux du Giglio, font la plûpart Pêcheurs; ils ont un petit Village, une Chapelle, & un reste de Château avec une tour de garde, pour observer ce qui se passe à la mer, & s'y retirer quand les Corsaires font quelques descentes. Cette petite Isle appartient au Pape, aussi-bien que celle d'Hercule, qui couvre le Port du Fort de ce nom. Mais cette derniere est entierement deserte. Elle est trop voisine, & trop à la bienséance des Maîtres de Porto-Hercole, pour que les sujets du Pape, qui ont d'ailleurs plus de terre qu'ils ne leur en faut, aillent s'y placer.

Le vent & la mer s'appaiserent pendant la nuit à mon grand regret; puisque cela me priva du plaisir de voir *Monte Philippo*. Nous sarpâmes un peu avant le jour, & nous arrivâmes avant midi à Civita-Vechia, après un voyage de trente-cinq jours.

CHAPITRE VI.

Ceremonies des Mariages. Suite des differends de la Cour de Rome, avec le Tr bunal de la Monarchie de Sicile. Vaisseau de guerre François.

Nous arrivâmes tout à propos pour être presens au mariage d'un des plus qualifiés de la Ville. J'en avois vû plusieurs que j'ai negligé de rapporter. Mais je manquerois à mon devoir, si j'omettois celui-ci.

Il n'est pas necessaire d'avertir le Lecteur, que les jeunes gens font en Italie comme par tout ailleurs. Ils aiment, & si la coûtume ne les retenoit pas, leurs passions leur feroient faire souvent de fausses démarches ; car ils ont les passions fort vives , & de l'esprit infiniment plus qu'il n'en faut pour executer ce qu'ils ont entrepris ; mais le profond respect pour leurs parens, qu'on a eu soin de leur inspirer dès leur plus tendre enfance, les retient, & les oblige à se soûmettre de bonne grace à ce que leurs parens desirent d'eux. Il faut auſſi convenir qu'il eſt rare que les parens ſe ſervent abſolument de leur autorité pour les contraindre à des alliances, auxquelles ils remarquent qu'ils ne ſe portent pas avec inclination. Ils ont en horreur cette authorité tyrannique, qui a ſouvent des ſuites funeſtes, & ils prennent des meſures ſi juſtes & ſi prudentes, que les parties ſont contentes, & qu'il n'y a que les dégoûts qui ſuivent, ou qui peuvent ſuivre la poſſeſſion, qui puiſſent rendre les mariages moins heureux.

Lors donc qu'un jeune homme a declaré à ſes parens la perſonne ſur laquelle il a jetté les yeux, & que cette alliance ſe trouve du goût de la famille, on fait les démarches neceſſaires pour obtenir le conſentement de la fille & de ſa famille. Les parens des deux côtés s'aſſemblent ; on regle toutes choſes, après quoi deux des proches parens vont faire dans les formes la demande de la fille. Ses parens la font venir pour ſçavoir ſa volonté, & elle ne manque pas de faire les grimaces de bienſéance, pour ne pas donner les mains à ce qu'elle deſire elle-même avec autant d'empreſſement que celui qui la recherche. Elle conſent à la fin ; on lui preſente le jeune homme en cérémonie, & on prend

I v

un jour pour la célébration du mariage.

Ce jour étant arrivé, le futur époux va prendre sa future épouse chez ses parens : elle doit selon la coûtume répandre quelques larmes en quittant la maison maternelle ; elles cessent bientôt de couler, parce que la source n'est pas difficile à tarir. L'époux accompagné de ses parens commence la marche. Les domestiques, chapeau bas, précedent l'épouse qui est menée par les deux plus considerables de ses parens, soit par la proximité du sang, soit par leurs Emplois, ou par des amis d'une distinction particuliere, comme le Gouverneur des armes, ainsi que je l'ai vû pratiquer à Civita-Vechia, le Castellan ou Gouverneur de la Forteresse, ou autres. Elle est suivie de sa famille. En cet état on lui fait faire à petit pas une espece de Procession dans les plus belles ruës de la Ville, avant de se rendre à l'Eglise. L'époux lui presente l'eau bénîte, & après que toute l'assemblée a fait sa priere devant le Grand Autel, ils vont à la Chapelle de la Paroisse, où le Curé les attend. Il leur fait un petit discours, dans lequel il n'oublie pas de representer aux futurs époux ce qu'ils se doivent l'un à l'autre. L'épouse écoute ce qu'on lui dit de la soûmiſſion qu'elle doit à ſon époux, & n'en fait ni plus ni moins, malgré l'exemple de Sara femme d'Abraham, ancien modele des femmes bien ſages, que le Curé lui cite, quoiqu'il ſoit bien ſûr qu'elle ne le ſuivra pas. Après la Meſſe l'époux conduit la compagnie chez lui. C'eſt à la porte de la maiſon que ceux qui ont conduit l'épouſe, la remettent à l'époux qui lui donne la main, & la conduit dans ſon appartement, où l'on trouve un feſtin proportionné au rang des perſonnes qui y ſont conviées.

On envoye au Curé ſur la fin du repas un baſſin de confitures, couvert d'un grand mouchoir à dentelle; il garde le mouchoir & les confitures. C'eſt la récompenſe de ſon diſcours. Les perſonnes d'un plus bas étage ſe contentent d'envoyer un mouchoir avec quelques confitures & l'honoraire de la Meſſe. On voit par cet endroit & par ce que j'ai dit ailleurs que le calcul des Curés n'eſt pas fort conſiderable en Italie, & moins encore dans les Etats du Pape qu'autre part.

J'ai parlé en géneral des differends de la Cour de Rome avec le Tribunall de Sicile, appellé la Monarchie; ſi ma ſanté & le tems me le permettent, je pourrai donner une histoire assez complette de ce Tribunal, qui depuis long-tems cause bien des troubles dans ce Royaume. On esperoit que le nouveau Roi de Sicile, auparavant Duc de Savoye, entreroit dans les raisons que le Souverain Pontife avoit de corriger les abus de ce Tribunal ambitieux : ce qui auroit pû être un acheminement pour terminer les autres differends, que ce Prince avoit depuis tant d'années pour les Benefices de ses Etats de Piémont & de Savoye, mais on se trompa. Le Juge de la Monarchie alla son train ordinaire, & nous ne voyions autre chose à Civita-Vechia, que des Prêtres & des Religieux éxilés par ce Tribunal, ou qui s'enfuïoient pour éviter les violences qu'on leur vouloit faire.

Le Pape avoit d'abord assez bien reçûs les premiers, qui avoient soufferts pour ses interêts. Il les avoit entretenus à peu près conformément à leur qualité: mais le nombre grossissant tous les jours, son naturel œconôme commença à souffrir beaucoup, & à lui faire souhaiter que les Siciliens ne prissent pas si fort à cœur la deffense du S. Siege, qu'ils fussent obligés de quitter leur Patrie, & de venir lui tomber sur les bras.

Toute esperance d'accommodement ou plûtôt de soûmission de la part de ce Tribunal, étant donc évanoüie, l'auditeur du Pape poussa vivement l'affaire. Le Juge du Tribunal de Sicile fût cité trois fois. On lui donna les délais Canoniques, & n'ayant point obéï, on fulmina la Sentence d'excommunication contre D. Gartano-Miranda, qui étoit revêtu de cette Charge, & contre les Capitaines, les soldats, le Barigel, & les Sbires qui avoient agi contre l'Evêque de Catane. Cette terrible Sentence fut fulminée au mois de Janvier 1714. mais ces procedures & tout ce que le Pape put faire n'ayant pû ramener le Juge de ce Tribunal & ses adhérans à leur devoir, ni les obliger à moderer leurs violences, ni à rentrer dans les bornes des pouvoirs qui leur avoient été accordés par le S. Siege en consideration des grands services que le Comte Roger avoit rendu à l'Eglise, en chassant les Sarrasins des Etats qu'ils avoient envahi en Italie & dans la Sicile, S. S. fut enfin obligée de publier dans un Consistoire tenu le dix-huit Fevrier 1715. une Bulle portant abolition & extinction de ce Tribunal. Cette Bulle fut publiée & affichée selon la coûtume à Rome aux portes de l'Eglise de saint Pierre, à celle de la Chancellerie, & au champ de Flore. Elle le fut aussi à Civita-Vechia, & dans tous les autres Ports de mer de l'Etat Ecclesiastique; & afin que les Siciliens n'en pûssent prétendre cause d'ignorance, elle fut envoyée en Sicile, & y entra malgré les diligences que firent les Officiers du Roi de Sicile & du Tribunal, pour empêcher qu'elle n'y pénetrât. On dit qu'il se trouva des gens assez braves pour oser l'afficher, mais de nuit seulement, & avec toutes les précautions que des gens sages, & qui ne sont pas ennuyés de vivre, peuvent prendre pour n'être pas découverts. Mais les Ministres du Roi & du Tribunal n'eurent garde d'y acquiescer; il y a apparence qu'ils en appellerent comme d'abus à eux-mêmes, & qu'ils trouverent sans sortir de chez eux des Juges accommodans qui les affermirent contre les terreurs que ces Sentences terribles auroient dû jetter dans leurs ames.

Il arriva à Civita-Vechia dans les premiers jours du Carême de cette année un vaisseau de guerre François; c'étoit l'unique que j'y avois vû depuis plus de cinq ans que j'y demeurois; il se nommoit la Bellone; il étoit percé pour 46 canons, mais il n'en avoit que vingt-quatre montés avec six-vingts hommes d'équipage. Il avoit été armé à Brest.

César Renda, Capitaine du Port, voulut faire une chicane au Capitaine de ce vaisseau, & l'obliger à faire quarantaine, sous pretexte qu'il venoit d'un païs voisin de ceux où on avoit eu des soupçons de quelque maladie contagieuse.

Ayant vû la chalouppe de ce vaisseau arrêtée fort long-tems à la barriere du Bureau de la santé, sans que personne mît pied à terre, je me doutai que le Capitaine dont je connoissois le caractere, cherchoit à leur faire quelque avanie; j'y allai, & ayant parlé aux Officiers de la chalouppe, & sçû d'eux ce qui se passoit, & les prétentions de cet Officier de Port; je lui dis qu'il avoit tort d'en agir ainsi; que les bâtimens Royaux n'étoient point obligés à produire des patentes de santé, comme il sçavoit bien lui-même qu'on n'en éxigeoit point des Galeres de S. S. en quelque Port qu'elles entrâssent, & qu'on se contentoit de la parole que le Capitaine ou Commandant donnoit de n'avoir été ou pratiqué dans aucun lieu ni avec des personnes suspectes. Qu'outre que le Capitaine dont il s'agissoit, donnoit les mêmes assûrances, il avoit apporté un certificat de santé, qu'on ne pouvoit pas revoquer en doute. Le Capitaine Renda qui avoit ses vûës, & qui s'imaginoit gagner beaucoup, s'il obligeoit ce vaisseau à faire quarantaine, ne se rendoit point. Je le menaçai de partir dès le moment pour Rome, & d'aller porter les plaintes de la nation directement au Pape. Il fut ébranlé; mais ce qui acheva de le déterminer à donner pratique, fut que je l'assûrai d'un ton ferme, que quand le vaisseau seroit obligé de faire quarantaine, il n'y auroit pas un quadrain de profit pour lui, les vaisseaux de Roi n'étant pas obligés à ces sortes de dépenses dans quelque païs du monde qu'ils se trouvent; au lieu que s'il faisoit les choses de bonne grace, le Capitaine le pourroit employer en quelques affaires, dans lesquelles il trouveroit son interêt. Il se rendit à ces bonnes raisons, il fit ouvrir la barriere, l'Officier entra, on se fit de part & d'autre des honnêtetés; on vuida quelques bouteilles, & nous nous embarquâmes dans la Chalouppe, & fûmes au vaisseau, où nous fûmes parfaitement bien reçûs. Le Capitaine ayant sçû de son Lieutenant ce que j'avois fait pour lui, m'en témoigna beaucoup de reconnoissance, & nous devînmes bons amis.

Ce vaisseau avoit été envoyé pour charger nombre de statuës de marbre, qui avoient été faites à Rome par les Sculpteurs que le Roi y entretient. Ce n'étoient à la verité que des copies, mais si belles & si achevées, qu'au jugement des connoisseurs il y en avoit qui ne le cedoient gueres à leurs originaux. On mit ces statuës dans de fortes caisses de grosses planches, bien liées par des bandes de fer. Elles étoient affermies dans les caisses par des planches coupées en ceintre de differentes façons, qui embrassoient les statuës, & les tenoient assujetties, de maniere que les mouvemens les plus violens de la mer ne les pouvoient ébranler le moins du monde. Outre cette précaution, on les avoit garnies de paille, après avoir couvert les têtes, & les parties les plus saillantes avec de la toile & des étoffes en plusieurs doubles, de crainte que la délicatesse des traits ne pût être offensée.

Ces caisses arrivérent heureusement dans des barques accommodées exprès, au Port de Civita-Vechia : mais elles se trouverent si grandes, qu'elles ne pouvoient passer par les plus grandes écoutilles ; de sorte qu'on fut obligé de couper de gros membres des ponts, pour les placer à fonds de calle sur le leste ; après quoi on remit les pieces coupées en leurs places, où on les affermit avec d'autres pieces de bois garnies de bandes de fer. On avoit eu soin d'apporter dans le vaisseau des gruaux d'une invention particuliere, pour hisser ces lourdes caisses dans le bord sans risquer les mats. Quoique ce travail fût penible, & parût devoir être long, le Capitaine & les Officiers menagerent tellement les choses, qu'on fut surpris comment ils avoient placées ces caisses si difficiles à remuer en si peu de tems, & sans qu'il fût arrivé aucun accident.

Le vaisseau étoit beau, & d'une très-grande propreté; par malheur pour lui, il étoit François, & peu estimé du peuple de Civita-Vechia, & même des gens que leur rang devoit élever au-dessus des sentimens vulgaires & tout-à-fait déraisonnables qu'ils firent paroître en preferant un mechant vaisseau Anglois qui se trouva en même temps que la Bellone dans le Port.

Ce vaisseau Anglois que l'on honora du nom de Yacht, quoiqu'il eût plûtôt l'air d'un Charbonnier, que de tout autre bâtiment, pouvoit être de 70. à 80. tonneaux ; il avoit huit petites pieces de canon, & vingt-cinq à trente hommes d'équipages. Il étoit venu chargé de moruë pour le compte de quelques Marchands de Livourne ; quand il eût dechargé sa moruë, & qu'à force d'être lavé & parfumé il eût perdu une partie de l'infection que le poisson lui avoit communiquée, on se pressa de l'aller voir. Les merveilles qu'on en disoit, sa propreté, les commodités qui étoient dans la chambre du Capitaine, & bien d'autres choses m'engagerent à suivre la foule. J'y allai donc, & je cherchai avec soin de quoi excuser la sottise de ceux qui m'en avoient parlé avec tant d'éloges ; je n'y vis rien que de très-commun. Quatre cabanes fermées à coulisses diminuoient tellement ce qu'on appelloit la grande chambre, que quand la table étoit dressée, & les bancs attachés aux cloisons des cabanes dressées, & arrêtées à peu près comme les stales des Chœurs des Recolets, il n'y avoit pas dix-huit pouces d'espace dans la chambre : un petit buffet garni de vaisselle de fayance & d'étain, fermé avec de doubles coulisses, les unes de bois à plein, & les autres à chassis de verre, étoit ce qu'il y avoit de plus propre, & n'étoit aſſûrément pas grande choſe. Ce que j'y trouvai de mieux imaginé pour les beſoins ordinaires de la nation, étoit une eſpece de fauteüil attaché à un palam fermé d'une maniere, que la perſonne qui étoit dedans, ne pouvoit ni en ſortir, ni en tomber, quand on l'y avoit une fois placé. On s'en ſervoit, pour mettre à bord, ou pour deſcendre dans la chaloupe ceux qui n'étoient pas en état de ſe ſervir de l'échelle ordinaire pour entrer dans le bâtiment, ou pour en ſortir. Tout le monde ignorant admiroit cette machine ingenieuſe, & par concomitance tout le reſte du bâtiment, d'ailleurs très-mépriſable, mais qui avoit le merite de n'être pas François.

Il y avoit dans le même tems quelques Prelats du ſecond Ordre, qui étoient en Villegiature à Civita-Vechia. Ils firent preſſentir le Capitaine François ſur la maniere dont il les recevroit, c'eſt-à-dire, s'il leur donneroit quelques coups de canon. Il répondit que s'ils étoient Cardinaux ou Evêques, il ne leur épargneroit pas la poudre du Roi, mais qu'il ne feroit pas cet honneur à d'autres. Ces Meſſieurs furent fort mortifiés, & aimerent mieux ne point voir le vaisseau. Comme notre Couvent n'avoit pas sujet d'être content d'eux, je dis à nos Peres que je les vengerois des mauvaises manieres qu'ils avoient euës pour nous.

Nous avions chez nous un Prelat, qui étoit venu prendre l'air de la mer; il nous étoit recommandé par notre General, qui m'avoit écrit en particulier de lui rendre tous les services que je pourrois. Je lui demandai un jour s'il vouloit voir le vaisseau François, il me dit ingenuement que cela lui feroit plaisir, mais que les autres Prelats, qui étoient dans la Ville ne l'ayant pas vû, à cause qu'on leur avoit refusé le salut qu'ils demandoient, on se mocqueroit de lui s'il y alloit, & qu'il ne fût pas salué. Je lui promis qu'il seroit content, & qu'il verroit que les François sçavoient rendre au merite & à leurs amis tout ce qu'on pouvoit esperer de leur politesse, & au-delà. Je parlai au Capitaine, & je lui dis que Monseigneur Orlandi, c'étoit le nom du Prelat, étoit le premier Maître des Ceremonies du Pape, fort-avant dans ses bonnes graces, & en état d'être bien au-dessus des Evêques, & d'ailleurs de mes intimes amis. Ces raisons le determinerent à passer toutes les regles qu'il s'étoit prescrites, il eut l'honnêteté de me laisser le maître du Ceremonial ; nous en convînmes ensemble, & nous prîmes jour qui fut un Dimanche après Vêpres ; il envoya son canot recevoir le Prelat à la porte de Livourne ; il étoit couvert d'un dentelet fort propre avec des tapis sur les bancs, un grand pavillon à l'arriere, trois hauts-bois sur l'avant, dix rameurs & un Officier pour faire les honneurs. Le Prelat s'y embarqua avec ses deux neveux ; je l'accompagnai avec deux de nos Peres. Dès que le Prelat fut à bord, on le salua de cinq coups de canon, & de cinq Vive le Roi. Le Capitaine qui l'étoit venu recevoir à l'échelle, le conduisit dans la chambre. Après quelques momens de conversation, il lui fit voir tout le vaisseau, fit faire toutes les manœuvres que l'on peut faire dans un vaisseau qui est à l'ancre ; fit hisser les voiles, les fit carguer, fit virer sur le cabestan. En un mot, il n'oublia rien de ce qui pouvoit donner du plaisir au Prelat, après quoi il le conduisit dans la chambre, où on trouva la table chargée d'une très-belle collation. La santé du Prelat fut saluée de cinq coups de canon ; & quand il s'embarqua, on lui fit encore le même salut ; il voulut donner quelques piſtoles aux Matelots; mais ceux-ci l'ayant remercié, parce qu'ils avoient deffenſe de rien recevoir, il leur envoya le lendemain un grand régal de vin, & me pria de preſenter de ſa part au Capitaine & à ſes Officiers des Chapelets avec des médailles d'or & d'argent benites.

Cette reception penſa deſeſperer les autres Prelats, qui ne pouvant pas en eſperer une ſemblable, s'en retournerent à Rome, ſans avoir eu le plaiſir d'entrer dans un vaiſſeau de guerre François.

F I N.

ABREGE'

DES CHOSES LES PLUS
considerables de la Ville de Florence.

SECONDE E'DITION.

Dans laquelle on a ajoûté vne seconde partie qui contient la description des environs de la même Ville.

Imprimé en Italien à Florence par Carlieri, à l'Image Saint Loüis.

Et traduit en François par le Pere Labat de l'Ordre des Freres Prêcheurs.

ABREGE'
DES CHOSES LES PLUS considerables de la Ville de Florence.

PREMIERE PARTIE.

CEux qui ont écrit l'origine de l'ancienneté de cette Ville celebre, l'ont fait d'une maniere si peu uniforme, qu'ils l'ont renduë obscure, & douteuse, au lieu de l'éclaircir & de lui donner une Epoque fixe & certaine. Les uns ont crû qu'elle devoit son origine aux soldats de Sylla, d'autres aux Triumvirs, d'autres aux habitans de Fiesoli. Il s'en trouve d'autres qui méprisant ces époques, comme trop recentes, sont remontés jusqu'à Hercule le Lybien fils d'Oziris, qu'ils pretendent être son Fondateur. Il est vrai que le sentiment de ces derniers, lui donneroit quelques siécles plus qu'elle n'en peut raisonnablement pretendre. Mais cela n'ajoûteroit pas grande chose à sa veritable gloire ; ce n'est pas ici le lieu d'entrer dans cette discution.

Ce qu'il y a de certain, & dont tous les gens raisonnables doivent convenir, c'est qu'elle est une Colonie des Romains des plus anciennes, & qu'elle a cet avantage sur toutes les autres, qu'elle n'a pas été formée d'un peuple inutile, & à charge à la Republique; mais de ce qu'il y avoit de plus distingué parmi la Noblesse, & parmi les soldats, dont le Dictateur Sylla avoit formé la celebre Colonie qu'il avoit établie à Fiesoli. C'est Ciceron qui nous en assûre, lorsqu'il dit que les Florentins descendent de ces grands hommes, & de ces vaillans soldats, dont étoit composée la Colonie que Sylla avoit établie à Fiesoli. Je rapporte ici le Texte latin de Ciceron, que l'on respectera peut-être plus que la Traduction que j'en viens de faire, quoiqu'il y manque une chose essentielle. C'est que l'Auteur a oublié de citer l'endroit, où il l'a pris, & qu'il l'a tellement abregé, qu'on ne voit point que Ciceron parle plûtôt de Florence que d'une autre Ville; le voici : *Hi sunt homines ex ijs Colonijs quas Fesulis Sylla constituit, quas ego universas civium esse optimorum, & fortissimorum virorum sentio.*

C'est pour cela, continuë notre Auteur, que les Florentins ont toûjours été des hommes d'un esprit vaste & relevé, pleins de valeur, & de courage, capables des plus grandes entreprises; que les difficultés n'ont jamais rebutés, & qui n'ont jamais rien regardé au-dessus de leurs forces, lorsqu'il s'est agi de procurer à leur patrie, ou à eux-mêmes de la gloire, ou quelque avantage considerable.

Le desir de la liberté semble être né avec eux ; aussi a-t'on remarqué qu'ils n'eurent rien plus à cœur, même dès le commencement de leur établissement, que de vivre dans l'independance, en secoüant le joug de la domination des Romains, qui leur paroissoit dur, & étranger, quoiqu'ils les reconnussent pour leurs ancêtres, & leurs Fondateurs.

Ce projet n'a pû cependant être executé, que bien des siécles après qu'il eût été formé. Il a fallu attendre la ruine de la Republique, & ensuite celle de l'Empire Romain, pour pouvoir joüir des precieux avantages de la liberté en s'érigeant en Republique. On ne sçait pas precisement l'époque de cet heureux moment. Mais on sçait qu'après y être parvenus, ils n'oublierent rien de tout ce qu'ils jugerent capable de la conserver. Ils crûrent qu'un moyen sûr pour y parvenir, étoit d'opprimer celle des autres, & que pour n'avoir point de maîtres, il falloit se faire des sujets.

Ce fut pour cela qu'ils étendirent le plus qu'ils purent les limites de l'Etat qu'ils venoient de former, en se rendant maîtres des Villes, & des Forteresses de leurs voisins, & en assurant leurs conquêtes, par la démolition de celles qui leur auroient pû faire ombrage.

Ils devinrent à la fin si puissans, qu'ils se trouverent en état de soûtenir de longues & de sanglantes guerres contre les plus puissans Princes d'Italie, sur lesquels ils remporterent souvent des victoires signalées, qui auroient renduës leur Republique aussi puissante que celle dont ils sortoient, si les divisions qui s'éleverent entre eux, n'eussent arrêté trop tôt le cours de leur prosperité.

La Noblesse eut d'abord la puissance souveraine dans le Gouvernement de la Republique. Des seditions réïterées mirent le Gouvernement entre les mains du peuple. C'est des mains du peuple qu'il est passé en celles des Princes de la Maison de Medicis, qui en sont aujourd'hui les Souverains, sous le titre de Grands Ducs de Toscane.

Florence est la Capitale de cet Etat, que le commerce, l'habileté de ses habitans, & les soins extraordinaires de ses Princes, ont rendu une des plus considerables de toute l'Italie. Elle est située sur les bords de l'Arne, riviere considerable, qui la partage en 2. parties inegales : elle avoit autrefois comme Rome son Capitole, des Thermes, des lieux d'exercices, des Théâtres, des Basiliques, des Temples, & sur tout une des plus magnifiques qui fut en Itaques dédié à Mars. Toutes ces marlie du Paganisme ne paroissent plus. Elles sont tombées avec la fausse Religion, dont on y faisoit profession Depuis que le Christianisme s'est élevé sur ses ruines, on a bâti des Eglises somptueuses, & en grand nombre, des Palais magnifiques accompagnés de Jardins, qui disputent le pas à ceux de Rome. La Ville a changé de face entierement. Ses ruës sont larges, droites, bien percées, extrêmement propres, pavées de grandes pierres entretenuës avec soin. On y compte plus de cent cinquante Eglises, dont il y en a tren-

K iiij

te-six qui sont Paroissiales, vingt-huit Couvens d'hommes, soixante de femmes, six Hôpitaux pour les malades, seize pour recevoir les pelerins, & un grand nombre d'autres pour les pauvres de toutes sortes d'especes. Il y a plus de cent Confrairies destinées à une infinité de bonnes œuvres.

L'air pur & gracieux qui regne à Florence, contribuë infiniment à rendre les esprits delicats, aisés, & propres à toutes les Sciences, & à tous les Arts. On prétend qu'on leur est redevable du retour des Arts liberaux, que les innondations des barbares en avoient chassées, l'architecture, la peinture, la sculpture, la musique, l'éloquence Latine, Grecque, & Toscane, doivent leur rétablissement aux Florentins. Il est sorti de cette Ville, des Philosophes, des Medecins, des Jurisconsultes, des Astronomes d'une très-grande reputation, des Papes, des Cardinaux, des Evêques sans nombre, de grands Capitaines, des hommes de mer incomparables, des Fondateurs d'Ordre, & beaucoup de Saints de l'un & de l'autre sexe.

L'Eglise Cathedrale est presqu'au centre de la Ville. C'est un Siege Archiepiscopal. Elle est dediée à la Sainte Vierge, sous le titre de Sainte Marie de la Fleur. J'aurois bien voulu donner au public la raison de ce nom; mais il n'a pas plû à notre Auteur de m'en instruire. L'édifice fut commencé en 1294. ou 1295. c'est-à-dire dans le tems que l'ignorance des beaux Arts regnoit absolument en Italie, & que la barbarie des Nations Etrangeres qui étoient venuës saccager le pays, ou s'y établir avoit introduit le goût gothique dans les Bâtimens à la place de la belle Architecture, dont les Grecs, les Latins, & les Toscans, avoient été les inventeurs. Desorte qu'on a regardé comme une espece de miracle que cette Eglise n'ait rien contracté de ce mauvais goût, & qu'étant bâtie par des ouvriers qui n'avoient devant eux, que des modeles defectueux, & barbares, elle se soit trouvée exempte de tous ces deffauts. Son premier Architecte fut Arnolphe de Lupo, plusieurs autres y travaillerent après lui, pendant cent cinquante ans. Elle fut enfin achevée par Philippe Bruneleschi, le plus fameux Architecte de son siécle vers l'an de J. C. 1445.

Eglise Cathédrale de Florence.

Elle a deux cens soixante brasses Florentines de longueur, cent soixante-seize de largeur. La Nef principale en a

Sa grandeur soixante-dix; la hauteur exterieure de l'Eglise depuis le pavé jusqu'à l'extrêmité de la Croix, est de deux cens deux brasses. Sa hauteur interieure, depuis le pavé jusqu'au plan du dôme, est de cent cinquante-quatre brasses. La hauteur du dôme est de trente-six, la boule qui est dessus en a quatre, & la croix huit, qui font justement les 202. brasses de toute la hauteur exterieure. La circonference exterieure est de douze cens quatre-vingt brasses. Elle est toute revêtuë par dehors de marbre de differente couleur posés avec sagesse, qui font un très-bon effet. Il n'y a que le portail qui jusqu'à present n'a pas été achevé. On avoit commencé de le revêtir de marbre comme les murs, avec des statuës très-belles, qui l'ornoient beaucoup; mais comme le dessein ne fut pas jugé assez magnifique, on ôta les marbres, & les statuës, on mit celles-ci dans l'Eglise, où elles sont encore aujourd'hui, & le dessein qu'on avoit formé n'a point été executé jusqu'à present. On l'a peint à fresque, à l'occasion du mariage du Serenissime Prince de Toscane, avec la Princesse Violente de Baviere en 16

On entre dans cette Eglise par 7. portes, dont il y en a trois au grand portail, & les quatre autres aux côtés. Celles-ci sont enrichies de plusieurs ouvrages de marbre, entre lesquels on estime une Annonciation de Mosaïque, de la main du celebre Grillandaio, ainsi appellé, parce qu'il excelloit à faire des guirlandes, & des festons de fleurs, tant en peinture à huile, qu'en Mosaïque.

Dôme & portes de l'Eglise.

Ce qui releve beaucoup la beauté de ce superbe édifice, est le dôme, ou, comme disent les Italiens, la coupolle magnifique, qui est au-dessus du grand Autel, elle est octogone, incrustée de marbres precieux, avec des stucs dorés, & des peintures exquises.

On pretend que Michel Ange la regardoit comme inimitable. Il l'a pourtant infiniment surpassé dans celle de Saint Pierre de Rome, qui a été bâtie sur ses cartons, & sur ses desseins.

Le dedans de l'Eglise, est encore plus magnifique que le dehors. Elle est incrustée de marbres precieux, son pavé est de la même matiere, taillé en differens compartimens, qui font un très-bon effet. On voit à main droite en entrant, les portraits, & les épitaphes du du fameux Architecte Brunelefchi, du Giotto, restaurateur de la peinture, du sçavant Théologien Loüis Marsilij, &

Dedans de l'Eglise.

K vj

du celebre Philosophe Platonicien Marcille Ficin, qui étoit Chanoine de cette Eglise. Les bustes, & les épitaphes de Nicolas de Tolentin, de Jean Acuto, & de plusieurs autres grands Capitaines sont à main gauche.

Grand Autel.
Au lieu d'un tableau au grand Autel, il y a quatre figures de marbre plus grandes que nature, qui representent les quatre Evangelistes. Elles sont du fameux Sculpteur Donatello, & au milieu, il y a un groupe qui contient le Pere Eternel assis, ayant à ses pieds un Christ mort avec un Ange qui le soûtient. Ces figures sont d'une excellente beauté. Cet ouvrage est de Bandinelli Sculpteur celebre, qui a fait aussi les figures d'Adam, & d'Eve, qui sont derriere l'Autel qu'on regarde comme des ouvrages d'un prix infini.

Tresor.
Le Tresor de cette Eglise, est très-riche, & très-precieux ; on y voit un morceau considerable de la Croix de N. S. un des Cloux avec lesquels il y fut attaché. Une Epine de sa Couronne. Les Corps de Saint Zanobe Citoyen de Florence, & Evêque de la même Ville, de Saint Podio, de Saint Etienne Pape IX. du nom, des Saints Abdon, & Sennen, un doigt de Saint

Jean-Baptiste avec de ses cendres, une partie du bras de Saint André Apôtre, & une infinité d'autres Reliques, dont les châsses sont des metaux les plus precieux, & ornées de pierreries d'un prix inestimable.

Le Chapitre est composé de quarante-quatre Chanoines, entre lesquels il y a cinq dignités, de plus de soixante Chapelains, & d'environ deux cens Clercs, qui font le service Divin avec une majesté, & une exactitude, qu'on ne remarque que dans peu d'Eglises.

Clergé de la Cathedrale.

C'est dans cette Eglise que fut assemblé le fameux Concile pour la réunion de l'Eglise Grecque avec la Latine en 1440. Le Pape Eugene IV. y presida; l'Empereur Paleologue s'y trouva, & avec lui les Patriarches, & Primats de l'Eglise Grecque, comme on le voit marqué sur un marbre au-dessus de la Porte de la Sacristie.

Ce fut dans la même Eglise que l'Empereur Frederic III. accompagné du Roi d'Hongrie, & du Duc d'Autriche fit la ceremonie de donner l'éperon doré à plusieurs Gentilshommes Florentins. Les Papes Martin V. & Eugene IV. Pie II. & Leon X. y ont tenu Chapelle plusieurs fois. Tous les Clercs qui la deffervent, ont le privilege d'être promus aux Ordres Sacrés, fans autre titre patrimonial, que le certificat de leur fervice, l'Eglife étant chargée de les en recompenfer par des Benefices qui leur en tiennent lieu.

Clocher de l'Eglife Cathedrale. Le clocher n'eft point fur l'Eglife, il eft à côté, à peu de diftance à la verité; mais entierement ifolé, fa circonference eft de cent braffes, & fa hauteur de cent quarante-quatre, il eft tout incrufté de marbres de differentes couleurs qui font un très-bel effet, avec quatre ftatuës pofées dans des niches magnifiques. La tour & fes ornémens font du deffein de Giotto.

Vis-à-vis le dôme, c'eft ainfi qu'on appelle les Eglifes Cathedrales en Italie, il y a l'Eglife de Saint Jean.

L'Eglife & Baptiftaire de Saint Jean. C'eft le feul édifice antique qu'il y ait dans toute la Ville. C'étoit un Temple dedié à Mars, qui depuis la chûte de l'Idolâtrie fut dedié premierement au Sauveur du monde, & enfuite à Saint Jean-Baptifte protecteur de la Ville. Il eft octogone, entierement ifolé, & incrufté des marbres les plus precieux. On y entre par trois portes, dont les ventaux font de bronze, travaillés avec tant d'art, que Michel Ange difoit qu'ils meritoient de fervir de portes au Paradis : celle qui est vis-à-vis le dôme, & celle qui regarde l'Opera, ont été faites par Laurent Gilbert, excellent Sculpteur. La troisiéme est beaucoup plus ancienne, elle est d'André Pisan. On y voit représentées en bas reliefs des Histoires de l'ancien & du nouveau Testament, avec tant de delicatesse, & de correction, que les plus habiles ne peuvent s'empêcher de les admirer.

Il y a au-dessus de la porte principale trois statuës de marbre, qui représentent le Baptême de J. C. par Saint Jean commencé par le Sansonino, & achevé par Vincent Danti très-habiles sculpteurs.

On voit sur la seconde, la Decolation de Saint Jean, représentée en trois statuës de bronze, & sur celle qui regarde l'Opera, trois autres statuës aussi de bronze, qui représentent le même Saint Jean disputant avec un Pharisien & un Docteur de la Loi : ces statuës sont de Jean-François Rustici.

Les deux colonnes de porphires, qui font l'ornement de la porte principale, ont été données à la Ville de Florence par les Pisans. Le dedans de l'Eglise est orné de 6. grosses colonnes de granite Oriental accompagnées de pilastres, de basses, de chapiteaux, d'architrave, frises, & corniches de marbres précieux. La voûte est entierement de Mosaïque; c'est l'ouvrage d'André Tassi éleve de Cinabve, Peintre très-celebre & très-ancien, & le restaurateur de la peinture en Italie.

Cette Eglise sert de Baptistaire pour toute la Ville. Les fonds sont grands, d'un dessein, & d'un goût riche & magnifique. On y a prodigué les plus beaux marbres, & tous les ornemens de bronze & de stuc, qu'on y a pû placer selon les regles de l'art. La statuë de marbre de saint Jean-Baptiste qui est dans une niche devant les Fonts, est une excellente piece du Piemontani.

Sepulchre de Jean XXII

On a placé vis-à-vis le Baptistaire le sepulchre de Baltazar Cossa, connu sous le nom de Jean XXII ou XXIII. qui fut deposé au Concile de Constance. Il mourut en 1419. Ce sepulchre est orné de plusieurs figures de marbre avec des bas reliefs extrêmement finis. C'est l'ouvrage du fameux Donatello, pour lequel il reçut mil florins, somme alors fort considerable.

Entre les Reliques qu'on conserve dans cette Eglise, il y a le doigt index de saint Jean Baptiste dans un Reliquaire très-riche.

D'ESPAGNE ET D'ITALIE. 233

En sortant par la porte qui regarde l'Opera, on trouve une colonne, qui fut posée en cet endroit en 1408. en memoire d'un miracle que Dieu y opera par les merites de saint Zenobe Evêque de Florence. On apporta devant le corps de ce saint Evêque, dans le tems qu'on le transportoit de l'Eglise Collegiale de saint Laurent à celle de saint Sauveur, un homme étique, tellement sec & decharné, qu'il paroissoit une veritable momie, qui n'eût pas plûtôt touché le cercüeil qu'il recouvra une santé parfaite avec l'embonpoint & la fraîcheur d'un jeune homme. On entre dans la ruë de Martelli, où l'on trouve l'Eglise des Jesuites appellée

Le petit saint Jean, ou saint Jean l'Evangeliste; elle étoit fort petite, avant qu'on l'eût donnée à ces Peres. Mais elle fut rebâtie entierement vers l'an 1580. sous la conduite & les desseins de Barthelemi Ammanati, celebre Sculpteur & Architecte Florentin, qui n'a rien épargné pour la rendre digne de l'admiration de tous les connoisseurs. La regularité de l'architecture soûtenuë par la richesse des ornemens qui y sont répandus avec goût & discernement, rendent cette Eglise une des plus parfaites de toute la Ville. Le

Eglise des Jesuites appellée le petit S. Jean.

Portail répond à la beauté du dedans; il est de pierres dures. Il y a quantité de tableaux de prix dans les Chapelles, & entre les autres un qui represente la Cananée d'une maniere presqu'inimitable; il est d'Alexandre Allori surnommé le Bronzino; assez près de cette Eglise, & au commencement de la ruë large, on voit,

_{Ancien Palais de Medicis, à present au Marquis Ricardi.}
L'ancien Palais de Medicis, possedé aujourd'hui par le Marquis Ricardi. Ce fut Cosme le vieux, le pere de la Patrie, qui le fit bâtir sur les desseins de Michellozzo. Il est difficile de concevoir, & encore moins d'expliquer combien cet édifice somptueux renferme de beautés. Il a deux façades, parce qu'il a vûë sur deux ruës, & chacune est ornée de trois ordres d'architecture, celui du rez de chaussée est Toscan rustique, avec des bossages vermiculés. Le second est Dorique. Le troisiéme Corinthien, surmonté d'une corniche magnifique qui environne tout le bâtiment. Toutes les fenêtres sont decorées de frontons & d'autres ornemens, dont on pretend que Michel Ange a donné les desseins. Le premier sallon qu'on trouve en entrant par la porte principale, a une frise chargée de ronds, avec des bas reliefs de marbre de la main de Donatello. Le

grand escalier est à main droite, il a été fait de nos jours par Jean-Baptiste Foggini Sculpteur, & Architecte Florentin. Il est d'une magnificence Roïalle. Il y a encore du même côté un ancien escalier à limace, qui conduit jusqu'à la plate-forme au-dessus du Palais.

La distribution des appartemens est très-ingenieuse & très-commode. On n'a rien épargné pour les orner & pour les meubler magnifiquement. La galerie a été peinte par le Jordin de Naples. Il y a à côté une Bibliotheque considerable par le nombre des Livres qu'elle contient, & par leur choix. Le Marquis Ricardi a augmenté de moitié ce Palais, depuis qu'il en est le maître, & entr'autres choses, il y a fait faire des écuries d'une singuliere beauté.

La ruë large, sur laquelle est une des façades de ce Palais, est ornée de quantité d'autres Palais qui meritent d'être vûs; elle se termine à

La place & l'Eglise de saint Marc. Elle appartenoit autrefois aux Moines Silvestrins. Cosme le vieux, pere de la patrie, les obligea à la ceder aux Dominiquains de l'étroite observance environ l'an 1436. Depuis ce tems jusqu'à nos jours, on n'a presque pas ceſſé de travailler pour rendre ce Couvent, & ſon Egliſe dignes de l'approbation des plus habiles connoiſſeurs.

L'Egliſe eſt belle par elle-même ; ſon architecture eſt reguliere, & les ornemens qu'on y a répandus avec ſageſſe & avec goût, la rendent très-magnifique. Les meilleurs Peintres & les Sculpteurs les plus habiles y ont travaillé à l'envi des uns des autres. Elle a cinq Chapelles de chaque côté, au-deſſous de la croiſée. La premiere à main droite en entrant, eſt ornée d'un tableau de la Sainte Vierge, peint par Cavellini Romain, que l'on a en ſi ſinguliere veneration, qu'on le tient ordinairement couvert de riches rideaux. La ſeconde eſt dediée à ſaint Thomas d'Aquin ; le tableau qui le repreſente, eſt du Tito. Le tableau de la troiſiéme eſt du celebre Frere Barthelemi de la Porte. On voit dans la quatriéme une excellente piece de Moſaïque, qui repreſente la Sainte Vierge. La cinquiéme eſt conſacrée à ſaint Dominique. Elle a été peinte par Mathieu Roſſelli, Peintre fort eſtimé. Les Chapelles du côté gauche ont des peintures des premiers Maîtres de l'Italie. Paggi Lombard a peint la premiere. Paſſignagno la ſeconde. Cigoli la troiſiéme & la quatriéme. Mais la cinquiéme dediée à faint Antonin Religieux du même Ordre, & Archevêque de Florence, furpaſſe toutes les autres. Meſſieurs Averardo, & Salviati très-riches Gentils-hommes Florentins l'ont fait faire avec une magnificence, & une depenſe extraordinaire. Elle eſt incruſtée des marbres les plus rares, & travaillée avec un foin extrême. Trois tableaux excellens, cantonnés chacun de deux ſtatuës de marbres rempliſſent trois des côtés de la Chapelle. Les ſtatuës ſont de la main de Francavilla, éleve du fameux Jean Bologne Sculpteur Flamand, accompagnées de bas reliefs de bronze jettés par Frere Dominique Portigiani éleve du même Jean Bologne, qui a fait la figure du Saint en bronze. Elle eſt couchée ſur le tombeau qui renferme ſes précieuſes Reliques fous l'Autel de la même Chapelle. La Coupolle, ou petit dôme de cette Chapelle, eſt ornée de ſtucs dorés, & de peintures de Bronzino.

A côté de cette Chapelle, eſt celle des Seigneurs Serragli, qui ne lui cede gueres, étant incruſtée de tous côtés des plus beaux marbres avec tous les ornemens que l'art a pû inventer.

Le Chœur, où chantent les Religieux, eſt derriere le Grand Autel. Les ſtales ſont très-belles. Il eſt orné de tableaux excellens, entre leſquels celui de ſaint Marc peint par le Frere Barthelemi eſt très-remarquable. On y voit les tombeaux de deux des plus grands hommes de Lettres, qui aient jamais été; ſçavoir, Jean Pic de la Mirandolle, ſurnommé le phenix des beaux eſprits, & Ange Politien ſon émule.

Le Couvent ne le cede point en beauté & en magnificence à l'Egliſe. Ce ſont les Princes Coſme, & François de Medicis qui l'ont fait bâtir ſur les deſſeins de Michellozo. Il y a deux cloîtres bâtis à la moderne, ornés de pilaſtres; ces cloîtres ſont voûtés, & d'une propreté extraordinaire. Les lunettes des voûtes du premier ont été peintes à freſque par les meilleurs Peintres du tems, tels qu'ont été Porcetti, Roſſeli, Boſchi & autres. La Bibliotheque eſt grande, bien ornée, & remplie d'une quantité de Livres & de manuſcrits Grecs anciens, qui avoient appartenus au ſçavant Nicolas Nicoli, le reſtaurateur de la langue Grecque en Italie. Il y a une Apotiquairie des meilleures de l'Italie, où l'on fait ces baumes précieux, & une infinité de compoſitions Chimiques, que l'on envoye dans toutes les parties du monde. Rien n'est plus beau, plus propre, plus orné & mieux garni, que le laboratoire. C'est une des choses qu'un étranger ne doit pas manquer d'aller voir avec d'autant plus de soin, que si les remedes en general sont capables de contribuer quelque chose au soulagement & à la guérison des malades, on peut assûrer que ceux, qui sortent de cet endroit, sont très-bons pour cela. Ce Couvent a été de tout tems une pepiniere de saints & de grands hommes. Cosme pere de la patrie l'estimoit si fort, qu'il s'y retiroit très-souvent, pour joüir à son aise de la conversation de ces hommes d'un si rare merite. On voit encore aujourd'hui les chambres qu'il s'y étoit fait faire. L'observance reguliere fleurit dans ce Couvent depuis qu'elle y a été introduite par le S. Martyr de la verité le P. Jerôme Savonarolle, environ l'an   A côté de l'Eglise est le Palais appellé

La maison de plaisance de S. Marc. Il fut bâti vers l'an 1570. par ordre du Grand Duc François sur les desseins de Buon Talenti, Architecte fort estimé. Tous les connoisseurs admirent la beauté & la regularité de l'architecture de ce Palais, dans lequel il y a trois étages

Palais de saint Marc.

d'appartemens très-commodes, très-riches, & très-bien diſtribués. Il ſervoit autrefois de demeure aux Princes du Sang. De l'autre côté de l'Egliſe de S. Marc ſont

Manege du Grand Duc. Les écuries des chevaux de manege de Son Alteſſe Royale, qui y ſont en grand nombre & très-beaux. Il y a un très-beau manege, où toute la Nobleſſe Florentine va apprendre ſes exercices ſous la direction d'un Ecuyer entretenu par le Grand Duc. Il y a un manege couvert avec tous les lieux neceſſaires pour les exercices. Le Grand Prince Ferdinand les a fait reparer, & augmenter avec beaucoup de magnificence.

Jardin des plantes. Le Jardin des plantes eſt proche le manege. C'eſt le Grand Duc Coſme premier qui l'a fait faire, & qui a depenſé des ſommes immenſes, pour le mettre en l'état où il eſt. On y trouve les plantes les plus rares de toutes les parties du monde entretenuës avec ſoin, & renouvellées toutes les fois qu'il eſt neceſſaire, quelque depenſe qu'il y ait à faire pour cela; afin que les Profeſſeurs en Medecine ayent en tout tems tout ce qui eſt neceſſaire pour inſtruire leurs éleves dans la connoiſſance des plantes, & dans les uſages differens qu'on en peut faire. La

La Menagerie où l'on garde les bêtes sauvages, est au coin de la place S. Marc en allant à l'Annonciade. C'est une coûtume très ancienne à Florence d'y nourrir des Lions, des Ours, des Tigres, des Panteres, des Taureaux sauvages, & autres bêtes que l'on fait battre les unes contre les autres dans une grande cour, autour de laquelle il y a un amphiteâtre capable de contenir un grand nombre de spectateurs. Il étoit autrefois où est à présent la Monnoïe. Les Grands Ducs l'ont transporté où il est à présent, ont augmenté considerablement les bâtimens, & y entretiennent un plus grand nombre de bêtes que l'en fait combattre souvent, pour divertir le peuple. {*Menagerie des animaux feroces.*}

L'Hôpital de saint Mathieu, ou de Lemno est vis-à-vis. Il fut fondé environ l'an 1390. On y reçoit avec charité, & on y traite avec un soin très-particulier, & une grande propreté, un grand nombre de malades. {*Hôpital de S. Mathieu, ou de Lemno.*}

Il y a tout auprès une place appellée de l'Annonciade à cause de l'Eglise de ce nom, qui en est voisine. Deux des côtés paralelles de cette place sont occupés par deux bâtimens également grands & magnifiques, au milieu desquels s'éleve sur un pied d'estal de {*Place de l'Annonciade.*}

Tome VII. L

marbre la ſtatuë équeſtre de bronze du Grand Duc Ferdinand premier du nom. Ce bel ouvrage eſt du fameux Sculpteur, & Fondeur Jean Bologne Flamand, qui a fait auſſi les deux fontaines de bronze qui ornent merveilleuſement bien cette place.

L'Hôpital des Innocens ou des enfans expoſés, occupe un des côtés de la place. Il fut fondé environ l'an 1420. L'architecte Bruneleſchi en donna les deſſeins. Les logemens ſont très-commodes & bien diſpoſés. Les deux Chapelles qui l'accompagnent, une pour les hommes, & l'autre pour les femmes, ſont ornées de tableaux, & de peintures à freſque de pluſieurs bons Peintres, & particulierement de Porcetti. Cet Hôpital eſt gouverné par des perſonnes qui joignent à la Nobleſſe de leur race, une charité fort étenduë, une prudence conſommée, & un deſintereſſement très-exemplaire. On compte que leurs ſoins doivent s'étendre ſur plus de trois mille perſonnes, & ſur divers autres Hôpitaux qui leur ſont ſubordonnés.

La celebre Egliſe de l'Annonciade occupe un des côtés de cette place; avant d'entrer dans la deſcription de ce Sanctuaire, on croit qu'il eſt à

Hôpital des Enfans expoſés.

propos de dire quelque chose de son origine.

Ce n'étoit autrefois qu'un petit Oratoire hors de la Ville en un lieu appellé Cafaggio. Il fut donné avec quelque terrein aux environs, à sept Nobles Florentins qui s'étoient retirés dans l'affreuse montagne Senario, où ils menoient une vie hérémitique & pénitente. Ils furent les Fondateurs de l'Ordre des Serviteurs de la Sainte Vierge sous le simple nom de Servites. La reputation de leur sainteté fit souhaiter à leurs concitoyens de les avoir auprès d'eux, afin de profiter de leurs bons exemples. On les obligea à la fin de quitter leur montagne, & de s'établir dans ce lieu qui devint en peu de tems trop petit, pour contenir ceux qui vinrent se joindre à eux, & pratiquer leurs exercices de pieté & de penitence.

Il fallut donc songer à bâtir un autre Couvent & une autre Eglise : mais la pauvreté de ces saints Religieux étoit si grande, qu'ils n'auroient jamais pû en venir à bout, s'ils n'avoient été secourus par des personnes pieuses, & sur tout par le Seigneur Falconieri très-noble Florentin, que l'on croit être pere de la bien-heureuse Julienne,

Fondation de l'Annonciade.

& frere du bien-heureux Alexis. Ce Seigneur ne menagea ni ses peines, ni ses biens, pour achever les bâtimens de l'Eglise & du Couvent ; & quand ils furent terminés, on travailla à orner l'Eglise d'une maniere convenable, & c'est ce qui a été l'occasion de ce grand miracle, qui l'a rendu celebre par tout le monde. On traita avec un Peintre, dont on ne sçait pas precisément le nom, afin qu'il fit une Annonciation à fresque dans une des Chapelles de l'Eglise. Le Peintre y travailla de son mieux ; il acheva heureusement la figure de l'Ange & le corps de la Vierge : mais il demeura court, lorsqu'il voulut peindre le visage. Il essaïa plusieurs fois de le faire, & toûjours inutilement. Le chagrin, & la tristesse lui procurerent un sommeil, pendant lequel les Anges acheverent son ouvrage ; de maniere qu'il trouva à son reveil le visage de la Sainte Vierge fini d'une maniere si parfaite, & si pleine de grace & de majesté, qu'il est aisé de s'appercevoir que ce n'est pas l'ouvrage d'un homme, mais de ces Esprits bien-heureux, qui voïent & qui admirent continuellement les qualités presque Divines, qui éclatent dans cette auguste Mere de Dieu.

Miracle du tableau de la S. Vierge.

Un spectacle si peu attendu le mit hors de lui-même. Il cria plusieurs fois, miracle, & sa voix ayant attiré quantité de personnes, ils demeurerent dans le dernier étonnement à la vûë de ce prodige. Dieu ne voulut pas leur laisser lieu, ou à la posterité de douter que ce n'en fût un très-certain; il le confirma par plusieurs miracles, qui bien loin de diminuer avec le tems, s'augmentent tous les jours; de sorte que cette venerable Image est une source feconde d'une infinité de merveilles que Dieu opere par son moyen.

Il faut à present venir à la description de l'Eglise.

On trouve avant d'y arriver, une cour quarrée, environnée de portiques formés par de belles colonnes en maniere de cloître. Cet ouvrage vient de la liberalité de la famille des Pucci nobles Florentins. Ces galleries sont pleines de vœux d'une infinité de personnes qui ont reçû des graces du Seigneur, par l'intercession de la Sainte Vierge. La coûtume du païs n'est pas de les representer seulement dans des tableaux, mais par des figures de bois, ou de carton, grandes comme nature, qui representent la personne, & le genre de grace qu'elle a reçûë, par

Vœux presentés à la S. Vierge.

exemple ceux qui ont été preſervés du dernier ſupplice, ſont repreſentés la tête ſur le billot, ou bien ſur l'Echelle, & ainſi des autres choſes. Les Etrangers qui voyent le grand nombre de ces figures en ſont ſurpris ; en voici l'explication.

On trouve trois portes ſous cette galerie, celle qui eſt à main droite conduit à la Chapelle de Saint Sebaſtien, qui appartient à la famille des Pucci, dans laquelle il y a trois grands tableaux, peints d'une maniere excellente, par les premiers peintres du tems auquel ils ont été faits. Celui où eſt repreſenté le martyr de S. Sebaſtien, eſt d'Antoine Del-Pollazolo. Ces tableaux ſont accompagnés de ſtatuës de marbre, & des épitaphes des perſonnes illuſtres de la même famille, entre leſquels on remarque les trois Cardinaux Laurent, Robert, & Antoine Pucci, qui furent honorés de la pourpre preſque dans le même tems.

Chapelle des Pucci.

On entre dans la Sacriſtie, ou treſor des ornemens par la porte qui eſt à main gauche, & delà dans un grand cloître, ſur la porte duquel eſt la fameuſe Nôtre-Dame du Sac, peinte par André Del-Sarto, ainſi appellé, parce qu'il étoit fils d'un tailleur. Ce tableau qu'on regarde comme le meilleur de tous les ouvrages de ce grand peintre est si achevé, & si parfait dans toutes ses parties, que Michel-Ange, & le Titien, ne pouvoient se lasser de le regarder, de l'admirer, & de le proposer comme le modele d'une perfection infinie. Toutes les lunettes de ce cloître, ont été peintes par d'excellens hommes comme le Porcetti, le Rosseli, & le Salimbeni de Sienne. On a placé les tableaux des sept premiers Fondateurs de l'Ordre des Servites, & ceux des personnes les plus illustres de la même religion, dans les entre-colonnes.

Tableau de Notre-Dame du Sac.

La porte du milieu conduit dans un petit cloître tout rempli de vœux. Il a été peint à fresque, en partie par André Del-Sarto, dont on voit le buste, & l'épitaphe de marbre sur la muraille à côté gauche. Alexis Baldo-Ninetti, le Rosso, le Pontorno, le Francia-Ligio, Rosselini, & autres peintres de reputation y ont aussi travaillé. L'Adoration des Mages, est du Sarto, aussi bien que toutes les peintures du côté gauche, qui representent les actions les plus signalées de S. Philippe Benizi. La Nativité de Notre Seigneur est de Baldoninetti. La Vision de Saint Phi-

L iiij

lippe est de Rossellini. Rosso a peint l'Assomption de la Sainte Vierge, Pontorno la Visitation ; & son Mariage avec Saint Joseph, est de Franciabigio.

L'Eglise n'est point voûtée, c'est un plafond magnifique chargé de sculpture dorée sur un tableau de Volterano, qui représente l'Assomption de la Sainte Vierge. Ulivelli peintre fort estimé a peint à fresque sur les murailles, les miracles les plus signalés, que Dieu a operé par l'intercession de la Sainte Vierge, en dix grands tableaux.

Description de l'Eglise de l'Annonciade

La Chapelle où est la peinture miraculeuse de l'Annonciation, est à main gauche en entrant, elle est toute incrustée des plus beaux marbres, du dessein de l'Architecte Michelozzo Il est difficile d'écrire les richesses, & les ornemens precieux de ce Sanctuaire; l'Autel est d'argent massif, d'un travail admirable. Les gradins sont d'argent enrichis, & ornés d'une infinité de pierres precieuses ; le tabernacle renferme une tête du Sauveur, peinte par le Sarto d'une maniere enchantée; les deux pilastres de marbre precieux, qui sont aux côtés de la Sainte Vierge, soutiennent une architrave, & une corniche d'argent d'une richesse &

d'un travail presque inimitable avec des rideaux precieux ; les vases, les chandeliers, les torcheres, les lustres, les lampes, & les autres meubles d'or & d'argent, dont cette Chapelle est ornée, sont d'un prix infini, aussi-bien que les graces que Dieu repand tous les jours sur ceux qui interposent auprès de lui l'intercession de la Sainte Vierge.

A côté de la Chapelle de l'Annonciade, est celle du Marquis Feroni Senateur. Elle a été faite sur les desseins de Jean-Baptiste Foggini. Elle est toute incrustée de marbre, & ornée de plusieurs statuës. Le tableau de l'Autel de Carlo Lotti peintre Venitien. Les statuës qui y representent la science & la fortune de la mer, sont de Landreozzi. Et la fidélité & la navigation, sont de Carlo Marcellini, aussi-bien que celle de Saint Dominique. Pour celle de Saint François, elle est du   Les medaillons de bronze, sont de Maximilien Soldani, & les inscriptions qui les accompagnent, ont été composées par le sçavant Abbé Antoine Marie Salvini, dont on aura occasion de parler dans n..s autres endroit. Les autres Chapelles du même côté sont ornées de fort bonnes peintures, entre lesquelles on consi-

L.

dere beaucoup le tableau du Jugement universel d'Alexandre Allori, appellé Il-Croupino, & celui du crucifiement de Stradano. La quatriéme Chapelle a été entierement peinte par le Perugin. La grande Chapelle de la croisée appartient aux Seigneurs Tedaldi; le tableau de l'Autel qui represente Saint Philippe Benizi, a été fait par Volterano, & ceux qui sont à fresque par Ulivelli.

La premiere Chapelle à main droite appartient à la famille Pelagio. Elle est ornée de marbres bien travaillés. Le tableau de la seconde, est de Pierre Dandini peintre celebre, qui vivoit encore lors de l'impression de cet ouvrage en 1698.

Celle du Marquis Colloredo du Frioul est la troisiéme, elle est toute incrustée de marbres de differentes especes, mis en œuvre avec beaucoup d'entente: le tableau est de la main du Vignoli, & le dôme a été peint par le Volterano. Les autres Chapelles ont chacune quelque agrément particulier, & sur tout celle des Seigneurs Pazzi, dans laquelle on voit un Christ mort soûtenu par le Pere Eternel, qui est un ouvrage merveilleux de Baccio Bandinelli; la coupôle, ou dôme rond qui est au bout de cette Nef a été faite sur les desseins de Leon Baptiste Alberti Gentilhomme Florentin, aux dépens du Prince Loüis de Gonzague, second Marquis de Mantoüe. Elle a été peinte par le Volterano ; cet habile peintre y a representé la Sainte Vierge couronnée par la Sainte Trinité après son Assomption au Ciel. Il a mis sur les murailles les Saints de l'ancien, & du nouveau Testament, qui sont morts avant la Sainte Vierge. Le Chœur, où les Religieux chantent l'Office répond parfaitement bien au dôme dont on vient de parler. Ils s'y trouvent pour l'ordinaire au nombre de cent. Ils font l'Office avec beaucoup de decence, & de majesté, & chantent parfaitement bien.

Il y a neuf Chapelles autour du Chœur, dont la plûpart sont incrustées de marbres. On voit dans la seconde un tableau de Bolivelti qui représente les épousailles de Sainte Catherine de Sienne : le Miracle de l'Aveugle né est peint dans la troisiéme par le Passignano : la cinquiéme a été incrustée de marbres aux dépens du fameux sculpteur Jean Bologne. On y admire avec justice les statuës, & les bas reliefs de bronze qu'il y a fait placer avec trois

L vj

bleaux de prix, dont l'un est du Paggi, l'autre du Ligozzi, & le troisiéme du Passignagno; & sur tout le Crucifix de bronze que cet excellent homme a modelé lui-même, qui est d'une beauté qui n'a pas sa pareille.

Le tableau de la sixiéme, qui est une une Resurrection, est d'Ange Bronzino. Le Saint Michel qui est sur l'Autel de la huitiéme, est de Pignoni peintre celebre encore vivant, & la Nativité de la Sainte Vierge qui est sur l'Autel de la neuviéme, est d'Alexandre Allori, dont le fils Christophe Allori, a peint un des côtés de la même Chapelle, d'une maniere très-noble, & très-correcte, & très-gracieuse.

Le grand Autel est d'une richesse, & d'une magnificence extraordinaire: le tabernacle est d'argent, aussi-bien que le devant d'Autel, avec des figures en bas reliefs très-finies. On ne le découvre que les grandes Fêtes, & pour lors l'Autel est orné d'une quantité de chandeliers, de torcheres, de Vases, de bustes, & autres figures d'argent remplies de reliques d'un travail, & d'une richesse surprenante.

Le Couvent est très-bien bâti, & grand comme il convient au grand nombre de Religieux qui y demeurent ordinairement. Il y a une bibliotheque très-considerable par le nombre, & le choix des livres manuscrits, & imprimés qui y sont, & que l'on augmente encore tous les jours. Elle a outre cela tous les ornemens dont elle a été susceptible. On a abregé beaucoup la description de cette Eglise, pour ne pas trop fatiguer le lecteur.

On doit voir ensuite le Palais du Marquis Guadagni. Il est très-grand, d'une très-belle architecture, avec une bibliotheque choisie.

Le Palais du Duc Salviati, est vis-à-vis de ce dernier ; c'est la demeure ordinaire des Envoyés d'Angleterre. Il est fort orné de statuës, & d'un jardin considerable, qui n'est separé que par une muraille de ceux des Jesuites, & du Marquis Salviati. *Palais Salviati.*

On voit dans la même ruë des Servites, plusieurs autres Palais, entre lesquels celui du Marquis Nicolini est considerable, par le grand nombre de statuës antiques, qu'on y conserve dans un bel ordre & avec soin. *Palais Nicolini.*

Vers le milieu de cette ruë, on doit tourner à main droite pour voir

L'Eglise, & le Monastere des Moines Camaldules, l'une, & l'autre ont été reparés, & embelis de nos jours: *Les Camaldules.*

les cloîtres font spacieux, & ornés de bonnes peintures. Il y a une bibliotheque qui merite d'être vûë.

Palais Giugni.
Le Palais de Giugni est vis-à-vis ce Monastere. C'est l'Architecte Amanato qui l'a bâti. Il est considerable dans toutes ses parties.

Eglise de Sainte-Marie Magdelaine de Pazzi
A la sortie de cette ruë, on trouve l'Eglise de Sainte Marie des Anges, appellée à present Sainte Marie Magdelaine de Pazzi. La premiere Chapelle à main droite, est celle des Seigneurs Neri. Elle est ornée des excellentes peintures de Bernardin Poccetti, qu'on dit s'être surpassé lui-même dans celles qu'il a faites dans cette Chapelle. Le petit dôme dont elle est couverte, represente le Paradis; ce peintre fameux y a mis une infinité de figures dans des attitudes differentes, & dans une si belle disposition, que leur multitude non seulement ne cause point de confusion, mais qu'elle donne un plaisir infini à ceux qui les regardent; parce qu'il semble qu'elles decouvrent sans cesse quelque chose de nouveau à admirer : le tableau de l'Autel est du Passignagno. On doit dire qu'on n'a rien épargné pour orner cette Chapelle, & qu'on y a parfaitement bien réüssi.

Le plafond de cette Eglise a été

peint par Jacques Chiavitelli. Elle n'est composée que d'une Nef avec des Chapelles de chaque côté, dans toutes lesquelles on voit des tableaux considerables. La plus grande, la plus belle, & la plus riche, est celle où repose le corps de Sainte Marie Magdeleine de Pazzi, d'une très-noble famille de Florence, il est tout entier. Cette Chapelle est incrustée de marbres de differentes couleurs bien choisis, & bien travaillés. Il y a douze colonnes de diaspre de Sicile, dont les bases, & les chapitaux sont de bronze doré. De petits Anges de marbre soutiennent des cartouches, avec des bas reliefs de bronze, qui representent les plus belles actions de cette Ste. Vierge. On voit entre les colonnes 4. niches d'un dessein riche & bien executé, avec des statuës de marbre d'une excellente beauté, qui sont les symboles des quatre principales vertus qu'on a admiré dans cette sainte. Le tableau de l'Autel est de Ciroferri, qui a donné le dessein de la Chapelle; les deux tableaux des côtés, sont de Luc Jordano, tous deux peintres de reputation, desorte qu'il n'y a rien de mediocre dans toute cette Chapelle, & qu'il semble que l'art se foit épuisé pour donner toute la perfection imaginable aux riches matieres dont on s'est servi pour l'orner.

L'Eglise Paroissiale de Saint Ambroise, est voisine de celle que l'on vient de décrire ; elle appartient à des Religieuses Benedictines. Il n'est pas ordinaire qu'une Eglise de Religieuses soit Paroissiale ; celle-ci l'est pourtant, je n'en sçai pas la raison. Une des choses la plus remarquable dans cette Eglise, est la Chapelle du miracle, ainsi appellée, parce qu'on y conserve une quantité de Sang de N. S. qu'un Prêtre avoit laissé par mégard dans un calice, & qui s'y est coagulé vers l'an 1230. Il y a neuf Couvents de Religieuses, & un de Minimes assez proche de celui de Saint Ambroise. On n'en donne point de description particuliere, quoiqu'il n'y en ait point, où il n'y ait quelque chose qui merite d'être vû. Par exemple le tableau de l'Eglise de Saint François qui est d'André Del-Sarto. En celle qui est appellée la Montagne du Seigneur, le tableau de Saint Etienne qui est du Cigoli. Au Monastere des Enmurées, où fut autrefois élevée Catherine de Medicis Reine de France ; on voit de très-belles peintures du Grillandaio, en celui de S. Jacques, &c.

Sainte Croix est l'Eglise des Freres

S. Ambroise Eglise & Monastere de Benedictines.

Mineurs Conventuels de Saint François. Elle est aussi grande que magnifique. On lui donne deux cens quarante brasses de long, sur soixante-dix de large. Elle fut bâtie en 1294. sur les desseins d'Arnophe Architecte celebre, qui bâtit aussi la Cathedrale. Elle a été depuis retablie sur les desseins de Georges Vasari, & ornée de quantité de tableaux de prix qui y attirent tous les Etrangers curieux de peintures ; la vie de N. S. sa Mort, sa Passion, & sa Resurrection en fournissent les sujets. Le premier tableau à main droite en entrant est la descente de la Croix. Elle est du Salviati. Le second represente le crucifiement ; il est de Santi di Tito. Auprès de celui-ci, est le Sepulcre de Michel-Ange Buonaroti Gentilhomme Florentin sculpteur, peintre, & architecte, qui n'a point encore eu son pareil. On voit au pied de l'urne qui renferme ses cendres, 3. statuës de marbre qui representent la sculpture, l'architecture, & la peinture, pleurant la mort de ce grand homme, dont le buste est au-dessus de l'urne. Ces figures ont été faites par Jean de Lopera, Valere Cioli, & Baptiste Cavalier. La troisiéme Chapelle a été peinte par Frere Philippe Lippi. On en voit du

Sainte-Croix Eglise des Francifcains Conventuels.

Musolée de Michel-Ange.

George Vasari : on y voit le tableau qui représente J. C. portant sa Croix. On voit dans le quatriéme tableau, un *Ecce Homo*, de Jacques de Meglio. Alexandre Barbier a peint le cinquiéme qui est la Flagellation de N. S. attaché à la colonne. Son Oraison au Jardin, est d'André Delminga. La Chapelle qui suit appartient aux Seigneurs Calvacanti. On y admire une Annonciation de la Ste Vierge, faite de terre cuite, par le fameux Donatello. Leonard Aretin, ce celebre Historien, a son Sepulchre à côté de cette Chapelle; on voit dans la suivante l'entrée de N. S. en Jerusalem, commencée par le Cigoli, & finie par Beliveti. La Chapelle de la croisée appartient à la famille des Barberins. François Barberini Docteur & Poëte d'un merite distingué, & un des ancêtres du Pape Urbain VIII. y est enterré. Il y a dans cette Chapelle un tableau de Saint François, qui reçoit les stigmates, qui est de Naldini. La Chapelle qui est à côté de la Sacristie, est aux Seigneurs Calderini. Elle est toute incrustée de marbre de Carare, & ornée de très-belles peintures; on conserve sous le grand Autel les ossemens venerables d'une grande servante de Dieu, appellée Emilienne de Cerchi, plus illuftre encore par fa fainteté, que par fa naiffance, quoiqu'elle fut des plus illuftres Maifons de Florence, qui eft morte vers l'an 1240. La Chapelle voifine appartient aux Seigneurs Nicolini. Elle eft toute incruftée de marbres de Carare, mis en œuvre d'une maniere noble, & fçavante; le fculpteur Flamand Francavilla, a fait les cinq ftatuës de marbre qui font le plus bel ornement de cette Chapelle, elles reprefentent Moïfe, Aaron, la Virginité, la Prudence, & l'Humilité : il y a deux tableaux d'Alexandre Allori, & quelques peintures à frefque de Volterano, qui font fi belles, qu'elles fuffiroient feules pour éternifer fa memoire. Le Cigoli a peint dans un ovalle, un Chrift mort d'une excellente maniere.

Les fept Chapelles du côté gauche, ne font gueres inferieures à celles qu'on vient de décrire, foit pour l'architecture, foit pour les ornemens : la premiere & la plus proche du grand Autel, renferme un tableau de la defcente du Saint Efprit de Vafari, l'Afcenfion de N. S. au Ciel eft dans la feconde de la main de Stradani ; & fon apparition aux Apôtres du même Vafari, eft dans la troifiéme. On voit dans la quatriéme, & dans la cinquiéme, deux tableaux de Tito, l'un qui repreſente Jeſus avec les deux diſciples allant à Emaüs, & l'autre ſa ſortie glorieuſe du ſepulchre. La ſepulture de Jeſus, fait le ſujet du tableau qui eſt dans la ſixiéme Chapelle; il eſt de Baptiſte Naldini. On voit dans la ſeptiéme notre Seigneur allant aux lymbes: ce tableau eſt d'Ange Allory, appellé le vieux Bronzino.

Outre ces peintures qui ſont d'un goût exquis, il y en a quantité d'autres dans cette Egliſe du Cina-Bué, du Giotto, & autres grands peintres.

On admire encore le pupitre, ou la chaire du Predicateur, qui eſt toute de marbre de Serranalle avec des bas-reliefs de Benoît Majano, qui repreſentent les actions de Saint François. On y voit entre autres choſes cinq figures qui repreſentent la foi, l'eſperance, la charité, la force, & la juſtice, qui n'ont point de prix. On y admire encore une colonne dans laquelle on a creuſé & menagé un eſcalier en limace d'une très-grande beauté.

La grandeur du Couvent repond parfaitement à celle de l'Egliſe, & à ſa beauté. Il y a des logemens commodes pour plus de cent Religieux qui y ſont ordinairement, pluſieurs desquels sont d'un merite distingué. Le Pere Alberto de la famille illustre des Alberti de Florence y est enterré. C'étoit un homme d'un si rare sçavoir, qu'il merita la pourpre. On tient que le Pape Sixte V. y enseigna plusieurs années la philosophie. Ce Couvent & tous ceux du même Ordre en Toscane, ont le privilege de fournir des Inquisiteurs pour tous les Etats du Grand Duc. Il y a une Bibliotheque fameuse, par le grand nombre des manuscrits qu'elle conserve, & qu'on communique gracieusement aux sçavants qui en ont besoin. Le Mausolée du sçavant astronome Galilée est auprès du Noviciat.

On passe de cette Eglise à la place des barrieres destinée au jeu de balon qui est ordinaire à la Noblesse de Florence, dans le tems du carnaval. Quand on donne ce divertissement, on choisit cinquante quatre jeunes Gentilshommes qui sont partagés en 2. Compagnies. Ils sont vêtus richement & uniformément dans chaque Compagnie ; leurs drapeaux magnifiques avec des devises ingenieuses, & ceux qui les portent sont chefs de chaque Compagnie. Ils entrent dans la lice deux à deux accompagnés de plusieurs Pages, & precedés de tambours, de

Place du Balon.

trompettes & d'autres instrumens, & quand ils ont fait le tour, & salué le Prince, ou celui qui tient sa place pour adjuger le prix aux vainqueurs, chaque Compagnie se retire sous ses tentes, ils en sortent au signal qu'on leur en donne, & se mettent en bataille les uns devant les autres. Alors on jette un balon au milieu de l'espace qui est entre les deux bataillons, ils courent alors pour l'attraper, & le jetter hors de la barriere qui est derriere leurs adversaires; mais avant que cela arrive, & qu'un parti se soit saisi du balon, & l'ait jetté hors de la lice, il y a bien des courses, & souvent bien des coups de poing donnés.

Eglise de S. Simon.
Assez près de cette Place est l'Eglise de Saint Simon; le platfond est en bas reliefs dorés. On voit au-dessus de la porte, un tableau de Naldini qui represente la descente de la Croix: il y a encore un S. Jerôme avec un Ange de Marinari, un S. Bernard, & un Saint François de Vignali, & au grand Autel un tabernacle, & deux statuës de marbre d'un très-bon travail.

Saint Jacques des Fossés.
L'Eglise de Saint Jacques des Fossés est à côté de la Place des barrieres. On n'y voit plus les originaux des tableaux excellens d'André Del-Sarto,

dont le sçavant Bochi & plusieurs autres écrivains ont parlés avec tant d'éloges. Ils ont été transportés au Palais de Pitti. On y en a seulement laissé des copies, une desquelles est si belle qu'elle égale presque son original. Le plafond de cette Eglise a été peint par Gerardini d'une maniere noble & aisée.

On trouve à main droite en suivant cette ruë le cours appellé des Teinturiers, où sont logés les cent Cuirassiers de la garde actuelle du Grand Duc, & on arrive à la Place du Grain, ainsi appellée, parce que c'est en cet endroit, & dans un grand Bâtiment d'ordre Toscan qu'on distribue le bled au public. On va delà,

A l'Eglise neuve des Peres de l'Oratoire de Saint Philippe de Neri, qui bien que très-grande, & pas encore achevée, ne doit cependant servir que d'Oratoire à celle qu'on a dessein de bâtir. Devant cette Eglise, & celle de S. Appollinaire sont les boutiques des Libraires, & ensuite l'Eglise appellée,

L'Abbaye: elle appartient aux Moines Benedictins du Mont Cassin. Elle est ainsi appellée par Antonomase; parce qu'elle a été la premiere Abbaye de Moines fondée à Florence. Ce fut le Comte Hugues Marquis de Brandebourg

L'Abbaye.

Vicaire de l'Empereur Otton III. en Italie qui la fit bâtir à ses dépens, & qui la dotta très-richement environ l'an 990. Elle fut reparée en 1285. sur les desseins d'Arnophe, & dans ce siécle, elle a été entierement rebâtie dès les fondemens; elle est déja très-grande, quoiqu'elle ne soit pas encore achevée, ce qui est fait ne peut être ni plus magnifique, ni mieux imaginé. On a joint la richesse des ornemens à la regularité de l'Architecture. On voit sur les murailles laterales, des bas reliefs dorés d'une excellente maniere. Un orgue magnifique, & des tableaux de prix. La Chapelle de Saint Maur a été peinte par Marinari peintre excellent encore vivant. On voit dans la Chapelle suivante la descente du S. Esprit de Jean-Baptiste Naldini. Il y a à main gauche un Christ portant sa Croix au Calvaire, du Salviati, & tout devant un Saint Bernard d'une excellente beauté, peint par le Frere Philippe. Il y a encore dans cette Eglise trois mausolées qui meritent l'attention des curieux. Le premier est celui du Comte Hugues Fondateur de l'Abbaye. Les marbres qui le composent sont chargés de bas reliefs très-finis de la main de Mino de Fiesoli. Le second est du Chevalier

valier Bernard Gingni, le troisiéme est d'Ange Pandolphini Gentilhomme de très-grande distinction dans le tems que Florence étoit une Republique. Sa famille est encore aujourd'hui en possession de la Chapelle voisine du vestibule.

L'ancien Palais du Podestat est voisin de l'Abbaye, il n'est considerable que par sa grandeur. On y a mis les prisons publiques.

L'Oratoire de Saint Martin est près du quartier des Pazzi. Il est remarquable, non seulement parce qu'il doit son commencement, & sa fondation à l'Archevêque Saint Antonin; mais encore à cause des exercices de pieté, & de charité qui s'y pratiquent. C'est un miracle continuel de la divine providence, qu'une Compagnie qui n'a d'autre fonds, & d'autre revenu que les aumônes qu'on y fait, soutienne & entretienne une infinité de familles honorables qui sont tombées dans la misere. *Oratoire de Saint Martin.*

L'Eglise de S. Procule est à main droite après qu'on est sorti de Saint Martin, on y verra quelques tableaux excellens, comme une Nativité de la main de l'Empoli. Celui du grand Autel qui est d'André Del-Castagno, & un de *Saint Procule.*

Pontorno qui represente la Sainte Vierge, avec Sainte Barbe, & Saint Antoine.

Palais des Strozzi. Les deux Palais des Strozzi, sont au bout de cette ruë, ils sont beaux; mais celui qui n'est pas encore achevé, l'emporte sur l'autre ; aussi est-il l'ouvrage du celebre Scamozi qui en a donné le plan, & l'élevation dans le Recüeil imprimé de ces Ouvrages. On croit pourtant que la façade, qui regarde le quartier des Abbizi a été faite sur les desseins de Bontalenti Architecte fameux. Elle est encore regardée comme un chef d'œuvre par les maîtres dans cet art.

Le Palais des Ducs Salviati est proche de ce dernier, il est grand, commode, & bien entretenu.

L'Université est derriere ce Palais. *College Florentin & Academie de la Crusca.* On l'appelle communement l'étude, ou l'Academie de Florence. Il y a des Professeurs qui y enseignent tous les jours la Philosophie, la Théologie, la Jurisprudence, les Mathematiques, les Humanités, les Langues Grecques, & Hebraïques. C'est dans ce même lieu que s'assemble la fameuse Academie de la Crusca, & celle des Aparistes, composées d'un grand nombre de gens de Lettres, entre lesquels l'Abbé Salviati Gentilhomme Florentin, tient un des premiers rangs.

En suivant la même ruë, on voit plusieurs Palais fort decorés par le dehors & fort magnifiques en dedans. Celui des Vallori est orné d'une Architecture en pilastres, avec des médaillons de marbre où sont les têtes de quinze celebres citoyens de Florence. On voit au milieu de la ruë une pierre de marbre, qui a été mise pour conserver la memoire d'un miracle que Saint Zenobe y fit en ressuscitant un enfant mort ; on trouve ensuite une Place, & une Eglise appellée

Saint Pierre le Grand : la façade est de pierre de taille d'une très-belle Architecture. Il y a dans cette Eglise plusieurs tableaux d'excellens peintres, une Annonciation de Francia-Bigio : la Chapelle des Seigneurs Palmieri, il y a un tableau d'Autel de Sandro Boticelli, qui represente le Paradis avec une multitude d'Anges, & la Sainte Vierge couronnée par son divin Fils. Celui qu'on estime le plus, est une Adoration des Mages du Cigoli. Il y en a encore un autre de la main du Passignagno ; il est sur la porte de la Sacristie, on l'estime beaucoup ; & les connoisseurs sont assez embarrassés à qui

Saint Pierre le Grand.

M ij

donner la preference. On voit à une petite diſtance de cette Egliſe, celle de Saint Gilles Abbé, & un peu plus loin, le Palais des Martellini fort eſtimé, & tout auprès la ruë appellée de la treille, ou Pergola, où eſt l'Egliſe, & l'Hôpital de

Hôpital de S. Thomas d'Aquin.

Saint Thomas d'Aquin dans lequel on reçoit tous les Pelerins Ultramontains qui viennent viſiter les Saints lieux d'Italie avec la patente de leurs Evêques. On ne peut exprimer la charité avec laquelle ils y ſont reçûs, traités, & ſervis. On ſçait que tous ceux qui y ont été s'en loüent infiniment, quand ils ſont de retour chez eux. A côté de cet Hôpital eſt

La Comedie.

Le Salon, & le Théâtre de la Comedie, il a été de tout tems très-beau, & très-commode, & il a été augmenté, reparé, & orné très-richement à l'occaſion du mariage du Sereniſſime Prince Ferdinand de Toſcane, avec la Sereniſſime Princeſſe de Baviere. En ſuivant la ruë de Saint Gilles, on trouve une Place, en face de laquelle eſt l'Hôpital de

Sainte Marie la neuve. Il fut bâti par la famille des Portinari environ l'an 1287. la façade de cet édifice, ne fut commencée qu'au commencement du dix-septiéme siécle sur les desseins de Bontalenti, elle est très-belle, l'Eglise est au milieu de tout le bâtiment. Laurent Bicci habile peintre a representé sur les murailles la consecration de cette Eglise, par le Pape Martin V. en deux grands tableaux, il y en a quatre autres qui ornent les Autels. Le premier à droite est du Riposo, & le second du Paggi, le premier à main gauche represente Saint Loüis Roi de France, qui guerit les écroüelles, c'est un ouvrage du Volterano, le second où est une descente de Croix est du Bronzino : le grand Autel est de marbre de Carare, & d'autres pierres precieuses ; le tabernacle est très-riche, & très-bien travaillé. Un des côtés de cet Hôpital est destiné pour les hommes, & l'autre pour les femmes, on y compte plus de quatre cens grandes chambres, où tous les pauvres qui se presentent sont reçûs avec charité, servis, traités & fournis abondamment de tout ce qu'ils ont besoin.

On entretient dans cet Hôpital quantité de jeunes gens qui y apprennent la Chirurgie, sous des Professeurs habiles & gagés pour cela, & pour le service des malades. Il en sort de très-bons sujets qui se repandent dans toute

Hôpital de Sainte Marie la Neuve.

M iij

l'Italie, & qui y sont bien reçûs : les Princes de Toscane, ont toûjours un soin particulier de cette maison, tant pour le temporel, que pour le spirituel, & pour aider ceux qui y étudient à se rendre de jour en jour plus habiles; c'est pour cela qu'ils y ont établi une ample Bibliotheque fournie de tous les livres qui regardent la Medecine, la Chirurgie, & la Pharmacie. Ils y ont joint un jardin de plantes usuelles, & des plus rares des pays les plus éloignés. On y a fait un grand cimetiere, qu'on appelle dans le pays un Campo-Sancto, & un Hôpital particulier pour les fous. Tous ces bâtimens sont uniformes, & d'une ordonnance riche & reguliere. Après qu'on a passé cet Hôpital, on trouve

L'Eglise de Saint Michel, appellée *Vis Domini*. Elle appartient aux Moines Celestins. Elle est ornée de quelques tableaux de l'Empoli, du Pontorno, du Passignagno, & autres bons peintres.

Vis à-vis de cette Eglise, & aux deux coins de la ruë des Chaudroniers, on voit deux Palais; l'un appartient au Marquis Inconti, il est d'ordre Toscan; l'autre appartient à la famille des Pucci, il est d'ordre composite :

ils sont tous deux bien bâtis & ne font pas un ornement mediocre à la Ville.

Il y a devant l'Eglise de Saint Laurent une Place, au milieu de laquelle est un piedestal de marbre, sur les côtés duquel on voit representés des prisonniers, & des dépoüilles que l'on presente à Jean de Medicis très-grand Capitaine, grand pere de Côme I. Cet ouvrage est du Chevalier Bandinelli, qui a fait aussi la statuë qui doit être mise sur ce piedestal. On la conserve dans le vieux Palais; parce qu'elle n'est pas encore tout-à-fait finie.

Avant de parler de l'Eglise de Saint Laurent, on juge qu'il est à propos de dire au Lecteur quelque chose des motifs de sa fondation. *Eglise de Saint Laurent.*

Il faut donc sçavoir, qu'au tems de l'Empereur Theodose, une Dame de condition de Florence qui étoit veuve, portée par une devotion extraordinaire pour le glorieux Martyr Saint Laurent, resolut d'employer ses grands biens à bâtir une Eglise à son honneur. A peine l'édifice étoit achevé, que le grand Docteur Saint Ambroise passa à Florence en revenant de Bologne, & en s'en retournant à Milan. Cette bonne veuve supplia le Saint Archevêque de consacrer son Eglise; il le fit volontiers, *Motifs de sa Fondation.*

M iiij

& le peuple en fut si content, qu'il nomma cette Eglise la Basilique Ambroisienne. C'est delà qu'est venuë la veneration singuliere, que tous les anciens Evêques de Florence ont eu pour cette Eglise, dans laquelle la plûpart ont choisi leur sepulture : le corps de Saint Zenobe y a reposé bien des années avant qu'il fut transporté à la Cathedrale. Elle a depuis été érigée en Collegiale, & ornée de si beaux privileges qu'elle tient le premier lieu après la Cathedrale, il y a quatorze Chanoines, plus de quarante Chapelains, & un grand nombre de Clercs qui font le service divin avec une majesté, & une reverence qui se rencontre en peu d'autres Eglises. La dignité principale du Chapitre est le Prieur, qui par un privilege particulier, officie les jours de Fêtes solemnelles, avec les ornemens pontificaux.

Sa consecration par S. Ambroise.

L'Eglise que l'on voit à present a été bâtie sur les ruines de l'ancienne, qui fut presqu'entierement consommée par le feu en 1420. Elle est partagée en trois nefs soûtenues de grosses colonnes de pierres grises, qui portent des arceaux travaillés delicatement, avec une architrave, une frise & une corniche qui regne tout autour de l'Egli-

Description de la nouvelle Eglise.

fe. On voit sur la porte principale les armes de Medicis taillées en pierre par Michel Ange Bonaruoti, qui a aussi donné le dessein du Jubé, où l'on conserve une notable quantité de precieuses Reliques, conservées dans de riches châsses d'or & d'argent, enrichies de pierreries. On estime beaucoup les deux Tribunes de la Nef du milieu, qui sont portées par quatre colonnes de marbre, entre lesquelles il y a des bas reliefs de bronze de la main de Donatello. Les Chapelles sont très-belles & enrichies de bonnes peintures, entre lesquelles le tableau de la Nativité de N. S. de Raphaël Delgarbo, & celui des épousailles de la Sainte Vierge du Rosso tiennent les premiers rangs. Celui du Sogliani qui represente saint André en croix, & de Limboli le Martyr de saint Sebastien sont dignes de consideration. Les deux Sacristies sont encore des morceaux très estimés, sur tout la neuve qu'on appelle communément la Chapelle des Princes. Elle a été faite sur les desseins de Michel Ange. C'est-là qu'on connoît clairement jusqu'où peut arriver la noblesse de l'art, quand il est entre les mains d'un aussi grand homme. Cette Chapelle renferme les

M v

maufolées des Princes de la Maifon de Medicis. Le premier que l'on trouve en entrant, eft celui de Julien de Medicis Duc de Nemours, frere du Pape Leon X. Il eft accompagné de deux ſtatuës, dont l'une repreſente le jour, & l'autre la nuit; le mauſolée qui ſuit, eft celui de Laurent de Medicis Duc d'Urbin; il eft auſſi accompagné de deux ſtatuës qui ſont les ſymboles du crepuſcule & de l'aurore. Outre ces ſtatuës qui ſont de Michel Ange, il y en a deux autres de ſaint Côme & de ſaint Damien, qui ſont de la main de Montorſeli & de Raphaël *de monte Lupo*, tous deux très-habiles Sculpteurs.

Chapelle des Medicis.

La vieille Sacriſtie a été bâtie ſur les deſſeins de Bruneleſco, qui a été l'Architecte de tout ce grand Edifice. On y voit un très-beau ſepulchre de Porphire, dont les côtés ſont ornés de feüillages de bronze doré, du deſſein d'André Verochio. On trouve en entrant de la Sacriſtie dans l'Egliſe la ſtatue de Paul Jove Evêque de Nocera, cet excellent Hiſtorien de l'Italie; & on monte dans le Cloître ou gallerie ſuperieure par un bel eſcalier, qui conduit à la celebre Bibliotheque Laurentine. Elle a quatre-vingt braſſes de longueur

Bibliotheque Laurentine.

& vingt de largeur. Son architecture est d'une beauté & d'une correction qui n'a point d'égale ; aussi a-t'elle été bâtie sur les desseins de Michel Ange : la porte & les fenêtres ont tous les ornemens qu'on leur a pû donner, aussi-bien que l'architrave, la frise & la corniche, qui regnent tout autour : mais ce qui rend cette Bibliotheque celebre par tout le monde, & d'une richesse infinie, sont les precieux manuscrits que l'on y conserve ; ils sont en très-grand nombre, magnifiquement reliés, & posés sur des tablettes de bois de noyer au nombre de quarante-cinq mil sur chaque tablette. On y en voit d'Hebreux, de Grecs, de Latins, d'Indiens, d'Arabes, de Caldéens, sur toutes sortes de sciences. Ce sont des Originaux precieux, rares, & souvent uniques, dans lesquels les Sçavans Ultramontains, qui sont pour l'ordinaire des Critiques severes, viennent verifier des passages qu'ils craignent que les Copistes n'ayent alterés, afin de les corriger s'il s'y trouve quelque deffaut, ou être entierement sûrs de la verité dont on peut être en peine.

On est redevable de ces excellentes pieces en partie au Prince Cosme pere de la patrie, & en partie au Prince

Laurent surnommé le Magnifique, qui les ont rassemblées avec des peines & des dépenses infinies, & au Pape Clement VII. & au Grand Duc Cosme I. qui les ont fait mettre dans ce lieu dans l'ordre où on les y voit ; & qui ont établis des Officiers necessaires pour les conserver, & les communiquer aux Sçavans avec les précautions convenables, afin qu'elles ne soient ni gâtées, ni alterées, ni enlevées.

Ceux qui en voudront sçavoir le nombre & les matieres qui y sont traitées, n'auront qu'à consulter le Catalogue qui en a été fait avec beaucoup de soin par les Sçavans Bibliotequaires du Grand Duc. Guillaume Langio en a fait un particulier des manuscrits Grecs, & Orientaux ; & le sieur Luc d'Hostein bibliotequaire du Vatican a fait un Extrait des plus rares, & en a porté son jugement qui est d'autant plus respectable, qu'il part d'une personne également sçavante & desinteressée. On en peut encore voir des Extraits dans les écrits du docte Magliabecci cité en plusieurs endroits par le sçavant Cardinal Noris, sur tout à l'occasion du fameux Virgile de Medicis, qui est unique, & regardé par cet endroit comme un joyau d'un prix inestimable, & l'ornement de cette celebre Biblioteque.

Après avoir vû cette Biblioteque merveilleuse, il faut aller admirer des miracles de l'art dans la Chapelle magnifique, que l'on a bâtie derriere le Grand Autel de l'Eglise où sont les Mausolées des Grands Ducs de Toscane, depuis qu'ils ont été revêtus de la puissance souveraine.

On n'exagere point, quand on dit que cette Chapelle est unique dans son espece; qu'il est impossible de decider si la delicatesse de l'art l'emporte sur la richesse de la matiere, ou si les pierres precieuses qu'on y a employées, doivent quelque chose à l'arangement & à la maniere sçavante, judicieuse, noble & élevée, avec laquelle on les a mises en œuvre. Cette superbe Chapelle est ronde par le dehors. Elle a 48. brasses de diametre, cent quarante-quatre de circonference, & plus de quatre-vingt dix de hauteur. Les plus beaux marbres ont parus communs pour y être employés. Elle est toute incrustée de diaspre, d'agathes, de calcedoines, de lapis lazuli, & d'autres pierres precieuses. Les pilastres sont de ces riches matieres, &

Mausolées des Grands Ducs.

leurs chapitaux travaillés & recherchés avec la derniere delicatesse sont de bronze doré : les sepulchres qui sont au nombre de sept sont de granite Oriental, sur chacun desquels il y a un oreiller de diaspre, enrichi des plus belles & des plus riches pierres precieuses avec une couronne Royale, où les diamans & les perles semblent avoir été prodigués : les niches qui sont au-dessus de ces riches tombeaux, sont de pierres de paragon ; quelques-unes sont déja remplies des figures des Grands Ducs qui ont regné. Elles sont de bronze doré, plus grandes que le naturel, faites par les plus excellens ouvriers de leur tems. On a placé dans les intercolonnes les armes des Villes qui composent les Etats du Grand Duc. Elles sont composées comme le reste des pierres les plus rares & les plus precieuses.

Cette Chapelle, à qui on ne peut reprocher d'autre deffaut que d'être trop belle, a commencée en 1604. par ordre du Duc Ferdinand premier du nom ; & quoiqu'on y ait toûjours travaillé sans interruption, & qu'un nombre considerable d'ouvriers y soient employés, elle n'est pas encore entierement achevée ; c'est ce qui est cause que le Tabernacle qui doit être sur l'Autel, n'est pas encore placé. Il est dans la galerie du Grand Duc, comme nous le dirons ci après.

On va de l'Eglise & de la place de saint Laurent à la ruë du Ginori, sur laquelle répondent les appartemens que le Marquis Ricardi a fait ajoûter nouvellement à son palais qui est dans la ruë large. On trouve ensuite la ruë saint Gal, où il y a un grand nombre d'Eglises & de Couvens de Religieuses. On voit en quelques-unes des tableaux de prix, comme celui des nôces de Cana du Bronzino, qui est au Monastere de sainte Agathe, auprès duquel il y a une maison très-bien bâtie, où l'on reçoit les Prêtres, & les Religieux qui viennent en pelerinage aux saints lieux d'Italie. On voit ensuite.

La compagnie de saint Marc restaurée depuis peu, & augmentée de bâtimens considerables, & ornée de peintures, de sculptures, & de dorures de prix.

<small>Compagnie & Hôpital de S. Marc.</small>

On a joint à cet Oratoire un Hôpital bâti de nouveau, très-commode & très-bien meublé, pour recevoir les Pelerins Ultramontains, comme on les reçoit en celui de saint Thomas d'Aquin. C'est une chose digne de la curiosité d'un voyageur de voir le dedans de cet Hôpital, la beauté des appartemens, leur commodité, leurs meubles, leur propreté, le bel ordre qui s'y garde. De sorte qu'il semble moins que ce soit un Hôpital, qu'une retraite de gens de conséquence. Il y a trois autres Hôpitaux au voisinage de celui-ci; deux sont destinés pour les malades, & le troisiéme pour les incurables.

Palais Pandolphini.
Le Palais des Pandolphini est voisin de ces lieux de pieté. C'est Gianozzo Pandolphini Evêque de Troyes, & ami intime de Leon X. qui l'a fait bâtir sur les desseins de Raphaël d'Urbin; c'est faire son éloge en peu de mots.

Le Conservatoire des enfans orphelins est à côté de la ruë de la Rouë. On va de là

A la Forteresse d'Embas, dans laquelle il y a une Salle d'Armes des mieux garnies, & des mieux entretenuës qu'il y ait en Italie. Elles sont disposées d'une très-belle maniere, & accompagnée de quantité de curiosités de même espece. De là on passe

A la maison de plaisance du Marquis Ricardi. On appelle ces sortes de lieux en Toscane des Cassines. On les nomme vignes à Rome & aux environs, & Bastides en Provence. Celle-ci est sinée au lieu appellé Gualfonda. Cette caffine est ornée de quantité de statuës antiques & modernes, & de tableaux d'un grand prix, avec un Jardin magnifique, & digne d'un Prince.

L'Eglise de Sainte Marie-Nouvelle est assez proche de cette maison dans la vieille place. Elle appartient aux Religieux Dominiquains. Elle est une des plus grandes & des plus belles d'Italie. On dit que Michel Ange l'estimoit beaucoup, & qu'il l'appelloit ordinairement la nouvelle mariée. Elle fut commencée environ l'an 1225. sur les desseins & la direction de deux Freres Convers Florentins du même Ordre, appellés Frere Sixte & Frere Ristoro, très-habiles Architectes. Saint Dominique Fondateur de cet Ordre, avoit envoyé à Florence un excellent Religieux, pour y établir son Ordre. C'étoit un grand Predicateur, un écrivain du premier mérite, & un Religieux si accompli, qu'il a merité la qualité de Bien-heureux. Il n'eut pas de peine à s'acquiter de la commission qu'il avoit reçuë. Il fonda facilement le Couvent; il y reçût quantité de Sujets, d'entre lesquels il est sorti un grand nombre d'hommes illustres par leur pieté & par

L'Eglise de sainte-Marie Nouvelle.

leur sçavoir. L'Eglise fut dediée à la Ste Vierge ; & parce qu'il y en avoit déja d'autres sous le même nom dans la Ville, on l'appella Sainte Marie-Nouvelle, à cause qu'elle venoit d'être bâtie. Elle est divisée en trois nefs, soûtenuës par des colonnes & des pilastres sur lesquels s'appuyent les arcs des voûtes qui sont d'une hauteur considerable, & d'une delicatesse singuliere. Il y a des Chapelles des deux côtés, dans chacune desquelles il y a des tableaux d'Autel des meilleurs Peintres : la premiere à main droite est ornée d'un tableau de l'Annonciation du Santi-di-Tito. On voit à la seconde le martyre de saint Laurent de Jerôme Machietti, la Nativité de N. S. est de J. B. Naldini, aussi bien que la Purification de la sainte Vierge & la descente de Croix. Santi-di-Tito a encore fait la resurrection du Lazare, & Ligozzo le tableau de S. Raymond qui ressuscite un enfant mort.

Il y a au Grand Autel, & dans le Chœur de rares tableaux du Grillandajo au nombre de sept de chaque côté, dont les uns representent la vie de la sainte Vierge, & les autres celle de saint Jean-Baptiste, dans lesquels cet habile Peintre a peint des personnes qui vivoient alors d'une maniere si vive & si naturelle, qu'il ne leur manque que la parole.

Reprenant l'ordre des Chapelles du côté gauche, on voit dans la premiere le Baptême de J. C. du Stradano: la Samaritaine qui est dans la seconde, est d'Alexandre Bronzino. On admire dans les deux suivans des tableaux du Vasari, qui representent les Mysteres du Rosaire, & la Resurrection de N. S. la Chapelle suivante appartient à la Maison des Gaddi; elle est ornée d'une très-belle architecture avec un tableau de la resurrection de la fille du Prince de la Synagogue, qui est d'Ange Bronzino : la Chapelle des Gondy est à côté de cette derniere. Elle est incrustée de differens marbres. Elle a sur l'Autel cet admirable Crucifix de bois du fameux Bruneleschi également habile dans la sculpture & dans l'architecture, qu'il excelloit dans la peinture.

Ce Couvent n'est pas moins considerable que l'Eglise; le Cloître est long de cent-dix brasses, & large de quatre-vingt-dix. Il est divisé en cinquante arcades, dans lesquelles les plus habiles Peintres, & sur tout Santi-di-Tito & Porcetti ont peint les actions les plus remarquables de saint Dominique, & de saint Antonin Archevêque de Florence. Ces peintures sont accompagnées des portraits de plusieurs Religieux illustres par leur sainteté, & par leur doctrine.

L'Apotiquairerie est auprès du Cloître. Elle est renommée par toute l'Italie par les remedes excellens ; & les compositions chimiques qui en sortent, & que l'on porte par toute l'Europe, & jusques dans les païs les plus éloignés.

Les Dortoirs sont grands, spacieux & fort éclairés. On y voit les portraits des Papes, des Cardinaux, & des Evêques qui ont été tirés de cet Ordre. On voit à l'extrêmité une riche Chapelle, qu'on appelle la Chapelle du Pape, parce que quatre Souverains Pontifs y ont celebré la Messe, sçavoir Martin V. Eugene IV. Pie II. & Leon X. La Biblioteque de ce Couvent est nombreuse. Il y a des manuscrits rares, & des livres de toute espece bien choisis & bien entretenus, comme il convient à des Religieux, qui font profession de science autant que de pieté.

La place qui est devant le Couvent est ornée de deux aiguilles de porphice, portées sur quatre tortues de bronze posées sur un pied d'estal ; c'est dans cette place, comme dans un lieu des plus commodes qu'on a accoûtumé de faire les tournois & les courses des chariots la veille de la saint Jean-Baptiste. En face de cette place est situé

L'Hôpital de saint Paul pour les convalescens, d'où on passe à la ruë de l'Echelle, où est le Palais du Marquis Ridolphi, & de-là au quartier appellé le Pré, où d'un côté il y a nombre de maisons bâties d'une même symetrie, & de l'autre le Palais du Marquis Corsini, accompagné d'un vaste & magnifique jardin : c'est de-là que partent les chevaux destinés pour la course du prix, dont la carriere qui se termine à la porte de la croix, a deux milles de longueur.

L'Eglise de tous les Saints est à la tête de ce quartier appellé le Bourg. Elle est desservie par la nombreuse compagnie des Freres Mineurs de l'observance de saint François ; la façade de cette Eglise est de pierres de taille, mises en œuvre sur les desseins de l'Architecte Nigetti. Il y a sur la porte un bas-relief de terre cuite de Luc de la Robia. Tous les tableaux des Autels,

L'Eglise de tous les Sts. des Cordeliers.

qui sont en grand nombre, sont de bo[ns]
maîtres. Ceux que l'on estime davan[-]
tage, sont l'Ascension de Notre-Se[i-]
gneur de Buretri. La Vierge tenant l[e]
PETIT-JESUS de Santi-di-Tito, & deu[x]
autres de Rosselli, qui sont sainte El[i-]
sabeth Reine d'Hongrie, & le marty[-]
re de saint André. On conserve dan[s]
cette Eglise plusieurs Reliques insignes[,]
entre les autres le manteau de sain[t]
François, qui est en grande venera[-]
tion. De là en suivant la ruë du cours[,]
on arrive au

Palais de Ricasoli. Palais de Ricasoli ; il est du dessei[n]
de Michelozzo. Ses façades ont ét[é]
peintes à fresque par François Pagni[.]
Elles sont estimées generalement d[e]
tous les connoisseurs. On voit en[-]
suite

Palais de Rucelai. Les deux Palais de Rucelai. Ils on[t]
été bâtis sur les desseins de Jean-Bapti[-]
ste Alberti.

Le Palais du Marquis Corsini est dan[s]
la place appellée Parione, voisin de[s]
deux Palais ci-dessus. Il est grand &
Palais Cor- magnifique d'architecture Toscane. Il
sini. a été recemment beaucoup augment[é]
d'appartemens doubles, d'escaliers, de
galleries, & autres pieces qui en ren[-]
dent les logemens plus spacieux, &
plus commodes. De maniere qu'il e[st]

aujourd'hui un des plus beaux, & des plus magnifiques édifices de toute la Ville. La grande falle eft longue de quarante braffes, & large de vingt-cinq. Elle eft ornée de colonnes, de ftatuës antiques, & de buftes de marbre des plus habiles Sculpteurs anciens & modernes. La voûte a été peinte par Antoine-Dominique Gabiani, qui a conduit cet excellent ouvrage d'une maniere qu'on ne peut fouhaiter rien de plus riche, de plus parfait, de mieux entendu.

L'efcalier qui conduit à cette falle, eft du deffein d'Antoine Ferri. Il commence par deux branches qui fe réüniffent en un pallier au premier étage. Cet étage eft partagé en huit appartemens ; chacun defquels eft compofé d'une falle, d'une antichambre, d'une chambre, d'un cabinet, & d'une garderobe, avec des efcaliers derobés pour le dégagement de toutes ces pieces. Elles font peintes à frefque par les plus habiles Peintres. La Chapelle a été peinte entierement par Gherardini, & le tableau de l'Autel eft de Carlo Maratta. L'étage du rez de chauffée eft orné de bonnes peintures à frefque.

Revenant dans la ruë du cours, &

laissant à main gauche l'Eglise de Saint Paulin, qui est aux Carmes Dechaussés qui a été modernée de nos jours, & ornée autant qu'elle l'a pû être, & celle de Saint Pancrace martyr, dans laquelle il y a un sepulchre de marbre, bâti sur les mesures de celui de N. S. à Jerusalem; on trouve au coin de Tornaquinci.

Palais de Strozzi.

Le Palais des Strozzi. Ce fut le Seigneur Philippe Strozzi, qui le fit commencer sur les desseins de Benoît Majano, & finir par l'architecte Cronata. Celui-ci changea dans l'interieur du bâtiment, l'ordre Toscan qui étoit dans les dehors avec des bassages, & en fit un dorique, & un Corinthien au dessus. Ce Palais est entierement isolé, & environné d'une corniche magnifique. Il y a des grilles de fer aux fenêtres du rez de chaussée, qui ont été travaillées parfaitement bien, par Capara excellent ouvrier dans ce genre.

On quitte alors la ruë du cours, & l'on va du côté de la riviere d'Arne, & l'on trouve sur la Place de la Trinité,

Colonne de la Justice.

La colonne de Justice: elle est de granite, & d'ordre dorique: elle fut posée en cet endroit en 1564. par le Grand Duc

Duc Cosme premier du nom, qui y fit mettre une statuë de porphire, qui represente la Justice de Romule del-Dadda. On dit que ce fut en memoire de la prise de Sienne, & que cette colonne fut la derniere qu'on tira des bains d'Antonin. Le Pape Pie IV. en avoit fait present au Grand Duc.

Le Vaste Palais de Bartolini est vis-à-vis cette colonne; il a été fait sur les desseins de Baccio d'Agnolo.

Palais Bartolini, & Spini.

Le Palais des Spini, y est joint, il est partagé en plusieurs maisons. Il y a vis-à-vis

L'Eglise des Moines de Valle-Ombreuse, dediée à la Sainte Trinité; quoiqu'elle ait été bâtie dans un tems, que la bonne Architecture n'étoit pas encore sortie des tenebres, où les Barbares l'avoient ensevelie, elle ne laisse pas d'avoir des endroits qui la font estimer des habiles gens. On y voit encore plusieurs tableaux de prix, & particulierement dans la Chapelle des Strozzi, où il y a une Annonciation d'une grande beauté, peinte par l'Emboli : la voûte a été peinte à fresque par Bernardin Porcetti, & les deux statuës de marbre sont de Caccisini : le Chœur des Religieux a été peint par

La Trinité Eglise de Valombreuse.

Tome VII.　　　　　　N

Alexis Baldoninetti. On y voit les portraits des Hommes Illustres, qui vivoient dans ce tems-là. Il y a des peintures du Grillandajo dans la Chapelle des Seigneurs Saffetti, & l'excellent Christ mort est du Paffignagni. On conserve au tabernacle du grand Autel, le fameux Crucifix qui étoit à Saint Miniat hors la Ville. Nous en parlerons en son lieu: le Sanctuaire qui renferme le grand Autel, est un ouvrage excellent de Bontalenti, qui a aussi donné le dessein de la façade, qui est de pierre de taille bien travaillée.

La Chapelle des Seigneurs Ufimbardi, est une des plus belles. Elle est incrustée de marbre, avec deux Sepulchres de diaspre noir, qui portent deux bustes de marbre blanc, qui y representent deux Prélats de cette famille, ils sont de Felix Palma, qui a fait le Crucifix de bronze, qui est sur l'Autel dans une niche de diaspre noir: les deux tableaux de la même Chapelle sont de Cristophe Allori, & de l'Emboli, & les lunettes de la voûte, ont été peintes par le Saint Jean. En sortant de cette Eglise, & sans entrer sur le pont de la Trinité en allant vers le vieux pont, on trouve un peu hors du chemin

L'Eglise des Saints Apôtres: c'est une des plus anciennes de la Ville; puisqu'elle a été consacrée par l'Archevêque Turpin, en présence de l'Empereur Charles-Magne en huit cens. Elle n'est pas fort grande, & quoique d'une architecture gothique, Michel-Ange ne laissoit pas de l'estimer. Il y a un tableau de la Conception de la Sainte Vierge de la main de Vasari, & deux sepulchres que l'on estime, sur tout celui qui est auprès de la Sacristie, qui est un ouvrage de Benoît de Rouezzano, aussi-bien que les ornemens de terre cuitte de Luc de la Robbia, qui sont dans la Chapelle du Saint Sacrement.

Le Palais des Officiers, c'est-à-dire, où s'assemblent differens Magistrats de la Ville, est sur les bords de l'Arne: le Grand Duc Cosme I. le fit bâtir sur les desseins de Georges Vasati d'Aretino peintre, & architecte; la façade en est grande, & noble; elle est d'ordre doque: le Prince avoit résolu de mettre dans les niches qui la decorent, les statuës des plus illustres citoyens; mais sa mort prematurée a empêché l'execution de ce dessein: les appartemens sont portés par des colonnes, & par des pilastres, ils servent de résidence

Le Palais de la Justice.

N ij

à differens Magistrats qui y sont rassemblés pour la commodité du public, & des Etrangers : les appartemens de dessous servent de boutiques & d'atteliers aux ouvriers qui travaillent journellement pour la galerie & les gardes meubles du Grand Duc, au-dessus de ces appartemens est la celebre

Galerie du Grand Duc.

Gallerie des Princes, elle est partagée en deux pieces, qui ont chacune deux cens dix pas de long, sur dix de large, qui sont jointes ensemble par une troisiéme piece sur la façade du bâtiment qui a soixante-dix pas de longueur ; les fenêtres du côté de la ruë, sont garnies de cristaux, & separées les unes des autres, par des colonnes, & des pilastres magnifiques ; les voûtes de ces trois galleries sont partagées en autant d'arçeaux qu'il y a de fenêtres qui sont peintes à fresque, par les plus habiles maîtres ; ceux de la droite sont remplies de grotesques de differentes façons. Les symboles des Arts, & des Sciences occupent la gauche avec les portraits des citoyens de la Ville, qui ont excellé dans les uns, ou dans les autres. Ces peintures servent aux Etrangers curieux, pour leur enseigner dans un moment, qui sont ceux qui se sont rendus recommandables dans la Philosophie, les Mathematiques, la Poësie, l'Eloquence, les Loix, la Medecine, les Arts liberaux & mécaniques; qui sont ceux qui se sont signalés dans les Negociations, le Gouvernement, les Armes, la Marine, &c. Les murailles des trois galleries sont encore ornées des portraits des Princes de la Serenissime Maison de Medicis, tirés au naturel par les plus excellens peintres de leur tems, au-dessous desquels on a mis sur des scabellons, ou bases dorés, & d'une sculpture delicate, des bustes, & des têtes de marbre antiques alternativement avec des statuës entieres dans un arrangement merveilleux. On compte dans cet endroit cent deux bustes & soixante-douze statuës, toutes d'un prix, & d'une beauté extraordinaire.

Ce qu'il y a de plus remarquable, est une suite des Empereurs Romains, commençans à Jules-Cesar, jusqu'à Pupieno, comprenant dans ce nombre Agrippa, Antinoüs, & Albinus; & entre les statuës, on admire avec justice le Bachus de Michel-Ange, qui égalle ce qu'il y a de plus parfait dans l'antiquité. On voit un grand nombre de bustes d'Imperatrices; les têtes de Ciceron, de Seneque, & d'Alexandre le

Grand. Deux ſtatuës antiques de bronze, dont l'une repreſente une Idole à la maniere des Grecs, & l'autre un Dictateur, ou Conſul qui parle au peuple. On voit par des caracteres Etruſques qui ſont ſur les bords des vêtemens, qu'elles ont été faites par les anciens Toſcans. Après qu'on a conſideré à loiſir, ce qui eſt expoſé à la vûë de tout le monde, on paſſe dans des chambres, où l'on n'entre que par une permiſſion expreſſe à cauſe des choſes rares & precieuſes que l'on y conſerve.

On voit dans la premiere, une quantité de petits tableaux de plus excellens peintres, des Idoles, des lampes de bronze antiques, des productions extraordinaires de la nature, des pierres gravées, une colonne d'albâtre Oriental, haute de quatre braſſes toute d'une piece, travaillée par merveille, la plus grande qui ſoit au monde. Un candelabre, ou luſtre d'ambre, dans lequel entre autres ornemens, on voit grand nombre de petites niches, avec de petites figures ſi delicates, & ſi bien proportionnées, que cela eſt inconcevable.

La chambre qui ſuit, eſt remplie de tableaux des premiers peintres Italiens,

& Flamands, avec un cabinet & une table de pierres precieuses.

La troisiéme renferme un très-grand nombre d'instrumens de Mathematiques de toutes façons, avec deux globes, l'un celeste, & l'autre terrestre, d'une grandeur demesurée. Il y a dans la même chambre une pierre d'ayman Oriental, qui leve quarante livres de fer, outre plusieurs clefs qui s'attachent les unes aux autres comme une chaîne. On y voit encore un miroir ardent le plus grand, & le plus actif qu'on ait vû jusqu'à present.

La quatriéme contient encore une quantité de tableaux d'un prix, & d'une beauté qui n'est pas inferieure aux autres, dont il y en a plusieurs qui sont de l'écolle de Florence, des centaines de vases d'yvoire travaillés au tour d'une delicatesse admirable. Des cabinets precieux par leur matiere, & par la beauté de leur travail. Le tout est en si grand nombre, qu'on a peine à s'imaginer comment ces Princes ont pû ramasser une si prodigieuse quantité de choses également rares, & precieuses. C'est dans la même chambre, qu'est la statuë du Cardinal Leopold de Medicis, ouvrage excellent de Jean-Baptiste Foggini, qu'on a mise en cet endroit ; parce qu'on doit à ce Prince, la plus grande partie des tableaux qui sont dans ces riches chambres.

La septiéme est appellée la tribune; quoiqu'il semble que la nature, & l'art se soient épuisés dans ce qu'on a admiré dans les autres chambres, il faut convenir, que ce qu'on voit dans celle-ci est au-dessus de tout ce qu'on peut dire ; les premieres choses qui se presentent à la vûë, sont six statuës de marbres les plus belles, les plus parfaites, les plus finies qu'il y ait au monde. Elles servent continuellement de modeles aux plus habiles maîtres. Celle qui tient le premier rang, est la Venus surnommée de Medicis, qui a été dans les siécles passés la merveille de Rome, & qui est à present le prodige de Florence, dont on peut dire que si la Venus de Praxitele, posée dans un Temple mediocre attiroit des gens de toutesparts pour lui rendre des honneurs divins, celle qui est à present à Florence merite avec justice, que tous les hommes qui sont dans les quatre parties du monde, viennent admirer la force, & la délicatesse du cizeau, qui a produit ce miracle de l'art. Cette belle Venus est accompagnée de deux autres d'une beauté superieure, qui feroient l'admiration de tout le monde, si celle dont nous venons de parler n'y étoit point. Les trois autres statuës excellentes qui accompagnent celles-ci sont le grouppe des luitteurs, l'émouleur, & le faune; après quoi on admire une table composée de pierres precieuses mises en œuvre dans un si bel ordre, & avec un si heureux travail, qu'on est difficile de distinguer si l'art l'emporte sur la richesse des matieres qu'on a employées. On voit ensuite un petit cabinet composé de pierres fines, & d'un prix infini, mises en œuvre de relief, de maniere que leur volume paroît, sans rien ôter de la beauté de leur arrangement. Ce cabinet est porté sur quatorze colonnes de lapis lazuli, dont les bases, & les chapitaux sont d'or massif enrichis de diamans & de turquoises. Il y a entre les colonnes des bas reliefs d'or d'une délicatesse infinie: le couronnement de ce riche cabinet, est d'or orné de fleurs, & de compartimens composés des plus beaux diamans environnés de topases, d'émeraudes, de saphirs, de crisolites, de rubis, & autres pierres precieuses, au-dessus desquels est une perle entierement parfaite d'une grosseur demesurée.

Ce riche cabinet renferme encore

des choses plus precieuses. On voit dans les tiroirs, près de 300. joyaux d'une richesse infinie par leur matiere, & par leur excellent travail, des camayeux, & des gravures antiques sur des pierres precieuses avec des ornemens d'or ; mais comme ces choses sont d'un prix infini, & fort faciles à être détournées, on ne les montre à personne, sans un ordre exprès du Grand Duc.

Il y a dans la même chambre une tablette couverte de petites figures de marbre, de bronze, de porphire toutes antiques, & des plus excellens ouvriers, des bustes, & des têtes de cristal de roche, de calcedoines, & d'agathes, & entre autres la tête de l'Empereur Tibere, taillée dans une turquoise de la vieille roche.

Les murailles de cette chambre, sont couvertes des tableaux les plus rares, & les meilleurs, des plus excellens peintres, comme du Raphaël, du Titien, d'André Del-Sarto, de Paul Veronese, de Michel Ange, des Carraches, de Vandiek, de Rubens, du fameux Olbens, du Tintoret, & de l'Holandois Gherardini.

Les tiroirs qui renferment les Medailles, sont enrichis d'un travail admirable de grenats. On ne peut rien ajoûter à la richesse, & au choix de la suite des medailles anciennes & modernes qu'on y voit.

Il y a des armoires qui ne s'ouvrent pas pour tout le monde, qui renferment des vases de cristal de roche d'une grandeur demesurée, & d'un poli admirable. Des urnes de lapis lazuli, d'agathes, & de diaspre enrichies d'or, & de pierres precieuses.

On sort enfin de cette riche chambre extasiés des merveilles, qu'on y a vûës, & l'on entre dans la huitiéme, que l'on appelle l'Arsenal secret, où l'on voit des armes, & des armures d'une infinité de façons differentes de tous les tems, & de toutes les nations du monde, entretenues, conservées, & disposées d'une maniere singuliere.

On voit dans une autre chambre, le riche tabernacle destiné pour la Chapelle de Saint Laurent, lorsqu'elle sera achevée. Il est de pierres precieuses, & de joyaux d'un prix incroyable, & d'un travail exquis, qu'il est plus aisé d'admirer que de décrire. Le devant de l'Autel est du même dessein, & d'une richesse égale, on le voit dans la même chambre. Voilà en gros ce que renferme ces huit chambres.

Mais comme les tresors du Grand Duc, sont pour ainsi dire infinis, & qu'ils augmentent tous les jours, on prepare d'autres chambres pour mettre les statuës de bronze, les Idoles, les instrumens des Sacrifices, & autres choses precieuses par leur matiere, leur antiquité, leur rareté, qui n'ont pû trouver place dans les huit chambres, dont nous venons de parler.

On conserve encore dans une chambre fort ornée de tableaux cent vingt volumes, comme des portes feüilles d'une grandeur extraordinaire, qui renferment un recüeil precieux des plus fameux peintres, de leurs desseins, de leurs caprices. On est encore redevable de ces recüeils, au Serenissime Cardinal Leopold de Medicis grand amateur de la peinture, & curieux du premier ordre.

Fonderie du Grand Duc,

Les laboratoires du Grand Duc, sont auprès de ses galleries. On leur a donné le nom de fonderie. C'est-là que les plus habiles artistes du monde sont continuellement occupés aux operations de chimie, & aux compositions de ces baulmes precieux, huiles, essence, & medicamens si renommés, qui se distribuent de tous côtés, & dont le Prince fait des presens à ceux qu'il veut honorer.

D'Espagne et d'Italie.

Tous ces laboratoires differens se communiquent les uns aux autres, par un corridor voûté de six cens pas de longueur, sur huit à dix de largeur. Il a été fait aussi-bien que le laboratoire, sur les desseins de Georges Vasari, & de Bontalenti. Les murailles sont ornées de tableaux, qui representent les plus belles actions de l'Empereur Charles V. d'Henry IV. Roi de France, de Philippes II. Roi d'Espagne, & de Ferdinand II. Grand Duc de Toscane.

On trouve en sortant de la fonderie la Place du Grand Duc, auprès de laquelle est le beau Palais, qui appartenoit autrefois à la très-noble famille des Castellani, & qui est aujourd'hui la residence des Auditeurs de la Rotta, c'est-à-dire du Parlement, ou de la Cour de Justice Superieure de Florence. Et comme il y a bien des choses remarquables dans cette Place, nous le ferons en détail pour éviter la confusion. *Palais de la Rotte.*

La premiere chose qui se presente, est le vieux Palais, il est du dessein d'Arnophe ce fameux Architecte, qui a fait tant d'édifices dans la Ville, & entre les autres, l'Église Cathedrale. Ce qui se presente d'abord, & qui re- *Vieux Palais.*

leve merveilleusement l'auguste façade de ce Palais, est la belle tour, ou campanille qui l'accompagne. Elle est haute de cent cinquante brasses, & soûtenuë par quatre colonnes d'une grosseur extraordinaire, & d'un très-beau travail.

On voit en entrant dans la cour la grande statuë de marbre de Bandinelli, qui représente Hercule, qui met à mort le tiran Cacus. Ces deux figures sont beaucoup plus grandes que nature, si belles & si parfaites, qu'elles sont l'admiration des plus habiles maîtres.

Statuës d'Hercules & de Cacus.

Cependant il y a vis-à-vis de ces figures un David qui terrasse Goliath, qu'on estime encore davantage. C'est un ouvrage de Michel-Ange, qui n'a pas son pareil, & qui n'a pas de prix. Il me semble qu'il est inutile de faire une plus ample description de ces deux figures. Il vaut bien mieux les voir, que d'en entendre parler. On voit auprès de ces deux figures, deux termes de marbre dont l'un est de Bandinelli, & l'autre de son éleve Vincent Rossi, qui sont d'une grande beauté; & enfin on admire au milieu de la terrasse, une fontaine de porphire, dans laquelle il y a un enfant de bronze qui jouë, qui est un ouvrage d'André Verrochio.

Cette terrasse est portée sur de grosses colonnes de pierres de tailles, enrichies de feüillages, & de grotesques, d'un travail très-recherché. On y voit encore une autre figure d'Hercules qui tuë Cacus, de Vincent Rossi de Fiesoli, qui ne cede guere en beauté, & en precision de dessein à celle de Bandinelli.

Le salon du premier appartement, est d'une grande magnificence, il est très-grand, ses murailles, & son platfond, ont été peints par le Vasari, d'une maniere noble, & élevée : on y voit dans trente-neuf tableaux, ornés de bordures fines & bien dorées, les actions memorables des Princes de la Maison de Medicis, & des citoyens illustres de Florence ; on y a peint à fresque la guerre, & la prise de Sienne, la bataille de Marciano, le Siege de Pise, & autres choses. Les angles du salon sont occupés par quatre grands tableaux, deux desquels sont du Ligozzi, le troisiéme du Cigoli, & le dernier du Passignagno. Un de ceux de Ligozzi represente le couronnement de Cosme I. par le Pape Pie V. lorsqu'il lui mit sur la tête la Couronne, & le Manteau Royal, & dans l'autre sont depeints douze Florentins, qui se trouverent tous à la fois Ambassadeurs de divers Potentats, auprès du Pape Boniface VIII. ce qui lui fit dire, que les Florentins étoient le cinquiéme élement du monde; qu'on les trouvoit repandus par tout. On voit dans celui du Cigoli, de quelle maniere le Prince Cosme, n'étant encore âgé que de 18. ans, fut élu Duc de Florence, & reconnu par les Senateurs pour Prince, & pour Souverain: on voit enfin dans celui du Passignagno, la ceremonie dans laquelle le même Prince prit l'habit de Chevalier de S. Etienne Pape, & Martyr, dont il fut fondateur, & le premier Grand Maître. Mais que dira-t'on de ces trois statues plus grandes que le naturel qui ornent d'une maniere si noble ce grand salon. Elles sont du côté opposé à la Place. Celle du milieu est de Leon X. Souverain Pontife, celle de Jean de Medicis pere de Cosme est à sa droite, & celle du Duc Alexandre est à sa gauche. Il y en a trois autres vis-à-vis de celles-ci. Clement VII. est au milieu, il y a à sa droite le Grand Duc Cosme I. Elles sont toutes deux de marbre, de la main de Bandinelli, & à la gauche on admire la belle statuë de la Victoire, qui tient un prisonnier sous ses pieds: elle est de Michel-Ange, qui l'avoit commencé pour orner le tombeau de Jules II. & qui ne l'ayant pas encore fini, lorsqu'il fut obligé d'aller à Rome, la laissa à Florence, où il l'acheva depuis.

Ces six figures sont accompagnées de six autres de Vincent Rossi, qui representent les travaux d'Hercules: on voit dans la premiere, ce Heros, qui étouffe Anthée; dans la seconde, quand il tuë le Centaure, lorsqu'il jette Diomede à des chevaux pour l'en faire devorer; quand il porte le sanglier vivant sur ses épaules: lorsqu'il aide Atlas à soûtenir le Ciel. Enfin sa victoire sur la Reine des Amazones. Ces figures sont fort belles, & on ne peut rien ajoûter à la Noblesse de leurs attitudes.

On passe de ce salon dans une enfilade de chambres, qui sont peintes à fresque par le Vasari, sur les desseins duquel ce Palais a été bâti, & orné en partie.

La salle appellée de l'horloge, est au-dessus de cet appartement, dans laquelle on voit un David de la main du Donatello, & un Saint Jean-Baptiste de Benoist de Majano, qui sont tous deux très-estimés des connoisseurs.

Salle de l'horloge.

On entre ensuite dans le garde meuble du Grand Duc, qui renferme une quantité prodigieuse de meubles precieux par leur richesse, & par leur travail. Il faudroit des volumes entiers pour en faire l'inventaire; on se contentera de dire, qu'on conserve dans ce même lieu, l'original des Pandectes de l'Empereur Justinien, qu'on appelle à present les Pandectes Florentines. On les estime plus qu'un tresor, à cause de l'ancienneté de ce manuscrit celebre qui est unique.

Pandectes Justiniennes ou Florentines.

La vieille salle de l'Audiance est ensuite. Elle a été peinte à fresque par Salviati, qui y a representé l'Histoire de Furius Camillus.

La Chapelle qui en est proche, a été peinte toute entiere par le Grillandajo. On y conserve plusieurs Reliques considerables.

Voilà à peu près ce qu'on peut voir dans le vieux Palais. Il faut après cela retourner à la Place, pour considerer

La Loge vulgairement appellée la Loge de Lanzi, bâtie sur les desseins d'André Orcagna peintre, sculpteur, & architecte Florentin, un des plus habiles de son tems. On voit sous les arcades de cette loge, trois statuës d'une grande beauté : la premiere est une Judith de bronze de Donatello. Elle à ses pieds Holophernes enseveli dans le vin, qu'elle est prête d'égorger. La seconde est de Benevenuto: elle est aussi de bronze, & représente Persée qui tient de la main droite une épée nuë, & de l'autre la tête de Meduse, dont le sang découle encore, & dont le tronc est à ses pieds. Cette piece a fait un honneur infini au Benevenuto, il faut cependant qu'elle le cede aussi bien que la premiere au groupe de marbre, qui représente le rapt d'une Sabine du fameux Jean Bologne: on voit un vieillard qu'on suppose pere de la fille enlevée, que le ravisseur a jetté par terre, qu'il tâche encore d'arrêter par de vains efforts, & par un visage menaçant, où la colere, l'indignation, & la douleur semblent être peintes, pendant que le Romain jeune & vigoureux, la joïe sur le visage, emporte sa proye avec une force & une vîtesse étonnante. On a orné les pieds d'estaux de ces figures de bas reliefs, qui expriment d'une maniere sensible le détail de ces histoires.

Le milieu de la Place est occupé par une fontaine, que le Grand Duc Cosme I. a fait faire sur les desseins de Lammanati, & que Philippe Baldinucci nous a décrit éloquemment dans ses decennales. Voici ſes paroles.

Fontaine du Grand Duc Coſme I.

Au milieu d'un vaſe d'une grandeur prodigieuſe rempli d'une eau très-pure, s'éleve un coloſſe de bronze qui repreſente Neptune. Il eſt haut de dix braſſes porté ſur une conque marine, tirée par quatre chevaux marins, dont deux ſont de marbre, & les deux autres de bronze. Il a entre les jambes trois figures de Tritons; la conque qui lui ſert de char eſt à huit faces, quatre grandes, & quatre petites, elles ſont ornées de bas reliefs de bronze, qui repreſentent des jeux d'enfans, des cornes d'abondance, des plantes marines, des cartouches, & autres ſemblables choſes. Les grandes faces, portent des pieds d'eſtaux de marbre, ſur leſquels il y a des ſtatuës de bronze plus grandes que le naturel, qui repreſentent des Dieux marins, & des Satyres, toutes ces figures jettent une quantité prodigieuſe d'eau.

Il y a aſſez près de cette ſuperbe fontaine, une grande baze de marbre, ſur laquelle le Grand Duc Ferdinand I. a fait poſer en 1594. une ſtatuë de bronze, de la main de Jean de Bologne, à la memoire de ſon pere, qui repreſente ce Prince au naturel. C'eſt une ſtatuë équeſtre d'une excellente beauté.

Trois des faces de la base, sont ornées de bas reliefs de bronze, dans l'un desquels est representé le couronnement du même Grand Duc Cosme I. avec ces mots, qui étoient au dedans de sa couronne. *Ob zelum religionis precipuumque ejus justitia studium.* L'on voit son entrée triomphante dans Sienne, après qu'elle eût été soumise à son obéïssance; dans le second, & dans le troisiéme, la ceremonie qui se fit lorsqu'étant encore tout jeune, il fut déclaré, & reconnu Grand Duc par le Senat, & le peuple de Florence. La quatriéme face, contient l'inscription suivante.

Cosmo Medici magno Etruriæ Duci primo pio felici,
Invicto, Justo, Clementi Sacræ militia pacisque,
In Etruria authori, patri, & principi optimo,
Ferdinandus F. Magnus Dux III. Erexit,
Anno Domini MDLXXXXIII.

De cette Place, on passe à une Eglise qui en est proche, appellée
Don San Michiele, parce qu'elle a été bâtie à l'endroit, où étoit autrefois

le grenier public, appellé en latin *Horreum Sancti Michaelis*. Ce grand édifice est entierement isolé, & d'une très-belle architecture : le dehors est orné de quatorze niches fort belles, remplies de differentes statuës de bronze, & de marbre des meilleurs sculpteurs de leur tems : Entre les autres, on en en voit trois de bronze de Laurent Gilbert. Cet habile sculpteur, qui a fait les portes de l'Eglise de Saint Jean ; Elles representent Saint Mathieu Apôtre, Saint Etienne, & Saint Jean Baptiste. Baccio de Monte-Lupo, a fait la belle statuë de bronze de Saint Jean l'Evangeliste. Et Donatello en a fait trois de marbre d'une excellente beauté, qui sont Saint Pierre Apôtre, S. Marc Evangeliste, & Saint George. Les connoisseurs pretendent, que cette derniere statuë l'emporte infiniment sur les deux autres : de maniere qu'il n'est pas surprenant que les Republiques de Genes, & de Venise, & plusieurs grands Princes, ayent offert de très-grosses sommes d'argent pour l'avoir.

Les éleves de Donatello, Nanni, & Jean-Antoine, en ont fait trois, sçavoir un grouppe des quatre Couronnés, Saint Philippes Apôtre, & Saint Eloy

Eglise de S. Michel.

Évêque, qu'on appelle communément Saint Lo ; la statuë de Saint Thomas Apôtre, qui met son doigt dans le côté de Notre-Seigneur, est d'André Verrochio ; à côté de cette statuë, est celle de Saint Luc Evangeliste, elle est de bronze de la main de Jean Bologne.

On voit dans l'Eglise un tabernacle magnifique, de marbres de differentes especes, enrichis de bas reliefs de bronze doré du dessein, & de la main d'André Orcagna. On conserve dans ce tabernacle, une image de la Sainte Vierge, peinte par Ugolin de Sienne peintre fameux, & fort ancien, pour laquelle on a une singuliere veneration depuis l'horrible peste, qui ravagea l'Italie en 1388. Les peuples affligés eurent recours à Dieu par l'intercession de la Sainte Vierge, & offrirent de riches presens, qui monterent à plus de trois cens mille florins d'or, dont la meilleure partie fut employée à secourir les pauvres, & le reste à orner cette Eglise.

Il y a sur le grand Autel trois excellentes figures de marbre de Sangallo, qui sont l'Enfant Jesus, la Ste Vierge, & Sainte Anne. On voit dans differens endroits de cette Eglise, de très-belles peintures anciennes, & modernes du Gaddi, & autres. Jacques de Casentino, a peint la voûte avec un grand succés.

On conserve encore avec respect dans la même Eglise, un crucifix de bois, devant lequel le grand Archevêque de Florence Saint Antonin, avoit accoûtumé de faire Oraison étant jeune, assurant qu'il avoit plus appris dans cet endroit que de tous les maîtres.

Le Grand Duc Cosme a établi les archives generales de toute la Ville, dans des chambres qui sont au-dessus de l'Eglise. On y conserve avec une fidelité inviolable, & un soin tout particulier un nombre prodigieux de titres, de Contrats, & autres écritures de consequence.

On entre de-là dans la ruë appellée Calimara fameuse par le grand nombre de Negocians qui y sont établis & par le grand trafic qui s'y fait.

On trouve le vieux marché appellé le jardin de Florence, à cause de l'abondance des fruits, des legumes, des fleurs, & autres necessités de la vie, dont il est toûjours abondamment pourvû. On y voit une figure de la richesse fe pofée fur une colonne de granite; elle eſt de la main de Donatello. Il y a un peu plus loin une halle, ou loge que le Grand Duc Cofme I. a fait faire pour vendre le poiſſon. C'eſt aux environs de ce lieu qu'eſt le quartier des Juifs appellé *Il Ghetto* : on paſſe delà par la ruë du Cours pour voir

Vieux marché.

L'Egliſe de Saint Michel de Berteldi, à préſent des Antinori, où ſont les Peres Théatins : elle eſt preſque toute environnée de Palais de conſequence, comme ſont ceux de Tornabuoni, de Geocomini, de Paſquali, & autres. Ce fut le Sereniſſime Cardinal Charles de Medicis, Doyen du Sacré Collège, qui fit rebâtir cette Egliſe depuis les fondemens, ſur les deſſeins de Mathieu Nigetti Architecte eſtimé. Quoiqu'elle ne ſoit pas des plus grandes, elle peut tenir place entre les plus belles & plus ornées de toute la Ville. Sa façade eſt de pierre de taille d'une architecture legere, & galante, travaillée délicatement, & avec beaucoup d'entente, les deux niches qui y ſont, contiennent deux ſtatuës de marbre, qui ſont très-belles, avec tout cela, la diſpoſition, & les ornemens du dedans ſont tout autres : l'ordre Corinthien regne par tout : il eſt executé en pierres de

Egliſe de Saint Michel.

Tome VII.   O

taille choisies, & taillées avec beaucoup de precision, & de propreté. Toutes les Chapelles sont incrustées de marbre, ornées de peintures à fresque, & de tableaux de prix. On voit dans la premiere à main droite en entrant, le Martyre de l'Apôtre Saint André qui est de Rugieri. L'Archange Saint Michel peint par Vignali est dans la seconde. Mathieu Rosselini, a peint dans la troisiéme Saint Gaetan, & le Bien-heureux Avellino son compagnon, Fondateurs des Théatins. L'Adoration des Rois d'Octavio Vannini, est à la Chapelle de la croisée, & celle qui suit est ornée d'un tableau de N. S. de la main de Rosselli.

Le grand Autel est orné d'un tabernacle d'argent, fait par Benoît Petrucci, devant lequel il y a un Christ de bronze que l'on estime beaucoup : il est de la main de François Sasini. La voûte du dôme a été peinte par un Religieux de la maison.

La Chapelle à gauche du grand Autel, est ornée d'un tableau de prix, & des épitaphes de la Maison de Bonzi, qui étant passée de Florence en France, s'est renduë recommandable par les honneurs qu'elle y a reçûës, & les charges qu'elle y a exercée. Elle a donnée six Prélats à l'Eglise de Besiers, elle a

D'ESPAGNE ET D'ITALIE.

egë deux Cardinaux, un desquels après avoir été Archevêque de Toulouse, le fut de Narbonne, & Commandeur des ordres du Roi de France. La Chapelle suivante, est dediée à l'Assomption de la Sainte Vierge: elle a été peinte par Mario Balasi. On voit dans celle qui la suit un très-beau tableau de Pierre de Cortonne, celebre peintre de notre tems, qui represente le Martyre de S. Laurent.

Cette Eglise est encore ornée de quatorze statuës de marbre, & d'autant de bas reliefs qui sont aux pieds des statuës, & qui y ont raport: elles representent les douze Apôtres.

La Bibliotheque de ce Couvent est digne de l'attention des curieux, elle est nombreuse, & composée de livres choisis. On peut dire qu'elle est une des meilleures qui soit aujourd'hui à Florence. En allant au quartier des Carnesechi, on voit la statuë appellée

Le Centaure, c'est un ouvrage de marbre de Jean Bologne, qui represente Hercules quand il tuë le Centaure Nessus. Elle est très-belle, extrêmement louée de tous les connoisseurs, toute d'une piece, & dans une attitude merveilleuse. On passe delà à

Statuë du Centaure ou d'Hercules.

O ij

Sainte Marie-Majeure Eglife, & Couvent des Peres Carmes de la Congregation de Mantoüe, où il y a plusieurs peintures considerables. Le tableau de Saint Albert Carme, qui delivre d'un n'aufrage évident des personnes qui implorent son secours, est du Cigoli. Celui qui represente la Magdelaine penitente, preste à recevoir la communion, est de Pugliani. La Chapelle des Carnesechi a été peinte par Porcetti, & les deux statuës sont de Caccini. On voit dans celle des Orlandini un tableau de Bolinetti, & quelques peintures à fresque du Volterano. Il y a encore un autre tableau de S. François de Rosseli.

Sainte Marie Majeure

Le Palais des Gondy est auprès de de cette Eglise, il appartient aujourd'hui aux Orlandini Corsini, qui l'ont fait reparer, & augmenter considerablement. Les dedans sont distribués d'une maniere judicieuse & commode, meublés richement, de maniere qu'il peut aller de pair avec les plus magnifiques de la Ville. Le plafond, & les murailles de la salle ont été peints par Pietro Dandini, le Gherardini, & Gabbiani. Les chambres sont ornées de stucs dorés, de tableaux de prix & de riches tapisseries.

Il est certain que la Ville de Florence, étoit assez petite dans les commencemens de sa fondation, desorte que selon les Auteurs qui en ont parlé, elle ne consistoit qu'en quelques ruës aux environs du vieux marché ; mais le nombre de ses habitans s'étant augmenté, il fallut aussi augmenter l'enceinte de ses murailles ; & comme cela est arrivé plusieurs fois, on a été contraint à la fin de passer la riviere d'Arne, & de bâtir de l'autre côté, & puis renfermer dans l'enceinte de ses murailles, les fauxbourgs & les terres qui en dependoient, afin de faire de nouvelles ruës, & de nouveaux quartiers. On fit aussi dans le même tems quatre ponts sur la riviere, pour la commodité, & la communication des quartiers : ces ponts ayant été emportés par la furieuse innondation qui arriva en 1333. ils furent retablis par l'industrie, & sur les desseins de Thadée Gadoli architecte fameux, & depuis reparés, & embellis comme on le dira dans la suite... Nous commencerons donc au vieux pont auprès duquel est le

Marché neuf bâti par le Grand Duc Cosme I. vers la fin de l'année 1548. sur les desseins de l'architecte Bernard Tasse. Le dessein principal qu'eut le

O iij

Grand Duc dans cet édifice, fut de donner un lieu commode aux negocians, afin qu'ils puſſent s'y aſſembler, & traiter de leurs affaires.

C'eſt donc là environ à midy que s'aſſemblent la Nobleſſe, & les Marchands Florentins, comme on a accoûtumé de faire dans les autres Villes d'Italie. Il y a une loge grande & magnifique, auprès des degrés de laquelle il y a un ſanglier de bronze qui jette de l'eau en abondance : cette belle-piece eſt de Pierre Tacca, qui l'a fait ſur le modele de celui de marbre qui eſt dans la gallerie. On trouve enſuite pluſieurs boutiques, où l'on fabrique des étoffes de ſoïe. Cet art eſt depuis bien des ſiécles en vigueur à Florence, qui eſt en droit d'en fournir toutes les Villes de l'Europe, & même une grande partie de l'Aſie. Il y a auprès de cet endroit

Le Marché neuf.

L'Egliſe de Saint Etienne, deſſervie par les Reverends Peres Auguſtins de la Congregation de Lecerto. Cette Egliſe eſt ancienne, la famille des Seigneurs Bartolomei l'a fait retablir, & embellir depuis peu, & l'a ornée de bonnes peintures. A peu de diſtance de là, on paſſe

Saint Etienne.

Le vieux pont qu'on eſtime le plus

fort, & le plus solidement bâti de tous les autres. Il y a des maisons des deux côtés dans toute la longueur, qui sont des boutiques d'Orfévres; il y avoit dans le tems du Paganisme un Temple, & une Idole de Mars au bout de ce pont: On a purifié le Temple, & on en a fait une Eglise dediée au vrai Dieu, sous l'invocation de Saint Jean, & au lieu du Simulacre de Mars, on a mis une statuë de marbre blanc, de maniere Grecque, que le vulgaire s'imagine être celle d'Alexandre le Grand, quoique dans la verité, elle soit celle d'Ajax, tout couvert de sang sorti des blessures qu'il s'est faites lui-même, en se donnant la mort; au lieu qu'Alexandre est mort du poison qu'on lui avoit donné, & non pas d'une mort causée par le fer. {.sidenote} Le vieux Pont. {.sidenote} Statuë d'Ajax.

En tournant à main gauche, on trouve la ruë de Bardi, où il y a plusieurs Palais qui meritent d'être vûs, & en particulier celui des Tempi; en suivant le même chemin on verra l'Eglise de Sainte Felicité. {.sidenote} Sainte Felicité.

Et on remarquera sur la place, où elle est bâtie, une colonne de Granite, sur laquelle il y a une statuë de Saint Pierre Martyr, que l'on a placée en cet endroit en reconnoissance, & en memoire des sçavantes, & touchantes Predications, que ce grand Saint y fit autrefois, lorsqu'il combattoit les Heretiques Manichéens, d'où sont descendus les Albigeois.

On voit dans l'Eglise de Sainte Felicité, plusieurs bons tableaux. Il y en a un dans la Chapelle des Seigneurs Capponi de la main de Pontorno, & un dans celle des Canegiani qui est de Bernardin Porcetti. On estime encore beaucoup les deux qui sont auprès de la sepulture du Cardinal Rossi, qui sont du Grillandajo, & de son fils Michel. Il y a aussi un tableau de Mosaïque d'Alexandre Barbadori, qui est peint avec tant de force & de grace, qu'on le prendroit pour un ouvrage à l'huile, sans le brillant de ses couleurs. On a mis depuis peu dans la Chapelle de Guichardini, un tableau de Pignoni, excellent peintre encore vivant, qui represente Saint Loüis Roi de France, qui sert les pauvres à table. L'ordonnance de ce tableau est admirable, aussi-bien que la correction du dessein, la distribution des couleurs, & la legereté des draperies. Le Prieur annuel de cette Eglise, est le Seigneur Bernardo Benvenuto, qui a une bibliotheque nombreuse, & bien choisie, dans laquelle on trouve une infinité de monumens precieux, qui regardent l'antiquité de la Ville & ses divers évenemens. Les Sciences, & les Arts dans lesquels ce sçavant homme excelle, d'une maniere singuliére, qu'il communique avec plaisir à ceux qui y ont chez lui.

Derriere cette Eglise, on voit deux Eglises, & deux Couvens de Religieuses sur la côte de Saint George, dont l'un est sous l'invocation du Saint Esprit, qui est orné de fort belles peintures. *Le S. Esprit.*

Il y a encore un couvent d'Augustins déchaussés, que Madame Christine de Lorraine, Epouse du Grand Duc Ferdinand I. a fait bâtir à la moderne, & fort orner. Nous n'en dirons pas davantage, afin d'avoir plus de loisir de parler du *Les Augustins Dechaussés.*

Palais de Pitti, qui est un des plus majestueux édifices qui soit en Italie: il fut commencé sur les desseins de Bruneleschi par Luc Pitti Gentilhomme Florentin, dont il porte le nom jusqu'aujourd'hui; quoiqu'il ait été acheté du tems du Grand Duc Cosme I. & de son épouse Leonore de Toledé, pour servir de Palais aux Princes regnans. *Palais de Pitti.*

Il est difficile de réüssir dans la description de ce vaste Palais, & de donner un détail exact des statuës, des bas reliefs, des tableaux & des autres choses rares qui accompagnent, & qui augmentent la beauté de l'architecture de ses bâtimens, la façade tient en longueur tout un côté de la place, elle est haute à proportion, toute de pierre de taille. Le rés de chauffée est d'ordre Toscan rustique avec des bossages. Le premier est d'ordre dorique, le second est Ionique, & le troisiéme Corinthien. Chaque ordre est composé de pilastres, & de colonnes avec architrave, frise & corniche travaillées avec soin, & precision, & enrichis de tous les ornemens, dont ils sont susceptibles; telle est la façade exterieure.

Celle de dedans qui environne une cour d'entrée, grande & majestueuse, a les mêmes ornemens : on voit dans le milieu un bassin ou ovale, d'une grandeur considerable au pied d'un rocher, dont il sort une infinité de jets d'eau, qui semblent obéïr aux ordre d'un Moyse de porphire plus grand que nature qui est à côté du rocher.

Les deux façades opposées sont encore ornées de fontaines, avec de grandes figures de marbre de maniere grecque, d'un côté est Pasquin qui soutient Alexandre, & de l'autre Hercules qui défait Antée. Ces statuës sont fort estimées.

Outre ces deux fontaines, il y en a une quatriéme en façon d'un grand vivier, où l'on voit plusieurs jeux d'enfans assis sur des cignes. Tous les appartemens de ce Palais, sont réellement des appartemens Royaux : rien n'est plus beau & plus orné de peintures, de sculptures & de stucs dorés, accompagnés de tableaux des meilleurs maîtres, & particulierement du fameux Pietro Bernetini de Cortonne. On y admire un autre riche recüeil de tableaux, fait par le Sereniffime Cardinal Leopold, & dont joüit à present le Sereniffime Cardinal François-Marie de Medicis, son très-digne neveu. Il y a encore dans ce Palais une nombreuse bibliotheque de livres de choix, & de manuscrits rares, dont la garde, & le soin a toûjours été confiée à des personnes considerables par leur sçavoir, & par une parfaite connoiffance des Langues, & de l'antiquité.

Le Jardin appellé de Boboli, est contigu à ce Palais ; c'est le plus grand, le mieux entendu, & le plus delicieux qu'il y ait, non seulement dans la Ville, & dans toute la Toscane ; mais peut-être dans tout le reste de l'Italie. Il s'étend jusqu'aux murailles de la Ville ; & comme il occupe un terrein assez diversifié, où il y a des endroits unis, & d'autres en colines, on a eu occasion de joindre l'art à la nature, & de les disposer de maniere qu'ils produisent une infinité d'effets également agréables, & divertissans. Il est partagé en plusieurs bosquets embellis de jets d'eau, de statuës antiques, & modernes, & de tout ce qu'on a crû propre pour la décoration, & pour l'embellissement des lieux.

Jardin de Boboli.

On voit en face du Palais un superbe théâtre, dont les arbres toûjours verds joints aux autres decorations, font trouver un air champêtre avec la magnificence des Villes. On y représente souvent des pieces de consequence, & on y donne des Fêtes magnifiques.

Théatre.

On va du théâtre à une superbe fontaine, par une large allée couverte d'arbres : cette fontaine represente l'Ocean figuré par un bassin de granite, large de dix brasses ; au milieu duquel il y a un Neptune de marbre plus grand que nature, qui a à ses pieds trois au-

Fontaine de l'Ocean.

tres figures de marbre qui representent le Nil, le Gange, & l'Euphrate, qui versent chacun un torrent d'eau dans le bassin, d'où elle sort par des conduits secrets pour être renduë aux autres fontaines ; ce bel ouvrage est de Jean Bologne, qui s'est acquis par là & par ses autres ouvrages une gloire immortelle. On voit encore dans un vivier, un autre Neptune de bronze, porté sur plusieurs monstres marins de Stoldo Lorenzi. La Grotte voisine de ce vivier, est ornée de quatre figures de marbre de la main de Michel-Ange, qui ne sont gueres qu'ébauchées, elles étoient destinées pour le mausolée du Pape Jules II. Michel-Ange étant mort avant qu'elles fussent achevées, son neveu en fit present au Grand Duc François. La voûte de cette Grotte est peinte par Bernardin Porcetti, qui y a representé une infinité de caprices d'une maniere si aisée, & si agréable, qu'on ne peut se lasser de les admirer. Il y a entr'autres des ouvertures feintes si à propos, qu'il semble que la voûte est prête à s'entre-ouvrir, & à tomber en ruine. On remarque même des animaux qui s'échappent par des ouvertures, d'une maniere d'autant plus surprenante, qu'elle est plus naturelle.

Toutes les allées, les bosquets, les grottes, & les cabinets de ce superbe jardin, sont ornés d'une infinité de statuës des meilleurs maîtres, qui demandent un tems infini pour en faire le détail, & la description : on passe delà

Saint Felix de la Place. A l'Eglise de Saint Felix de la Place; devant laquelle il y a une colonne de marbre tacheté de Ferraval, qui y a été posée par ordre du Grand Duc Cosme I. en memoire de la victoire remportée à la bataille de Marciano. Cette Eglise est ornée de belles peintures.

On voit à la Chapelle des Baldinucci, qui est la premiere à main gauche Saint Pierre délivré des eaux, par N. S. qui est de Salvator Rosa, & à la Chapelle du Rosaire, Saint Pierre Martyr, & Saint Hyacinte de l'Emboli. Le tableau de Saint Felix Prêtre, Patron de l'Eglise, est un des beaux ouvrages du Saint Jean : le tableau du grand Autel, represente plusieurs Saints peints d'une excellente maniere par le Frere Jean : ce tableau est fort estimé. On voit encore dans les autres Chapelles des peintures très-belles du Grillandajo, du Vignoli, de Pierre de Cosimo, & d'autres.

En sortant de cette Eglise, en retournant sur ses pas on tourne à main gauche, & on trouve une belle place spacieuse, en face de laquelle est l'Eglise des Augustins appellée

Le Saint Esprit, elle a été bâtie sur les desseins de Brunelesco: elle est d'ordre Corinthien, qui a été conduit d'une maniere noble, grande, élevée, riche, & ornée autant qu'elle l'a dû être. La longueur de l'Eglise est de cent soixante brasses, & sa largeur de cinquante-quatre: Elle est partagée en trois Nefs séparées par des colonnes de pierres, toute d'une piece, travaillées avec soin, & accompagnées d'architrave, de frise, & de corniche conduits avec sagesse, & dans toute la precision de l'art.

Eglise du Saint Esprit des Augustins.

Les Chapelles sont ornées de bonnes peintures, leur grand nombre nous obligera d'en abreger la description; dans la premiere à main droite, il y a une Notre-Dame de marbre, avec un Christ mort sur ses genoux, copiée de celle de Michel-Ange, qui est à Saint Pierre de Rome. La Nativité qui est dans la Chapelle voisine, est de Francia-Bigio. Le Sauveur du monde qui chasse les marchands du Temple, est de Stradan. On voit du Passignani;

le Martyre de Saint Etienne, & la Visitation est de Pierre de Cosme. Sandro Boticelli a peint trois Archanges dans la Chapelle des Seigneurs Neri, Caponi, & Aurelio Loni, l'Adoration des Mages. La Chapelle des Vettori a été peinte par le Giotto, à qui la peinture doit son retablissement. Il y a dans les autres Chapelles des tableaux de Grillandajo, & de Boticelli.

La Chapelle du Saint Sacrement est incrustée de marbres de Carare, avec divers ornemens qui ont été faits sur les desseins du vieux Sansonin. Il y a un tableau d'une ordonnance merveilleuse, & d'un goût excellent, qui represente un Saint Sebastien, & la Magdelaine : c'est un des plus beaux ouvrages du Rosso.

Le Grand Autel est isolé ; il est couvert d'un baldaquin, soutenu par des colonnes de pierres très-bien travaillées, au milieu est le tabernacle de marbre de Carare, orné de statuës de marbre de la main de Caccini. C'est la noble famille des Michelozzi, qui a fait toute la dépense de cet ouvrage.

Le clocher merite d'être consideré, aussi bien que les Cloîtres, dont la fabrique a été conduite par le Baccio, on doit voir ensuite l'Eglise de

Sainte Claire dans laquelle entre autres peintures, il y a un tableau d'un Christ mort entre les Maries de Pierre de Perouse, & un de Laurent di Cerdi, qui represente la Nativité de N. S. Près cette Eglise est

Ste Claire.

Le Monastere des Converties, où l'on peut voir une autre Nativité de N. S. de Sandro Boticelli. En suivant la même ruë, on arrive à l'Eglise des Carmes appellée

Le Carmel : Elle est à peu près de même grandeur que celle de Sainte Croix, d'une structure ancienne, restaurée dans le siécle passé, & enrichie de belles peintures.

Les Carmes

On voit dans la Chapelle à main droite, un tableau de Monaldi, qui represente les funerailles de Saint Albert Religieux Carme : dans la suivante, l'Adoration des Mages de Passignano : dans la troisiéme un Christ mort en Croix, avec la Vierge pâmée de douleur, & la Magdelaine qui pleure ; l'Assomption de la Vierge, est de Jerôme Machietti ; au-dessus de la croisée est la chapelle des Seigneurs Brancacei, qui est dediée à la devotion du Carmel : les peintures à fresque qui y sont, & qui représentent quelques miracles de l'Apôtre S. Pierre, sont en partie de la main de Masolino, qui commença l'ouvrage, qui fut continué par son éleve Masaceio, qui a surpassé de beaucoup son maître, & qui a montré à ses éleves la véritable manière de bien peindre.

Le Chœur des Religieux est embelli du tombeau du Seigneur Pierre Soderini, que les grands merites firent élire Gonfalonier perpetuel de la Republique. Ce tombeau est de marbre, fort bien travaillé, sur les desseins de Benoît de Rouverzano.

Messieurs Corsini ont fait bâtir une magnifique Chapelle vis-à-vis celle des Brancacei ; dans laquelle on fit il y a quelques années la Translation solemnelle du corps de Saint André Corsin Religieux Carme, Evêque de Fiezoli. Cette Chapelle est toute incrustée de marbre blanc de Carare, de Brocatelle & de Sererezza d'ordre composite en pilastres, avec architrave, frise & corniche : l'Autel est isolé, le fond est de marbre blanc, qui represente en bas reliefs, le Saint sur deux nuages qui monte au Ciel, accompagné d'une infinité d'Anges en differentes attitudes, qui semblent se réjoüir de faire ce cortege à cette ame bienheureuse, qui va prendre séance au trône de la gloire éternelle; cette grande piece est de Jean-Baptiste Foggini. Il y a au-dessus une gloire de marbre, au milieu de laquelle le Pere Eternel est representé: c'est un ouvrage de Carlo Marcellini sculpteur habile: l'urne où reposent les sacrés ossemens, est enrichie d'un bas relief d'argent d'un excellent travail.

Il y a encore deux bas reliefs de marbre à côté de l'Autel, qui ont été faits par le même Foggini. On voit dans celui de la main droite, le Saint qui descend du Ciel pour assister les Florentins dans la Bataille d'Hanghiari, dans laquelle ils battirent, & mirent en fuite l'armée de Philippe-Marie Visconti Duc de Milan, commandée par Nicolas Piccinoni: celui de la gauche representte le Saint lorsqu'il dit sa premiere Messe, & qu'il vit la Sainte Vierge accompagnée d'un très grand nombre d'Anges, qui lui dit ces paroles, *Servus meus es tu, quia elegi te, & in te gloriabor.*

La coupole, ou dôme a été peinte entierement par Luc Jordan, fameux peintre. On voit aussi les épitaphes des Hommes Illustres de cette famille.

le premier desquels fut Pierre Corsini, Auditeur du Sacré Palais, Evêque de Volterre, & puis de Florence, élevé à la Pourpre par Urbain VI. Legat en Allemagne, où il conclut la paix entre Charles IV. Roi d'Hongrie, & le Duc d'Autriche. Il mourut enfin à Avignon en 1405. & son corps ayant été transporté à Florence, fut honorablement enterré dans la Metropolitaine. Le second fut Nero Corsini, qui après avoir exercé la charge de Tresorier de l'Eglise, fut créé Cardinal par Alexandre VII. qui lui donna l'Evêché d'Arezzo.

Famille des Corsini.

En retournant de la Croisée à la porte de l'Eglise, on voit dans la Chapelle des Carrucci, un tableau de Baptiste Naldini, qui represente Jesus-Christ, qui ressuscite le fils de la veuve de Naim, & un autre de Butteri, qui est l'histoire du Centurion. Il y a ensuite deux tableaux du même Naldini, dont l'un est l'Oraison de Jesus au Jardin, & l'autre son Ascension au Ciel : ces pieces sont generalement estimées des connoisseurs. Après ceux-là, on voit le tableau qui represente le recouvrement de la Sainte Croix, par Sainte Heleine : il est de Pagani ; & une autre Annonciation de Porcetti. Le Couvent est grand, & rempli d'un nombre considérable de Religieux. Il y a deux cloîtres fort vastes, dans l'un desquels on a peint à fresque, la vie du Prophete Elie, & de plusieurs Saints de son Ordre.

L'Eglise de Saint Fredian, est voisine de celle des Carmes : elle est ancienne ; c'est une Collegiale, dans laquelle il n'y a à voir que quelques tableaux de Credi, Passignani, de Lippi, & autres bons peintres. *Saint Fredian.*

Les Moines de Citeaux, bâtissent une Eglise à la moderne, à la place de l'ancienne qui étoit trop petite, & qui menaçoit ruine. Lors de l'impression de ce livre en 1698. il n'y avoit encore que deux chapelles achevées. Elles étoient ornées de stucs dorés, & de belles peintures de la main de Dandini & de Gherardini peintres de reputation. On travailloit au grand Autel : Antoine Dominique Gabbiani peintre excellent, étoit occupé à peindre le dôme. *Les Moines de Citeaux.*

Les Religieuses des Anges qui sont à present au Monastere de Castello *In Pinti*, demeuroient autrefois dans ce Couvent ; c'est dans ce même lieu, où Sainte Marie Magdeleine de Pazzi, a pris l'habit, où elle a vêcu, & où elle est morte : on conserve encore avec veneration la chambre où elle a demeuré.

Le Grand Duc Cosme III. du nom, a fait batir des Greniers publics dans la place qui est devant ce Couvent; ils sont solides, grands, magnifiques, & très commodes pour l'usage auquel ils sont destinés. C'est Jean Baptiste Foggini, habile architecte qui en a donné le dessein.

Greniers publics.

On va delà au pont appellé de la Carraja, & en se promenant le long de l'Arne, on a le plaisir de voir une longue file de Palais, on trouve ensuite

Pont de la Caraja.

Le Pont de la Trinité. Le Grand Duc Cosme I. du nom, l'a fait bâtir tout à neuf, sur les desseins de Bartelemy Ammanati sculpteur, & architecte Florentin, après l'inondation & le debordement furieux de l'année 1557. qui emporta l'ancien pont, & causa des dommages infinis à la Ville. Cet habile architecte s'est acquis un honneur immortel dans ce bâtiment, en lui donnant une grace, & une delicatesse admirable, avec une solidité à toute épreuve. Les arcs des voûtes ne sont point en plein ceintre, mais ovales, afin de rendre les ouvertures plus gran-

Le Pont de la Trinité.

des il a armé les piles d'avant d'éperons composés de pierres dures, qui fendent & rompent l'impetuosité de l'eau. Le dessus du pont est partagé en trois chemins, celui du milieu plus bas que ceux des côtés est destiné pour le passage des carosses, des chariots, & des grosses voitures: ceux des côtés sont pour les gens de pied. Il est orné de quatre figures de marbre blanc, qui representent les quatre saisons de l'année; l'Hyver est de la main de Thadée Landini: l'Eté, & l'Automne sont de Jean Caccini, & le Printems est de Francavilla sculpteur Flamand.

On trouve au bout de ce pont la belle rüe de Mai ou de Maggio, qui est pleine de très-beaux Palais, entre lesquels on estime particulierement celui de Zanchini, dans lequel on admire une statuë de Jason avec la Toison d'Or.

Palais Zanchini.

Saint Pierre sur l'Arne, est une Eglise voisine de ce pont: elle est desservie par les Chanoines Reguliers de Latran. Quoiqu'elle soit ancienne, elle est pourtant d'une assez bonne architecture, & renferme plusieurs choses dignes de la curiosité des Etrangers.

S. Pierre sur l'Arne.

Voilà en abbregé, les choses les plus considerables qu'on peut voir à Florence. Les dehors ne sont pas moins beaux : on en donnera la description dans la seconde partie de cet ouvrage.

SECONDE PARTIE

Contenant la Description de ce qu'il y a de plus considerable aux environs de Florence.

LEs dehors de Florence, ne le cedent gueres aux beautés, aux richesses, & au bon goût que l'on a remarqué dans les édifices publics, & particuliers que l'on a admiré dans la Ville. Soit qu'on la regarde du côté du Nord, du Levant, ou du Midy, elle est environnée d'une plaine delicieuse entre-coupée de collines agréables, fertiles, cultivées avec soin, & remplies de Maisons de campagne bien bâties, de Palais somptueux, & de jardins, où il est difficile de distinguer si l'art a surpassé, ou s'il a seulement aidé la nature. Le terrein est d'une très-grande fertilité, d'une culture aisée que l'adresse, & le travail assidu de ses cultivateurs, rendent si fecond en toutes sortes de productions, que cela passe l'imagination. Les Florentins ont aimé de tout tems l'agriculture, s'y sont appliqués avec soin, & y ont réussi à merveilles : plusieurs d'entre eux en ont écrit en sçavans maîtres, & ils ont crû ne pas faire tort à leurs sçavantes plumes de les employer à écrire les secrets de l'agriculture, après les avoir employées à écrire sur les Sciences les plus relevées.

Loüis Alamanni fit autrefois un Poëme de l'agriculture Toscane, qu'il dedia à François I. Roi de France.

Jean Victor Soderini, & Bernard Daranzati, ont écrit de la culture des vignes, comme des maîtres consommés dans cet art.

Le sçavant Pierre Vectori nous a donné un Traité achevé des oliviers, & des fruits qui en sortent, avec les differentes manieres de s'en servir.

L'ancienne agriculture de Pierre Crescenzi a été traduite en Langue Toscane, & depuis corrigée, & augmentée par Sebastien de Rossi Academicien de la Crusca. On verra dans la suite, à quel degré de perfection est arrivée l'agriculture, & la culture des jardins dans la Toscane, & aux environs de Florence. Nous conduirons le curieux hors la Ville, en l'en faisant sortir successivement par toutes les portes l'une après l'autre, afin de lui faire remarquer les choses dignes d'être vûës, qui se trouveront sur le chemin où ces portes conduisent.

En sortant par la porte Romaine, vulgairement appellée la porte de Saint Pierre Gattolini, & tournant à gauche, on trouve au bout d'une large allée d'ormes l'Eglise appellée

Notre-Dame de la Paix: elle est d'une bonne architecture, & servoit autrefois d'Oratoire aux Religieuses de Sainte Felicité, qui le cederent aux Moines François de l'Ordre de Saint Bernard de la reforme de Feüillans, à la consideration de Madame Christine de Lorraine épouse du Serenissime Grand Duc Ferdinand I. du nom. Cette Princesse eut l'agrément du Grand Duc Cosme II. pour les introduire dans la Ville, & elle leur fit bâtir le petit, mais très-agréable Couvent où ils sont, & accommoda l'Eglise, comme on la voit aujourd'hui, en fournissant genereusement à toutes les dépenses qui étoient necessaires. Le petit dôme qui couvre le grand Autel, a été peint par Livio Mens Flamand : le tableau du plafond qui represente la Sainte Vierge environnée d'Anges, avec Saint Bernard en posture d'adoration, accompagné de quantité d'autres figures, est

Porte Romaine.

Notre Dame de la Paix.

P ij

de Luc Jordano Napolitain. En retrogradant par la même allée, on voit au bout d'une très-large ruë

Ville Imperiale. La Ville Imperiale: on trouve avant d'y arriver deux reservoirs partagés par un pont, à chaque extremité duquel il y a sur des pieds d'eſtaux, d'un côté les aigles de l'Empire, qui portent sur leurs poitrines, l'écuſſon de la Sereniſ-
ſes armes. ſime Maiſon de Medicis écartellée avec celles de Madame Marie-Magdeleine d'Autriche: de l'autre il y a un lyon qui tient d'une de ſes pattes, un globe pour repreſenter l'Etat de Florence, & vis-à-vis une lyonne pour repreſenter l'Etat de Sienne.

Il y a un peu plus loin deux autres reſervoirs plus grands que les premiers de figure ſemi-circulaire, parce qu'ils ſont partagés en deux par un pont: leur partie ſuperieure eſt ornée de rocailles, de petrifications, & autres raretés naturelles, qui ſervent de baſes à deux figures giganteſques, qui repreſentent les Fleuves l'Arne, & l'Arbia, qui tiennent chacune un grand vaſe incliné, d'où ſortent les torrens d'eau qui rempliſſent les reſervoirs.

Il y a encore entre les reſervoirs ſuperieurs, & inferieurs, les ſtatuës d'Homere, de Virgile, de Dante, &

de Petraque sur des piedestaux magnifiques: tels sont les ornemens de l'entrée d'une allée large & longue de près d'un mille toute bordée de ciprès, de ... de ... & autres arbres, qui font un ombrage charmant, au bout duquel on trouve un boulingrin rond, enfermé d'une balustrade de pierre, avec des statuës de pierres de très-bons maîtres, qui semblent accompagner deux statuës de marbre plus grandes que nature, dont l'une represente Atlas qui porte le Globe du monde sur ses épaules, & l'autre un Jupiter le Foudre à la main:

C'est au bout d'une entrée si magnifique, que s'éleve la Ville Imperiale, ou la delicieuse maison de campagne de la Serenissime Grande Duchesse, Marie-Magdeleine d'Autriche, épouse du Grand Duc Cosme II. elle a appartenuë ensuite à la Grande Duchesse Victoire, qui l'a augmentée du côté du midy de deux sallons, & de deux appartemens meublés richement, garnis de tableaux de grand prix, de porcelaines, de vases precieux, de bronze antiques, de cabinets de la Chine, & autres raretés disposées dans un ordre galant, & d'un goût merveilleux. Ce Palais est accompagné de deux jardins, l'un rempli de fleurs de toutes les espèces disposées de differentes manieres, entremêlées de fontaines & de jets d'eau, & l'autre d'orangers, de citroniers, de bergamotiers, qui rendent ce lieu charmant par la fraîcheur qu'ils y procurent, & par les odeurs qu'ils y repandent: les bosquets sont ornés de cabinets, de statuës, de jets d'eau, de cascades, en un mot de tout ce qui peut contenter la vûë & l'odorat.

La colline qui s'éleve derriere ce Palais, est ornée d'un beau Monastere de Religieuses de l'Ordre de Saint François, appellé Saint Mathieu *in Arcetti*.

Vin appellé Verdée de Florence.
C'est dans ce terrein charmant, qu'on recuëille ces vins exquis renommés par tout le monde, & connus sous le nom de Verdée, & ces fruits délicieux qui n'ont pas leurs semblables. Cette colline, & tous ses environs sont encore remplis de quantité de Palais, ou de maisons de campagne plus belles les unes que les autres. Les curieux ne doivent pas manquer de voir celles des Seigneurs Mannelli, Lanfredini, Taddei, Rivecini, Bartolomei, Guicciardini, Delci, Marzimedici, Ricci & Nerli: cette derniere qu'on estime la plus magnifique, est auprès de l'Eglise de Sainte Marguerite à Montici.

Après qu'on a vû ce Palais, on pourra prendre le chemin de Rome, pour voir le beau Couvent des Religieuses Augustines, appellé Saint Gaggio, par le vulgaire, & proprement, de Saint Caïus Pape, & Martyr : il a été fondé, & bâti par la famille des Seigneurs Corsini : il est riche, beau, bien bâti, & possede quantité de Reliques insignes. Le tableau du grand Autel, qui represente le Martyre de Sainte Catherine d'Alexandrie, est de la main de Loüis Cigoli.

Les Augustines de Saint Cajus.

A demi mille plus loin sur le même chemin, est un second Couvent de Religieuses Augustines, appellé le portique : après lequel on trouve

Augustines du Portique.

La Chartreuse faite sur les desseins de l'architecte Orgagna, & de ses éleves : la situation de ce grand édifice, est sur une colline de hauteur mediocre, isolée de tous côtés : on y monte du côté du midy par une longue avenuë, où de tems en tems on trouve de larges degrez cordonnés ; c'est-à-dire, soutenus par des lizieres de pierres de taille, qui facilitent la montée aux gens de pied, & qui n'empêchent point celle des carosses & des chevaux. On arrive enfin à un portail très-grand, & très-magnifique, qui donne entrée dans le

La Chartreuse.

P iiij

premier Cloître d'où l'on entre dans l'Eglise; le pavé, le plafond, & le grand Autel sont très-riches. On trouve à main gauche dans l'Eglise la porte du second Cloître, il est très vaste, & environné des cellules de ces Saints Anacoretes. Jacques de Pontorno a peint à fresque dans ce Cloître, plusieurs morceaux de la Passion de N. S. il a fait encore un tableau à huile dans le refectoire, où N. S. est representé à table avec les deux disciples d'Emmaüs.

Il y a sur la porte qui va au cloître une N. Dame de Pitié avec deux Anges, & du côté du cloître un Saint Laurent, qui sont tous deux de la main du Bronzino.

On voit dans la salle du Chapitre un Christ crucifié, qui a à ses pieds la Sainte Vierge, & la Magdeleine avec plusieurs Anges en l'air en differentes attitudes: ce beau tableau est de Mariotto Albertinelli peintre fameux dans son siécle.

Cette Chartreuse reconnoît pour son fondateur Nicolas Acciaioli, grand Sénechal du Royaume de Sicile, & de Jerusalem, qui la fit bâtir environ l'an 1364. & augmenta beaucoup celle de Naples: il donna beaucoup de reliques à celle de Florence, & entre autres la tête de Saint Sylvestre Pape: celle de Saint Jean Chrysostome, & une partie du crâne de Saint Denis Areopagite, & d'autres très-considerables, qu'il avoit obtenuës du Roi d'Arragon, pour enrichir l'Eglise de la Chartreuse. Les tombeaux de la famille Acciaioli, sont dans une Chapelle basse attenant l'Eglise.

Fondation de la Chartreuse.

Ces Seigneurs ont une terre d'une grande étenduë, & d'un très-grand revenu à sept milles de la Chartreuse, on l'appelle Monte Gufoni: il y a un Palais magnifique richement meublé, avec des jardins delicieux, accompagnés de jets d'eau, de fontaines, de statuës, & de tout ce qui rend un Palais magnifique & de bon goût.

Palais des Acciaoli appellé Monte Gufoni.

En retournant à Florence par le chemin opposé à celui par lequel on est arrivé à la Chartreuse, on voit une belle maison appellée Colazi, appartenante aux Seigneurs Divi; & un peu plus loin le Palais de Messieurs Michelozzi, dont la situation est si belle, qu'il semble que ce soit plûtôt une imagination de peintres qu'une réalité: il a la vûë de toute la Ville de Florence, on l'appelle à cause de cela beau regard: il est environné de jardins, où la nature se condée de l'art, semble s'être épuisée. On trouve ensuite le Palais de Messieurs Borgherini, & Strozzi, & en achevant de descendre cette agréable colline, on voit le Couvent des Minimes, dont l'Eglise est fort frequentée, & d'une grande devotion.

S. Barthelemy des Olivetins.

En sortant par la porte de Saint Fredian, on voit sur une agréable colline, le Monastere de Saint Barthelemy, il appartient aux Moines Blancs du Mont Olivet. Le tableau du grand Autel, qui represente l'entrée de N. S. en Jerusalem est de Tito, & un de ses plus beaux ouvrages: le Tableau du Bien-Heureux Bernard Tolomei est de Pignoni: il y en a encore un autre très-beau de Passignano.

Il y a deux statuës de marbre, dont celle qui represente une vestale, avec un vase d'eau lustrale à la main a été faite par Calcini; & celle qui est à main gauche qui represente Claudia, est d'un sculpteur Flamand très-habile, dont on ne sçait pas le nom.

La Chapelle souterraine des Seigneurs Capponi, est ornée entre autres choses d'un tableau de la Resurrection du petit Raphaël del Garbo.

Palais Strozzi.

Le Palais du Duc Strozzi, est près de ce Monastere du côté du couchant;

il est accompagné de très-beaux jardins, & d'un bois qui joint le grand chemin.

On voit à côté de ce Palais le Monastere de Saint Pierre de Monte-Celli, il appartient aux Benedictins. *S. Pierre de Monticelli.*

Un peu plus loin, du même côté on voit les maisons de campagne de plusieurs Gentils-hommes Florentins, dont les plus belles appartiennent à Messieurs Torrigiani, & de Saint Martin, Capponi, & autres. Il y en a encore une autre éloignée de la Ville d'environ cinq milles, appellée Castel Pucci, qui appartient au Marquis Ricardi, avec une magnifique avenuë de cyprès qui va jusqu'au grand chemin. *Castelpucci.*

L'Abbaye de Saint Sauveur di Septimo, est à deux milles plus loin sur la riviere d'Arne. Elle a été bâtie sur les desseins de Nicolas Pisan. On ne sçait pas certainement qui en a été le fondateur: les uns croyent que c'est le Comte Hugues de Magdebourg, d'autres que c'est le Comte Lothaire, qui donna à cette Abbaye celle Dello Stale dans les Alpes; elle étoit desservie anciennement par les Moines Noirs de S. Benoît, qui joüissoient de grands Privileges, & Immunités qui leur avoient été accordés par les Empereurs Othon III. *Abbaye de S. Sauveur*

& Henry II. & III. Ils en eurent encore de semblables des Papes Pascal II. Leon IX. Urbain & Calixte II. Gregoire VII. Clement & Alexandre III. qui furent confirmés par Gregoire IX. l'an 1236, dans la donation qu'il fit de la même Abbaye aux Moines de Citeaux, comme on le voit dans une inscription qui est sur la grande porte, & dans une autre beaucoup plus grande, gravée sur un marbre devant le Chapitre. Le Grand Autel est tout de pierres de rapport. Il y a à côté deux tableaux à detrempe du Grillandajo, & dans le Cloître plusieurs visions du Comté Hugues peintes par Puligo.

Cette Abbaye est recommandable à cause du Moine Pierre, surnommé l'Ignéen, qui passa deux fois les pieds nuds au travers d'un grand brazier, pour convaincre de simonie un certain Évêque de Florence, appellé Pierre.

Cet acte merveilleux est gravé sur un marbre devant la grande porte de l'Eglise.

On voit dans la même Eglise un tombeau de marbre, où l'on croit que reposent les corps des Princesses Huillà, & Gasdia mere, & femme du Comte Hugues.

On conserve dans la même Eglise entre plusieurs Reliques memorables le corps de saint Quentin martyrisé sous l'Empereur Maximilien qui fut découvert par miracle en 1157.

On croit que ce Monastere est surnommé Di-Septimo, parce qu'il est éloigné de sept milles de Florence, *quasi septimo ab urbe lapide.* C'étoit la manie des Romains qui marquoient avec des pierres élevées, & le nombre des milles, & la distance de Rome.

Les deux collines qui sont du côté du couchant, sont ornées d'un si grand nombre de belles maisons de campagne, qu'il semble que ce soit une seconde Ville de Florence ; la Riviere passe entre ces deux collines, & contribue infiniment à la beauté de ces édifices.

Le Palais des Seigneurs Pandolpho-Pandolphi, est parfaitement beau. Charles VIII. Roi de France y logea en 1494.

Palais Pandolphi.

Il y a entre ces Palais deux Couvens de Religieux, l'un appellé Sainte-Marie de la Forest appartient aux Carmes Reformés de la Congregation de Mantoüe, l'autre nommé Sainte Lucie est aux Peres Reformés de S. François.

La porte appellée Del-Prato conduit *Prate.*

à une maison de campagne du Grand Duc, appellée Vaga-Loggia; quoique les bâtimens ne soient pas entierement achevés, on ne laisse pas d'admirer les jardins remplis de toutes sortes d'agrumes rares, bien entretenus avec des bosquets ornés de vases posés sur des pilastres le long d'un canal tiré de l'Arne disposé avec goût & simetrie ; la vûë de ce jardin est très-agreable.

En suivant le rivage de l'Arne, on trouve une grande avenuë de Pins qui conduit aux cassines de la Serenissime Maison de Medicis. Il y a des prairies spacieuses, des bosquets ornés, & des allées couvertes qui servent de promenade aux Florentins dans la belle saison.

Il y a au Nord des cassines un Monastere de Religieuses de Citeaux, appellé saint Donat de la Poudriere ; c'est auprès de ce Monastere que commence le chemin de Pistoye, par où l'on va

Poggio Cajano.

A Poggio Cajano maison de plaisance du Grand Duc à dix milles de Florence. Elle est située sur une colline environnée de grandes plaines du côté du Levant, du Septentrion & du Couchant, & à une assez bonne distance des collines de Carmignano si renomnées par leurs bons vins. Elle fut commencée par Laurent de Medicis, surnommé le Magnifique, pere du Prince Jean, qui fut depuis Leon X. Souverain Pontife, qui acheva ce grand Bâtiment, & particulierement ce qui regarde les ornemens & une partie des peintures du grand Sallon, qui fut ainsi achevé par le Grand Duc François, aussi-bien que tout le reste qui étoit encore à faire, en suivant toûjours les desseins qu'en avoit fait Julien de saint Gal Architecte, sous les ordres duquel ce magnifique Bâtiment avoit été commencé.

Quoiqu'on ne puisse pas dire que ce Palais soit vaste, il a pourtant un air de grandeur & de magnificence, qui le fait estimer. Il est environné d'une prairie renfermée d'une forte muraille assez large pour qu'on s'y puisse promener à découvert, & aussi haute que les appartemens du premier étage. L'on y monte par des escaliers doubles à rampe cordonnée, qui donnent entrée dans une terrasse à balustres qui environnent toute la circonference du jardin, & qui a d'espace en espace des loges couvertes, voûtées en cul de lampe, du dessein de Luc de la Robbia; des loges on entre dans le grand Sallon, dont la voûte, comme celle des Loges, est ornée de stucs & de sculptures que Julien de saint Gal a fait sur les modeles qu'il avoit vûs à Rome. André Del-Sarto, Jacques Pontorno, & Francia-Bigio l'ont enrichi de leurs ouvrages. On y voit comme Cæsar étant en Egypte, reçoit les honneurs, les hommages, & les presens de plusieurs nations, par allusion à ce qui arriva à Laurent le Magnifique, à qui les peuples & les Princes étrangers se faisoient honneur d'envoyer des presens, & qui en reçut même de Gaitheo Soudan d'Egypte, qui entre autres choses rares qu'il lui donna, lui envoya une Giraffe, autrement un Cameleopard, dont Politien nous a donné la description dans ses mélanges de Litterature. Les peintures que le Sarto avoit entreprises, furent achevées par Alexandre Allori. Franciabigia a peint dans un des côtés Ciceron, qui étant rappellé d'exil, fut appellé le pere de la patrie pour faire allusion au retour glorieux du vieux Côme de Medicis, qui ayant été banni de Florence, & obligé de se retirer hors de l'Etat, y fut rappellé, & acquit une authorité qui a enfin élevé ses enfans sur le Trône. Le même Peintre a représenté sur un autre côté du même Sallon de quelle maniere *Titus-Quintus-Flaminius* Conful, haranguant dans le Senat des Acheens contre l'Orateur des Eroliens & du Roi Antiochus, il empêcha les premiers de soûtenir la ligue que les Orateurs mêmes des Acheens leur vouloient perfuader de former. Cette histoire a un rapport très-juste à ce qui arriva dans l'assemblée de Cremone, dans laquelle Laurent le Magnifique découvrit, & rompit les desseins & les mesures que les Venitiens avoient prises pour se rendre maîtres de toute l'Italie. Alexandre Allori a peint le souper que Siface Roi des Numides donna à Scipion après qu'il eût défait Asdrubal en Espagne. Ce tableau est encore une allusion au souper que le Roi de Naples donna à Laurent le Magnifique dans le voyage qu'il fit chez ce Prince.

Jacques de Pontorno a peint dans les extrêmités du Sallon, où sont placées les lunettes qui y introduisent la lumiere, Vertumo avec ses Laboureurs une serpe à la main. Rien n'est plus beau & plus naturel que cette peinture, aussi-bien que l'histoire de Pomône, de Diane, & d'autres Déesses, & comme ces tableaux ont été faits en concurrence les uns des autres, on peut dire qu'ils sont excellens, & que les Autheurs n'ont rien épargné pour se surpasser.

Des deux extrêmités de ce Sallon on entre dans deux galleries, auxquelles le S. P. Ferdinand fils aîné du Grand Duc faisoit travailler lors de l'impression de cet ouvrage, & comme ce Prince a une intelligence merveilleuse & un goût excellent pour l'architecture, la peinture, & pour tous les beaux Arts, on doit tout attendre de son esprit & de sa magnificence. Ces deux galleries doivent être, & sont magnifiquement ornées ; c'est par elles que se communiquent les quatre grands appartemens qui composent ce Palais.

Le grand Sallon dont nous venons de parler, donne entrée dans un autre d'une moindre grandeur, mais orné de stucs dorés, de peintures exquises, de marbres & de meubles precieux. Gabbiani fameux Peintre Florentin a representé dans la voûte la Toscane dans la figure d'une Déesse, qui presente à Jupiter le Prince Côme pere de la patrie, qui avoit par sa sagesse appaisé les guerres civiles & les émotions populaires, qui avoit détruit les vices qui regnoient dans le païs, y avoit introduit la vertu, les fciences, & les Arts, & y avoit amené l'abondance & les richeffes. Elle femble le prier de le mettre au rang des Heros qui font avec lui. On a placé autour de cette grande piece dans des medaillons les portraits des glorieux Ancêtres du Grand Prince Ferdinand.

Le tableau de l'Autel de la Chapelle eft de Georges Vafari ; il reprefente N. D. de la Pitié.

Les écuries font peu éloignées du Palais. Elles font bâties magnifiquement ; elles ont chacune cent vingt pas de longueur, & au-deffus un corridor de même longueur, qui donne entrée dans les chambres deftinées aux Officiers du Prince.

Après qu'on eft defcendu de cette agreable colline, en paffant par des avenuës ou rangées d'arbres les plus beaux & les mieux entretenus ; on trouve la Menagerie avec les logemens de l'Intendant, & des Domeftiques qui font fous fes ordres ; on voit autour d'une très-fpacieufe cour les Etables où l'on met les differentes efpeces d'animaux que l'on y nourrit, avec une grande piece d'eau au milieu pour les abbreuver.

Il y a des terres dans cette vaste enceinte, où l'on fait de grandes recoltes d'excellent ris, & des inventions très-belles pour le monder.

En continuant de se promener dans ces belles allées on arrive en un endroit nommé la Pavoniere, qui sert aujourd'hui à courir les Dains qui sont en grand nombre dans cet enclos.

On peut après cela retourner au Palais, & rentrer dans le grand chemin ; on trouvera à main droite une autre maison de plaisance du Grand Duc, appellée

Artimino ou Villa Ferdinanda.

Artimino, ou Villa Ferdinanda, à cause du Prince Ferdinand, depuis Grand Duc de Toscane le troisiéme de ce nom, qui l'a fait bâtir depuis les fondemens, l'an 1594. sur les desseins de Bernard Bontalenti, le plus habile architecte de son tems. Ce Palais est très-bien entendu, bien distribué, tant pour les appartemens de maîtres, que pour les logemens des domestiques : il est situé sur une colline du côté du Levant : on trouve en entrant deux grands sallons au milieu du bâtiment, qui prennent le jour par de grandes fenêtres fort élevées ; le Prince y va ordinairement pendant l'Automne, pour y prendre le divertissement de la chasse des

D'ESPAGNE ET D'ITALIE. 357

Daïns. Il y en a de blancs que l'on nourrit dans un petit parc appellé la Pineta, qui a environ deux milles de circonference, qui est renfermé dans un autre appelé le parc Royal, qui a trente-deux milles de circonference, qui s'étend depuis le sommet de cette colline d'Artimino, jusqu'à celle de Vinci dans la vallée de Valdinievole. Il y a dans cette étenduë plusieurs Paroisses, des métairies, & de grands bocages.

En sortant par la même porte de Prato, on pourra voir deux autres maisons de campagne du Grand Duc, assés voisines l'une de l'autre. La premiere est sur une élevation mediocre, qui fait partie de la montagne Morello; on l'appelle

Petraya; c'est un agréable sejour pendant le prin-tems. Sa principale entrée, est du côté du Nord par une prairie environnée de cyprès épais qui la deffendent des vents. Les murailles de la cour sont ornées de peintures qui representent des batailles: les extremités du bâtiment, sont occupées par deux galleries qui donnent entrée dans les appartemens, qui sont ornés de peintures de Baltazar Franceschini de Volterre, appellé communement le

Petraya.

Volteran. Elles repreſentent quelques actions de Coſme I. & de Ferdinand II. Grand Ducs de Toſcane.

Il y a encore trois autres portes, du côté du Levant, du midy & du couchant, qui conduiſent ſur les terraſſes d'un ſpacieux jardin, d'où l'on joüit comme de deſſus un théâtre de la vûë charmante de la campagne des environs de la Ville. La terraſſe inferieure eſt accompagnée d'une belle piece d'eau en maniere de vivier, & la troiſiéme ſe termine à un bois : le côté du Nord s'étend juſqu'à la caſſine du Chevalier Carlini, & le côté du Sud juſqu'à celle de Caſtello. Cet endroit eſt renfermé de murailles de deux milles de circonference, & contient un plan de differentes eſpeces de vignes des meilleures qui ſoient en Italie, & même dans les pays étrangers les plus éloignés. Tout au haut de cette vigne, il y a une petite caſſine, où l'on joüit d'une vûë charmante.

Sainte Lucie à la Caſtellina.

La partie Occidentale de cette colline, eſt occupée par un Couvent de Carmes reformés de la Congregation de Mantoüe, dont l'Egliſe eſt dediée à Sainte Lucie appellée *della Caſtellina*, c'eſt le Noviciat de ces Religieux, il y a dans le chœur un tableau de la

Sainte Vierge peinte par Franceschini.

L'autre Palais ou maison de plaisance du Grand Duc s'appelle Castello; c'est un des anciens domaines de la maison de Medicis: le Grand Duc Cosme y a fait faire de nouveaux appartemens du côté du Levant, sur les desseins de Nicolas, surnommé Tribulo, ou le Chardon. Ce Palais est au pied du Mont Morello; on y arrive par une large avenuë plantée de cyprès, au bout de laquelle il y a une belle prairie, qui renferme deux étangs separés l'un de l'autre, par une chaussée en maniere de pont, la gallerie qui est à main droite est peinte à fresque, & à huile par Pontorno, qui a representé les histoires des Dieux de la Fable, avec les arts liberaux : la distribution des appartemens est ingenieuse, ils sont magnifiquement meublés & ornés de tableaux de prix. Franceschini a peint à fresque, la voûte d'un cabinet d'une maniere excellente, & d'un coloris merveilleux : la porte Septentrionale de ce Palais, donne entrée dans le jardin spacieux & très-agréable, où l'on trouve d'abord un boulingrin orné de plusieurs bassins, le premier renferme la figure de marbre d'Hercule qui

Castello.

étouffe Antée, & qui lui fait rendre par la bouche un torrent d'eau, cette figure est de la main de Bartelemy Ammanati; mais le dessein de cette fontaine, & de celle qui en est proche est de Tribulo, aussi-bien que d'une autre qui est au milieu d'un bosquet de lauriers, orné de sculptures, & de bas reliefs excellens. Il y a au haut de cette fontaine une Venus de bronze nuë, qui se tient les cheveux avec les mains, & qui semble les presser pour en faire sortir l'eau qui coule de toutes parts: cette fontaine est environnée d'une table en forme de deux fers à cheval avec des bancs de pierre, avec une infinité de jets d'eau, disposés de maniere à moüiller copieusement ceux qui sont assis: cette belle fontaine est environnée d'un bois épais à l'épreuve du soleil composé de cyprès, de lauriers, de myrthes plantés en maniere d'un labyrinte rond, il y a des cascades entre cette fontaine, & de la précedente, au milieu desquelles est un portail magnifique qui donne entrée dans un vaste jardin, rempli des plus beaux agrumes, & de fleurs de toutes les saisons, tant de celles qui naissent dans le pays, que dans les pays Etrangers; on voit à côté de la porte
une

une grotte fort grande, ornée de rocailles, de petrifications, & autres productions de la nature, qui a été bâtie sur les desseins du Tribulo. Elle renferme trois grands bassins taillés chacun d'un seule pierre, l'un en face, & les deux autres aux côtés, au-dessus desquels on a mis les figures de differens animaux domestiques & sauvages; & entre les autres un élephant, un élan, une licorne, & une giraffe, & plusieurs grouppes de bêtes qui jettent de l'eau dans ces bassins, dans lesquels on voit des figures de poissons, & des coquilles de mer. Cette grotte est fermée par des grilles de fer, que l'on ouvre quand on veut faire joüer les eaux qui sortent d'entre les rocailles, & d'une infinité d'endroits avec tant de violence qu'elles ferment les portes & enferment ceux qui sont entrés, cette grotte est encore accompagnée de deux fontaines.

On monte de ce jardin à un grand bois de cyprès, de lauriers, de chênes verds, & autres arbres plantés avec simetrie, au centre desquels il y a une grande piece d'eau avec une petite Isle au milieu, sur laquelle on voit une statuë de bronze, qui represente le Mont Apennin, sous la figure d'un vieillard tremblant, dont les cheveux rendent de l'eau, cet ouvrage a été deſſigné, & conduit par le Tribulo.

Il y a un peu plus loin un boulingrin, au milieu duquel eſt un chêne artificiel tout compoſé de jets d'eau.

On verra en ſortant de ce jardin, un Couvent de Religieuſes Camaldules, appellé Boldrone, & un peu plus loin une maiſon, ou Conſervatoire de jeunes Demoiſelles que l'on y reçoit dès l'âge de ſept ans, pour les y élever; il leur eſt permis d'en ſortir quand elles le jugent à propos, ſi elles ne veulent pas s'engager à ce genre de vie ; mais elles ne peuvent plus y rentrer : elles ne font point de vœux comme les Religieuſes. Cette Maiſon appartenoit ci-devant à la Sereniſſime Grande Ducheſſe Marie-Chriſtine de Lorraine épouſe du Grand Duc Ferdinand I. On l'appelloit le repos. Après la mort de cette Princeſſe, elle appartint à la Dame Eleonor Ramitès de Montalvo, qui fut la Fondatrice de ce Conſervatoire.

Conſervatoire appellé le repos.

La Grande Ducheſſe Victoire de la Roüere a fait bâtir l'Egliſe, les appartemens pour les Etrangers, & tous les bâtimens exterieurs, & neceſſaires pour ce Conſervatoire, qui a retenu le nom *Della quiete*.

Les environs de ces deux maisons Royales, sont remplies de quantité de belles maisons de campagne, entre lesquelles on doit voir celles de Messieurs Corsini, Torrigiani, Drogomanni, Bartolini, Ginori, Guardini, Corsi, Benino, Rosso, Salviati, & autres.

La porte de Saint Gal conduit vers le Septentrion au Palais appellé Caregi, ou bien Campo Regio. Il est remarquable par la beauté de sa structure, & par son antiquité, il appartient aussi au Grand Duc: il a été bâti sur les desseins de Michelozzo, par Cosme pere de la patrie, qui le fit servir de College & d'Academie, où ses enfans Laurent le Magnifique, Jean, Julien, & Pierre furent élevés avec d'autres enfans de condition de leur âge, tels qu'étoient Marcille Ficin, appellé le nouveau Platon. Ange Politien, Pic de la Mirandole, Ernolao Barbaro, Scala, & autres. *Campo Regio.*

Il y a à côté de ce Palais, une montée assez rude qui conduit au Couvent des Capucins, dont le Couvent, l'Eglise, & les jardins sont d'une maniere fort differente de celle qui est en usage chez eux, & qui convient à la vie pauvre, & austere dont ils font profession. *Les Capucins*

Les Marquis Ricardi, Gerini, Capponi, Corsi, Strozzi, ont des jardins, & des maisons de plaisance aux environs de ce lieu.

Il y a encore un Couvent de Religieuses, appellé Sainte Marthe de l'Ordre d'un Bien-Heureux Jean de Cosme, ou des fondateurs des Humiliés, qui ont été éteints, & un autre appellé de la Mere de Dieu, qui appartient aux Peres des Ecoles Pieuses qui y ont leur Noviciat.

Après cela il faut aller voir la magnifique maison, ou Palais appellé Pratolino, ou petit pré, qui appartient au Grand Duc.

Rien n'est plus agréable, & plus charmant que cette demeure pendant l'Eté, parce qu'on y trouve la fraîcheur du Printems au milieu des bosquets, des fontaines, & des allées couvertes qui y sont en grand nombre, & toûjours impenetrables aux chaleurs insuportables de la plus brûlante saison. Bernard, & François Bontalenti, ont été les architectes de ce superbe Palais, que le Grand Duc François I. du nom, fit commencer dès les fondemens, & qu'il acheva, & mit dans l'état qu'on le voit aujourd'hui : cela est marqué dans une inscription, qui est au milieu de la voûte de la grande salle : elle contient ces mots.

Fontibus, vivarijs
Xistis has ades Franciscus
Med. mag. Dux Ætruria II.
Exornavit, hilaritatique
Et sui amicorumque suorum
Remissioni animi dicavit
Anno Domini M. D. LXXV.

On monte au premier appartement par des escaliers doubles decouverts qui sont du côté du Nord, ils se terminent à une terrasse sur laquelle est la porte magnifique, qui donne entrée dans un vaste sallon à voûte surbaissée, à côté duquel est un autre sallon plus petit : ils sont tous deux ornés de stucs dorés, de miroirs, & de peintures : c'est par ces deux pieces qu'on entre dans les differens appartemens, dont ce Palais est composé. Quelques-uns sont ornés de peintures à fresque, qui representent des morceaux d'architecture, les autres ont des ameublemens très-riches avec des tableaux de grand prix.

On voit dans une salle un Orgue hydrolique, qui sans avoir besoin de soufflets comme les autres, pour lui fournir du vent, n'a qu'un robinet par lequel l'eau en sortant produit le même effet, & d'une maniere plus particuliere & plus sûre.

Le second étage contient entre autres appartemens un théâtre spacieux, & très-commode pour les comedies qu'on y represente: la distribution des chambres, des cabinets, en un mot de tout ce qui peut faire connoître le vaste genie du Prince qui l'a ordonné, & l'habileté des architectes qui ont conduit l'ouvrage, éclate par tout, & se fait admirer.

Les dehors du Palais semblent le disputer avec les dedans, à peine peut-on croire ce qu'on voit, quand on considere la quantité presque infinie de fontaines, de cascades, de nappes, de jets & de pieces d'eau qui environnent ce Palais; ils sont repandus avec ordre, & simetrie dans les parterres, les boulingrins, les bosquets, les allées, les bois, en un mot dans tout ce qui compose ce délicieux jardin.

François de Rieti Florentin, en a fait une ample description, dans la vie du Grand Duc François. Nous n'y ajoûterons rien autre chose, sinon que les Grands Ducs successeurs de François n'ont rien changé, détruit, ni laisfé détruire dans ce Palais, & dans ses jardins: ils les ont entretenus avec soin, & se font fait une espece de religion de n'y pas faire le moindre changement, tant on a estimé & respecté ce qui étoit fait, comme ayant toute la perfection qu'il pouvoit avoir.

On trouve devant la porte du Nord de ce Palais, un boulingrin spacieux demi ovale fermé par le bas d'un grillage de fer, soutenu de six pilastres ornés de rocailles, au bout duquel est une piece d'eau de grande étendüe plus élevée que le boulingrin, on y monte presque sans s'en appercevoir, tant la pente des routes qui y conduisent est douce & aisée: elles sont formées, ou plûtôt ornées d'arbres touffus, entretenus avec soin dans une même hauteur, & épaisseur accompagnés de statuës, de vases, de piramides, & autres embellissemens distribués avec sagesse, & d'une maniere qu'aucune de ces pieces ne nuit aux autres.

Le Mont-Apennin sous la figure d'un géant d'une grandeur extraordinaire, est au haut de cette grande piece, il est assis sur un dragon d'une grosseur énorme qu'il semble pourtant écraser par son poids, & l'obliger de

Q iiij

rendre par sa gueule épouvantable, des torrens d'eau qui tombent dans la grande piece, & qui la remplissent. Ces figures sont si grandes, que si elles étoient de bout elles auroient plus de trente-six brasses de hauteur, & comme elles sont grosses à proportion, on a ménagé dans la capacité des chambres en maniere de grottes ornées de rocailles, de coquilles de mer, perles, de corail, de petrifications, & autres curiosités naturelles accompagnées d'une infinité de jets d'eau tous differens les uns des autres.

Il y a derriere la figure de l'Apennin, un dragon volant d'une grandeur extraordinaire, qui vomit une riviere d'eau, & entre ces deux figures une terrasse decouverte ornée de rocailles, & de tout ce qui a du rapport à la montagne qu'on a dessein de representer, & aux cavernes qu'on y suppose. On voit plus haut une grotte magnifique, aux côtés de laquelle il y a trois allées très-larges & très-longues, toutes couvertes d'arbres qui conservent une verdure continuelle. Ces trois voûtes conduisent à un labyrinte formé par des arbres toûjours verds, si touffus, qu'ils sont impenetrables aux rayons du Soleil, entre lesquels on voit plusieurs fontaines d'un riche travail, & d'un dessein encore plus riche.

Celle du milieu est ornée d'un Jupiter qui a la main gauche appuyée sur un Aigle d'un marbre noir, & qui tient de la droite un foudre d'or, qui jette l'eau de tous côtés. L'allée où est cette fontaine, monte insensiblement par une pente douce; elle est fermée à son extrêmité par un grillage de fer d'un très-beau travail, afin de ne point interrompre la vûë de l'allée inférieure; les deux autres allées sont ornées de rocailles & d'éponges de Corse, qui jettent une quantité prodigieuse d'eau; elles sont accompagnées d'allées couvertes, une desquelles conduit à un petit Temple éxagone qui sert de Chapelle orné galamment de stucs dorés avec un dôme environné d'une gallerie. Il y a sur l'Autel un grand tableau de l'Assomption, copié par Jean-Baptiste Marmi, sur l'original d'André Del-Sarto que l'on conserve au Palais de Pitti.

On voit au milieu d'un bassin au-dessous de cette fontaine un Persée de marbre, assis sur un serpent de même matiere, qui jette l'eau par la gueule, & dans le bassin opposé un Esculape qui tient dans les mains un serpent qui jette l'eau; & dans le troisiéme une Ourse & ses petits qui jettent aussi de l'eau.

Lorsqu'on a fait le tour de ce jardin enchanté, on reprend le chemin de Florence, où l'on trouve les écuries, les remises, & tous les logemens des Officiers de la Maison de S. A. Il y a une cour fermée d'un grillage de fer, où il y a plusieurs jeux, entre autres, celui de Tournoy, où quatre personnes courent la bague sur des chevaux de bois & sur des sieges.

Lorsqu'on sort du Palais par la porte du Midy, on trouve deux escaliers ou allées découvertes, remplies de jets d'eau de tous côtés, qui conduisent à une grande grotte appellée du Deluge à cause de la quantité d'eau qui tombe de toutes parts sur ceux qui sont entrés, & vis-à-vis une autre appellée de la Galatée bâtie de maniere, qu'elle semble menacer ruine; elles sont toutes deux ornées de toutes sortes de rocailles, de coquilles rares avec des rochers feints, au travers desquels on voit courir des ruisseaux & des jets d'eau en quantité.

Il sort d'entre ces rochers un Triton qui sonne une conque marine qui fait ouvrir un grand rocher d'où Galatée fort, portée fur une grande coquille d'or tirée par deux Dauphins, qui jettent l'eau par la gueule; & dans le même tems on voit fortir de deux autres endroits deux Nayades dans de grandes coquilles qui fervent de cortege à Galatée. La grande Grotte eſt ornée de deux tables de marbre dans des niches de même matiere, embellies de rocailles & d'autres productions marines qui jettent l'eau, de maniere qu'elles repreſentent des fanaux de criſtal avec des lumieres.

Le fond de la même niche eſt encore orné de deux arbres, un arbouzier & un houx, fous lefquels on voit pluſieurs animaux de bronze qui jettent de l'eau, & deux niches de Moſaïque dorée, dans leſquelles il y a deux harpies dorées qui jettent une grande quantité d'eau avec telle adreſſe, qu'elles ne manquent jamais de moüiller entierement ceux qui fe trouvent à leur portée. L'autre côté de la Grotte vis-à-vis les harpies, eſt occupé par un autre baſſin, où il y a un enfant qui fe joüe avec une groſſe boule, comme une Mappemonde que l'eau fait tourner, & à fes pieds deux canards qui boivent; un côté de la même Grotte eſt

Q vj

occupé par l'appartément des bains, il y a une étuve & une chambre, ornées de stucs avec de grandes fenêtres accompagnées de miroirs qui semblent inviter les curieux de s'en approcher : mais ils ne le font jamais impunément; à peine s'en sont-ils approchés, que le plancher leur manquant sous les pieds, ils se trouvent baignés depuis les pieds jusqu'à la tête.

Il y a encore un bassin de marbre rouge avec une petite montagne artificielle au-dessus, d'où il tombe une pluïe qui est reçûë dans ce bassin orné de branches de corail, de limaçons, de nacre de perles, & de plusieurs animaux rares.

On a pratiqué trois chambres vis-à-vis un bassin, dans la premiere desquelles on a peint le Ciel que l'on voit au travers d'une treille dorée; une grosse éponge de marbre blanc occupe le milieu de la chambre; elle est couverte d'une quantité de petits animaux, de niches, & de tanieres, de coques de limaçons, de branches de corail qui jettent de l'eau. Le pavé est de petits carreaux comme ceux de l'étuve ; à côté de cette chambre on a placé un grand vase antique sous une niche d'éponges, & de rocailles, au-dessus de laquelle on voit un Pasteur avec son troupeau, & une Europe ravie par Jupiter, lequel jette force eau par la bouche.

Neptune porté par deux Dauphins jettant l'eau par la bouche, est tout auprès; & au-dessus il y a un Satyre qui presse un outre dont il fait sortir l'eau au lieu de vin; il est accompagné de deux petits Satyrs qui jettent aussi de l'eau sur les curieux qui s'approchent trop près; de maniere qu'il n'y a rien dans toute cette grande Grotte, qui ne jette de l'eau en abondance.

On voit ensuite une table à huit pans avec autant de cavités pour mettre rafraîchir les liqueurs, & un plat au milieu. Un homme de pierre est à côté de la table; il tient un bassin, & donne à laver aux conviés comme un serviteur.

On voit un peu plus loin des moulins que l'eau fait tourner. Elle fait marcher de petites figures; elle fait chanter des oiseaux, & fait mouvoir une figure de femme haute de plus de quatre pieds, qui après avoir ouvert une porte grillée, vient avec sa cruche puiser de l'eau à une fontaine éloignée de plusieurs pas. Elle y trouve un Pasteur qui joüe de la musette, & qui tourne la tête, & donne les tons à son instrument par ce mouvement. La femme que le vulgaire appelle la Samaritaine, s'en retourne après l'avoir regardé quelque tems, & referme la porte par laquelle elle étoit entrée.

On voit encore dans le même lieu une Forteresse attaquée, & deffenduë par des soldats qui battent le tambour, tirent le canon, & font differens mouvemens, le tout par le moïen de l'eau. Il y a des soldats qui font une sortie, & qui moüillent d'importance les curieux.

Sous la grande Grotte, & sous les escaliers du Palais il y a deux niches avec des statuës. La premiere est une Bellette portée par un serpent avec cette inscription, *amat victori curam*, qui étoit la devise du Grand Duc François. On voit dans l'autre niche des Pêcheurs qui se remuent, & se donnent de grands mouvemens pour tuer des grenoüilles qui se cachent dans l'eau à chaque coup qu'on leur porte, & qui jettent de l'eau chaque fois qu'elles reviennent dessus.

A la sortie de cette Grotte, on trouve un grand boulingrin qui environne tout le Palais avec de petits murs propres à servir de sieges, & de grands escaliers par lesquels on monte au parc, qui est orné de plusieurs belles fontaines.

On a placé entre ces escaliers la statuë d'un vieillard qui represente le fleuve Mugnone, qui fournit l'eau à toutes ces fontaines, qui est dans une Grotte, au fond de laquelle il y a une Renommée avec ses aîles & une trompette d'or, un Dragon qui boit, & un Païsan qui tient une tasse. L'eau fait mouvoir la renommée ; elle remuë ses aîles, & sonne de la trompette, emplit la tasse du Païsan ; & quand il la leve pour porter à sa bouche, le Dragon hausse la tête, la met dans la tasse, & boit l'eau.

Il y a une autre Grotte vis-à-vis celle de la Renommée, où l'on voit le Dieu Pan, qui joüe du sifflet à sept tuyaux qu'on appelle Campogne, ou sifflet de chartreux. Il s'éleve, se tient debout, joüe, remuë la tête, regarde, & puis se couche. On y voit encore une seringue qui se change en roseau.

On trouve enfin au haut du degré de cette grande Grotte qui est partagée en tant d'autres, une grande allée dont la rampe est fort douce, qui a de part & d'autre de petites cuves en façon de sieges, sur lesquels de distance en distance il y a des tasses ou petits bassins avec de petits jets d'eau de differentes sortes qui s'élevant fort haut, se croisent & forment une espece de berceau, sous lequel on peut se promener à son aise, sans craindre d'être moüillé.

Il y a une grande piece d'eau au bout de cette allée avec une Blanchisseuse qui presse un linge, & en fait sortir l'eau ; elle a à son côté un petit enfant qui pisse.

En reprenant le chemin du Palais à côté de la Blanchisseuse, par une allée composée de sapins & autres arbres qui font beaucoup d'ombrage, on voit trois pieces d'eau en maniere d'étangs, à côté desquels il y a un bois de lauriers, & au milieu le mont Parnasse avec les neuf Muses, & le cheval Pegase, & un orgue hydrolique que l'eau seule fait joüer. En continuant la promenade, on arrive à un grand chêne, au pied duquel on trouve deux escaliers qui conduisent sur un terreplein, où il y a une très-belle fontaine ; & un peu plus bas en retournant au Palais un petit estrade quarré avec une balustrade de marbre, d'un dessein & d'un goût particulier. C'est un ouvrage de l'Architecte Amanati avec un bassin au milieu, orné de cinq figures qui jettent l'eau. Celle du milieu représente un Païsan qui taille la vigne, dont les seps jettent quantité d'eau. Le Theâtre est orné de quatre troncs de lierres, qui semblent des arbres rompus d'environ dix brasses de hauteur, sur chacun desquels il y a un oiseau de differente espece. On voit à côté une cage, ou voliere longue de cent brasses, & large de cinquante, composée de barres de fer pour soûtenir les treillis, dedans laquelle il y a des lauriers, des lierres, & autres arbres toûjours verds avec une fontaine au bout, & une infinité d'oiseaux de toutes les especes qui chantent.

Au-dessus de cette voliere, & à côté du Palais, il y a un jardin de fleurs des plus belles & des plus rares.

On a placé une Salamandre à côté droit de la Blanchisseuse, qui jette de l'eau dans une espece de marais fort grand. Il y a tout-auprès une horloge qui marque, & qui sonne les heures par le moyen de l'eau, au-dessus duquel est un globe qui fait une harmonie comme celle de plusieurs petites cloches avec une giroüette que l'eau fait mouvoir; il y a tout-auprès un vivier plein de poissons, & ensuite une pete grotte avec un canal d'eau très-fraîche, qui fort d'un tonneau de marbre, & d'une bouteille qu'un petit satyre de bronze tient à la main. Cette eau est très-excellente, & on ne manque pas d'inviter les curieux d'en goûter: mais dès qu'ils se mettent en devoir de le faire, ils sont rafraîchis & baignés d'une maniere extraordinaire par quantité de jets d'eau qui ne paroissent point, & qui semblent n'attendre que ce signal pour baigner copieusement les curieux.

On trouve un peu plus loin une petite grotte ronde, appellée la grotte de Cupidon, parce qu'il y en a une petite statuë de bronze au milieu; elle est toute pleine d'artifices pour baigner ceux qui y entrent. Le pavé, la voûte, les murailles sont tous pleins de jets d'eau.

Un peu plus loin, on voit un Theatre rond, au milieu duquel il y a un bassin de marbre, soûtenu sur des piedes d'estaux. On a placé sur les bords du bassin des coqs qui jettent l'eau sur ceux qui s'approchent.

Ceux qui veulent se promener dans de petites routes fort ombragées, trouvent une table environnée de lauriers, & d'autres arbres toûjours verds avec des sieges de pierre, pour se reposer. Ce lieu est orné de trois statuës de marbre, dont celle du milieu represente un Païsan qui vuide un baril dans une grande urne, sur laquelle il y a des bas-reliefs qui representent la chute de Phaëton.

En voilà assez pour le dessein que nous avons de ne donner qu'un abregé des merveilles de l'art que l'on voit dans ce lieu de delices. Il faut que les curieux en sortant, aillent voir l'hermitage du mont Senario, où sept Gentils-hommes Florentins s'étant retirés vers l'an 1233. jetterent les fondemens de l'Ordre des serviteurs de la Vierge, appellés communément les Servites. Ce fut en ce lieu que S. Philippe Benizi Florentin se retira, & fit une longue & austere penitence sur une pointe de rocher, environnée de Sapins. Le Couvent de ces bons Hermites est auprès de la grotte où le Saint se retiroit. Dieu y fit sortir une fontaine de très-bonne eau pour le soulagement de son serviteur ; elle coule encore aujourd'hui, & on en boit par dévotion.

En retournant à Florence on trouve sur la droite un peu hors du grand chemin un Couvent de Capucins, dedié à la Conception de la Sainte Vierge.

Capucins d'en haut. On les appelle les Capucins d'en haut pour les diſtinguer des autres Capucins, dont nous avons parlé, qui ſont ſur le mont Ugli qu'on nomme les Capucins d'en bas. Ces Capucins d'en haut ſont éloignés de trois milles de Florence. En s'approchant de la Ville, on voit à main gauche la belle maiſon de plaiſance du Duc Salviati; & après qu'on a paſſé le pont ſur le Mugnone, *Palais Salviati.* appellé le pont de l'Abbaye, on entre dans

L'Abbaye de ſaint Barthelemy. Elle a ſervi dans les ſiecles paſſés d'Egliſe Cathedrale à l'Evêque de Fieſoli; elle fut enſuite deſſervie par les Moines Benedictins : mais les guerres & la vieilleſſe des bâtimens l'ayant réduite à menacer une ruine prochaine, Coſme de Medicis pere de la patrie la fit rebâtir ſur ſes fondemens à ſes dépens, ſur les deſſeins de Bruneleſchi, & en fit une Egliſe ſomptueuſe & un Monaſtere magnifique, qu'il donna aux Chanoines Reguliers de Latran en conſideration d'un certain Pere Timothée de Verone, excellent Predicateur, dont il aimoit ſi fort la converſation, que pour en joüir plus aiſément, il ſe fit bâtir un appartement dans ce Couvent, où il se retiroit aussi-tôt que les affaires le lui permettoient.

Il y a encore à present un celebre Predicateur Napolitain appellé Dom Prosper Palangi, à qui son grand sçavoir, la pureté de ses mœurs, & ses vertus ont acquis un grand credit auprès de leurs A. S.

Ce Monastere possede une Bibliotheque très-riche en manuscrits. Le Prince Cosme de Medicis y dépensa plus de sept mille ducats, & plus de trois mille pour des Livres de Chœur, où il y a des mignatures d'une très-grande beauté. Il dota magnifiquement cette Abbaye, pour laquelle on tient qu'il dépensa plus de cent mille écus.

Il y a à côté de l'Eglise une Chapelle, où fut martyrisé saint Romule, Evêque de Fiesoli; on y montre encore des gouttes de son sang. Il y a même un puits, dans lequel selon la Tradition constante de ces Chanoines, on assûre que quelqu'un y ayant jetté un gand, on le retira plein de sang, pendant qu'il s'éleva un grand orage d'éclairs & de tonnerres.

On conserve dans la même Chapelle un Crucifix miraculeux, qu'on tient avoir été donné à saint Romule par

Crucifix miraculeux.

l'Apôtre saint Pierre. On tient encore que ce même Crucifix parla à S. Philippes Benizi, & lui dit ces paroles: allez trouver les freres de la Mere au mont Senario.

Après avoir consideré cette venerable Eglise, il faut aller voir au Refectoir de l'Abbaye une peinture à fresque de Jean Manozzi, dit le saint Jean qui represente N. S. à table, servi par les Anges. Elle est considerable par la simplicité, & la correction du dessein, & du coloris.

Autre Crucifix miraculeux.
Au-dessus de la même Abbaye du côté du Nord, on conserve dans une petite Eglise l'Image miraculeuse d'un Crucifix qu'on a trouvé depuis peu dans un lieu appellé la fontaine brillante; c'est un lieu de singuliere devotion.

S. Dominique de Fiesoli.
L'Eglise de saint Dominique de Fiesoli est au Levant de cette derniere Eglise. C'est un Couvent de l'Ordre des Dominiquains de la Congregation reformée de Saint Marc. Il y a un Noviciat, où l'observance reguliere est dans toute sa rigueur. Il fut bâti environ l'an 1406. par le B. P. Jean Dominique aux dépens de la très-noble Famille des Seigneurs Agli. Le grand S. Antonin Archevêque de Florence fut le premier

Novice qui y reçut l'habit de Religion. Il y a dans l'Eglife quelques bons tableaux. Entre les anciens on eſtime particulierement le Couronnement de la Sainte Vierge, qui eſt dans la Chapelle des Seigneurs Gaddi; il eſt de la main du Frere Jean appellé le Peintre Angelique. Il y a encore une Nativité de Pierre Perugin, & une autre de Sogliano, & entre les modernes le plus beau eſt une Annonciation de Lamboli.

Un peu au-deſſus de ce Couvent il y a une belle maiſon de Campagne, que le Prince Jean de Medicis fit bâtir ſur les deſſeins de Michelozzo. Elle eſt à preſent aux Seigneurs Del-Serra.

Le même Prince fit bâtir aſſez près de ce Palais une Eglife & un Couvent pour les Religieux de ſaint Jerôme qui furent établis à Florence vers l'an 1407. par Charles Comte de Montegranelli: mais cet Ordre ayant été ſupprimé par Clement IX. le terrein de l'Eglife & du Couvent eſt tombé aux Seigneurs Bardi qui en ſont poſſeſſeurs.

La Cathedrale & le Palais Epiſcopal de Fieſoli ſont au-deſſus de ce Couvent ruiné. On voit encore proche l'Oratoire de Sainte Marie, ſurnommée Primerana, quelques reſtes de la Fortereſſe & des murs de cette Ville ancienne, de laquelle les Florentins étoient originaires ; ils la prirent pendant une cruelle guerre en 1010. la ſaccagerent entierement, & la détruiſirent comme on le voit dans l'hiſtoire.

L'Egliſe qui ſubſiſte aujourd'hui, fut bâtie en 1028. par l'Evêque Jacques Banano, qui la dédia comme l'ancienne à ſaint Romule premier Evêque de Fieſoli ; elle eſt d'un deſſein Gotique. Le Sanctuaire & le Grand Autel ont été ornés de marbre par M. François Carteni de Diacetto Evêque de la même Ville. Les oſſemens ſacrés du ſaint Martyr Romule ſont dans un ſuperbe tombeau de marbre, & la tête, & un bras de ce Saint dans un precieux Reliquaire, qu'on expoſe à la veneration des Fideles le jour que l'Egliſe honore ſa memoire. On y voit encore les Reliques de quatre autres Saints ſes Compagnons. Une partie de la tête de ſaint Donat de Coſte Evêque de la même Ville; & la Chaire de ſaint André Corſini. Le tableau de l'Autel de la Chapelle de ſaint Thomas qui appartient à Meſſieurs de Guadagne, eſt du Francheſchini, autrement le Volterano; & le bas-relief de marbre qui eſt à la Chapelle de M. Salviati, eſt de Mino de Fieſoli

Cathedrale de Fieſoli.

Fiefoli, un des plus habiles Sculpteurs de son tems. Ceux qui sont dans la Chapelle placés entre les deux degrés sont d'André Ferrucci de Fiesoli.

Saint Alexandre est une Eglise qu'on appelloit autrefois saint Pierre en Jerusalem. On y voit le corps de ce Saint, qui fut autrefois Evêque de cette même Ville, & martyrisé dans le Boulonnois vers l'an 502.

S. Alexandre.

Le Palais de l'Evêque est devant la Cathedrale. Ce Diocese est de grande étenduë; il y a un Seminaire celebre.

On a bâti un Couvent de Franciscains sur le lieu le plus élevé de la Ville, où étoit autrefois la Forteresse. Messieurs Pelagio en sont Fondateurs; il y a un tableau de la Conception de Pierre de Cosme, & quelques autres bonnes peintures.

Les Recolets.

Sainte Marie Primerana étoit autrefois au milieu de la Ville. On croit qu'elle a été envoyée à Fiesoli par les Apôtres mêmes, & qu'on lui a donné ce nom, parce que c'est la premiere Image de la Sainte Vierge que l'on ait vûë du moins dans ces quartiers. On lit dans une Table de marbre les grandes Indulgences que gagnent ceux

Ste Marie Primerana.

Tome VII.   R

qui la visitent avec les dispositions requises.

Il y a un Couvent de Recolets un peu au-delà, & à l'Orient de la Cathedrale. On l'appelle Doccia; il a été fondé par Jerôme Davanzati Florentin. De-là jusqu'à Florence qui n'en est éloigné que de deux milles, on ne voit que des maisons de plaisance repanduës de tous côtés; en continuant son chemin vers la Ville, on arrive à

Ste Marie de la Fleur de Lapo.

Sainte Marie de la Fleur de Lapo, qui est un Couvent de Filles de saint Augustin. Elles étoient autrefois où sont aujourd'hui les Franciscains. Leur Fondateur a été, ou est le Seigneur Lapo de Fiesoli environ l'an 1334. Il n'y a rien à voir dans leur Eglise, qu'un tableau d'Alexandre Allori qui represente Notre-Dame avec le Pere Eternel, & plusieurs Saints.

La porte de la Croix est une promenade dans un terrein uni, où est le chemin qui conduit au Casentin; la plus grande partie est en jardins. On trouve sur la gauche la maison de plaisance du Marquis del Monte, & un peu plus loin du même côté un beau Monastere de Religieuses, appellé

Saint Salve qui donne le nom à toute cette plaine. Ce fut autrefois un des premiers Monasteres de Valombreuse qui le ceda aux Religieuses de Faenza en 1529. dont on fut obligé d'abbattre le Couvent, pour faire la Citadelle de saint Jean-Baptiste, qu'on appelle à present la forteresse basse. On voyoit dans le Refectoire un tableau admirable d'André Del-Sarto, qui represente saint Benoist, saint Jean Gualbert, saint Salve Evêque, & saint Bernard, Uberti Moine & Cardinal, avec la Sainte Trinité au-dessus. Vis-à-vis est un autre tableau du même Peintre que l'on dit être son meilleur ouvrage, qui represente N. S. dans le cenacle. Ces tableaux faisoient l'admiration des curieux qui les alloient voir, avant que ce Couvent appartînt à des Religieuses. Il y a dans l'Eglise un tableau d'un Crucifix avec plusieurs Saints de la main de François Morandini.

Un peu moins d'un mille de S. Salve, on voit au pied d'une agreable colline un Monastere de Religieuses de saint Augustin, appellé saint Baltazar, & sur la droite un autre de Religieuses de saint Benoist, appellé saint Martin de Majano, dont le tableau d'Autel est du Grillandajo, & fort bien conservé.

Le Monastere de saint Salvi.

Les plus illuſtres maiſons de Florence ont des Palais dans cette agreable plaine, & ſur les collines qui l'environnent.

Porte ſaint Nicolas. La porte de ſaint Nicolas eſt dans la partie de la Ville au-delà de la riviere. Elle a pris ce nom de l'Egliſe Paroiſſiale de ce quartier qui étoit autrefois une Collegiale reduite à preſent en Prieuré. La plaine qui a à gauche l'Arne, & à droite dans le lointain des collines qui forment un grand demi cercle, eſt toute d'un terrein merveilleux qui porte d'excellens fruits, & en quantité. On l'appelle Ripoli. Elle a donné le nom, ou le donne à

Abbaye de S. Barthelemy. L'Abbaye de ſaint Barthelemy, deſervie par les Moines de Valombreuſe, qui ſe trouve preſqu'au centre de cette plaine; c'eſt un très-beau Monaſtere, où le General *pro tempore* de cette Congregation fait ſa reſidence. Il fut fondé vers l'an 718. par un certain Aldonaldo Lombard, perſonnage de grande naiſſance, qui l'avoit fait bâtir premierement pour des Religieuſes.

A la droite de ce Monaſtere eſt une belle maiſon de plaiſance du Marquis Nicolini qui avoit appartenuë auparavant aux Seigneurs Bandini. On voit aſſez près

Le Paradis Monastere celebre de Religieuses nobles de l'Ordre de sainte Brigitte de Suede. Il n'y a pourtant rien dans l'Eglise qui merite attention, excepté une Sainte Vierge qui est entre sainte Brigitte & S. Antoine; il est de Thomas de S. Fordian Peintre fort estimé dans son siecle.

Le Paradis.

Le Monastere appellé Sainte Marie Del-Bigallo, est à deux milles de Paradis sur le grand chemin d'Arezzo du côté de l'Est. Il a été jusqu'en 1503. un Hôpital, dont les Capitaines ou Chefs du Bigallo avoient la direction. Il a été ensuite cedé à des Religieuses de saint Benoist, appellées de Cassignano à cause que leur Couvent étoit prêt de tomber en ruine. Toute cette agreable plaine est semée, pour ainsi dire, de maisons de campagne, de Palais, & de vignes des Seigneurs & des Bourgeois de Florence. On admire dans celle qui appartient aux Barberins un Ciprès grand & vigoureux, quoique le tonnerre soit tombé dessus. Ce ciprès a été planté par Urbain VIII. lorsqu'il étoit encore jeune. On l'appelle à cause de cela le ciprès du Pape.

Ste Marie Del-Bigallo.

L'Appogio maison de plaisance du S. P. François-Marie de Medicis est à cinq milles de Florence. Elle est digne

Palais de l'Appogio.

R iij

de la curiosité des Etrangers. La distribution des appartemens est ingenieuse ; ils sont ornés de tableaux de prix, & d'emmeublemens très-riches. On voit dans une chambre un service complet de la plus belle porcelaine, disposé d'une maniere galante & toute gracieuse ; & dans un autre petit Arcenal de menuës armes anciennes & modernes, très-considerables par leur matiere, leur façon & leurs usages.

A une petite distance de l'Appogio, est la maison de l'Intendant. Elle est bâtie sur une petite colline ; on l'appelle Ligliano ; le S. C. y a un appartement de sept pieces de plein pied, dont les meubles sont de satin de la Chine, travaillé d'une façon particuliere.

A trois milles de Ligliano du côté du Midy, on voit l'Eglise de N. D. de l'Inpruneta. C'est-là que l'on conserve avec respect l'Image miraculeuse de la Sainte Vierge, que l'on porte en procession dans les necessités extraordinaires, & qui est une source de toutes sortes de graces. L'Historien François Rondinelli a écrit de quelle maniere cette Sainte Image a été retrouvée après avoir été cachée, ou perduë pendant un grand nombre d'années. Nous ne pouvons mieux faire, que dire ici en abregé ce qu'il en a écrit plus au long dans la relation qu'il en a faite de la derniere peste, qui a affligé la Ville de Florence.

Le terrible fleau du Seigneur, obligea les Florentins à penser à appaiser la colere de Dieu, en bâtissant une Eglise à l'honneur de la Sainte Vierge, ils mirent la main à l'œuvre, & travaillerent avec ardeur; mais ils trouvoient ruiné le matin tout ce qu'ils avoient fait le jour precedent. Après s'être assûré, que la main des hommes n'avoit point de part à la destruction de leur travail, ils eurent recours à l'oraison, & Dieu leur fit connoître, que son bon plaisir n'étoit pas qu'ils bâtissent l'Eglise dans l'endroit qu'ils avoient choisis: ils prierent de nouveau, & il leur vint dans l'esprit de prendre deux jeunes taureaux indomptés, & les ayant attachés à une charette chargée de pierres, les laisserent prendre le chemin qu'ils voudroient, priant le Seigneur de les faire arrêter à l'endroit, où il lui plairoit que l'Eglise fût bâtie. Dieu les écouta; ces animaux indomptés traînerent le chariot chargé, & s'arrêterent dans cette agréable plaine, où l'on voit aujourd'hui l'Eglise. Alors le peuple qui suivoit le chariot s'étant mis à

N. D. de l'Inpruneta. Histoire de cette Eglise.

R iiij

creuſer les fondemens de l'édifice projetté, il arriva qu'un des ouvriers travaillant avec plus de vigueur que les autres, donna un grand coup de pic qui fut ſuivi du ſon d'une voix plaintive, comme s'il eût bleſſé notablement une perſonne vivante. Ce prodige fit ceſſer le travail, on chercha avec empreſſement, d'où venoit cette voix, & on decouvrit, que le coup de pic avoit porté ſur le front d'une image de la Sainte Vierge, qui tient l'enfant Jeſus entre ſes bras. On croit que cette image eſt de terre cuitte: elle fut levée de terre avec reſpect, l'Egliſe fut achevée en peu de tems, la peſte ceſſa auſſi-tôt qu'on eût decouvert cette ſource de graces, & elle eſt devenuë ſi celebre qu'on y a recours de toutes parts. On voit encore au front de la Vierge la marque du coup de pic. Cette hiſtoire eſt repreſentée dans un bas relief de marbre très-ancien qui eſt ſous le tabernacle, où l'on garde cette Image precieuſe. Les Papes ont attaché des Indulgences très-grandes à la viſite de cette Egliſe: elle eſt deſſervie par dix Chapelains Prêtres avec un Curé, qui ſont obligés de chanter tous les jours l'Office Canonial, ſuivant la Fondation qu'en a fait l'ancienne famille de Buon del Monti, qui joüit encore à prefent de la Collation de ces Chapellenies, & du droit d'élire le Curé.

Il y a beaucoup de maifons de plaifance, & des métairies aux environs de cette Eglife, il y en a qui meritent d'être vûës. Ce terrein produit toutes fortes d'excellens fruits, & une quantité prodigieufe d'Olives, & des vins d'une delicateffe infinie.

La petite porte de Saint Miniat eft prefque devant l'Eglife de Saint Nicolas : elle conduit dans un chemin élevé, & affez rude, fur lequel on a planté des croix d'efpace en efpace, avec les marques des Myfteres de la Paffion de N. S. on trouve fur cette route deux Eglifes confiderables.

La premiere s'appelle Saint François à la Montagne : Elle eft deffervie par les Religieux Recolets de Saint François qu'on nomme Zocolanti en Italie. Meffieurs de Caftello Quarateſi la firent bâtir en 1490. fur les deffeins de Simon del Pollajolo, furnommé le Cronaca, comme on le voit dans une infcription qui eft fur le pavé devant le grand Autel. Cette Eglife n'eft compofée que d'une feule Nef avec fix Chapelles d'un côté, & une plus grande que les autres à côté du grand Autel

S. François à la Montagne.

elle est d'ordre rustique, accompagnée d'une corniche qui regne tout au tour de l'Eglise. Le tabernacle est de bois d'une belle sculpture ; Le tableau du grand Autel est de la main du Frere Jean Dominiquain, surnommé le peintre Angelique, il represente l'Annonciation de la Sainte Vierge. Il y en a un autre de la Nativité de N. S. qui est du Sogliani, & sur la porte de la Sacristie une N. D. de Pitié de terre cuitte de la main de la Robbia. On voit à côté de la grande porte, le buste de marbre blanc, & l'épitaphe de Marcel Virgile Secretaire de la Republique, un des plus sçavans hommes de son tems.

Cette Eglise & le Convent qui y est attaché, sont sur une éminence si voisine de la Ville, qu'elle lui sert de point de vûë si agréable qu'il semble que ce soit un jeu, ou une imagination de peintre, que le spectacle agréable qui se presente, où d'un coup d'œil, on decouvre toute cette grande Ville, & la plus grande partie des belles maisons que l'on a décrites ci-devant.

Le Fondateur a eu soin en mourant de la recommander au corps des Marchands, & de laisser des fonds pour son entretien.

En sortant de cette Eglise par la porte du flanc, & avançant quelques pas à main droite vers la porte de la Forteresse qui fut bâtie vers l'an 1526. sur les desseins de Michel Ange Buonaruota, on arrive à une Eglise très-ancienne & très-respectable appellée

Saint Miniat, située au milieu de la Forteresse sur une hauteur, où on la decouvre toute entiere avec tous les environs.   S. Miniat.

L'historien Jean Villani, écrit que l'Empereur Decius, grand persecuteur de Chrétiens, se trouvant à Florence, eût avis que Saint Miniat étoit retiré avec quelques uns de ses compagnons sur cette montagne, où il y avoit une petite Chapelle dediée à l'Apôtre Saint Pierre, cachée au milieu d'épaisses broussailles : il l'envoya prendre, & n'épargna ni promesses, ni menaces pour l'engager à renoncer à la Religion Chrétienne; mais voyant que les promesses & les tourmens qu'il lui fit souffrir, n'étoient pas capables de l'ébranler, il lui fit trancher la tête dans un lieu qu'on appelle encore aujourd'hui la Candida, ou le Candidat des martyrs : le Saint ayant remis sa tête sur ses épaules, passa la

R vj

riviere, monta la colline, & étant arrivé à son Oratoire, il rendit l'ame à Dieu, & son corps fut enterré dans le même lieu, où les Florentins après avoir embrassé la Foy y bâtirent une Eglise.

Celle que l'on voit à present, fut commencée l'an 1013. le 26. Avril, par les sollicitations d'Hildebrand, Evêque de Florence, & avec l'approbation d'Henry I. Empereur & Roi de Germanie & de Sainte Cunegonde son épouse, qui lui donnerent plusieurs terres pour l'entretenir, & qui y firent transporter le corps du Saint martyr avec une pompe extraordinaire qui fut placé sous l'Autel. Les Florentins donnerent le soin de cette Eglise, & de ses revenus aux Consuls du Corps des Marchands. Elle est belle & grande partagée en trois Nefs : le Chœur, & le Sanctuaire sont plus élevés que le reste du vaisseau selon la pratique des premiers siécles, on y monte par des escaliers de pierres de taille : ces deux pieces sont incrustées de marbre, & de porphire, avec quantité de bas reliefs. Il y a derriere l'Autel cinq grandes fenêtres ornées de marbres, mêlées avec une lunette, où est l'image du Pere Eternel, & à gauche une figure antique de Saint Miniat, avec ces mots en lettres gothiques *Sanctus Miniatus Rex Arminiæ*. C'eſt-à-dire, Saint Miniat Roi d'Armenie. Il eſt aſſez difficile de penetrer pourquoi on donne à ce Saint la qualité de Roi d'Armenie ; puiſque pas un des Martyrologes anciens, & modernes ne lui donnent ce titre. Il eſt vrai que l'hiſtorien Jean Villani, & quelques autres ſont de ce ſentiment. Mais Saint Antonin dans ſa Chronique, Vincent Borghini, & pluſieurs autres, aſſurent que Saint Miniat étoit Florentin, ou tout au moins de l'Etat de Toſcane, ce n'eſt pas le lieu ici d'examiner ce point de critique, il nous ſuffit d'avertir les curieux que cette Egliſe eſt très-frequentée comme un lieu d'une ſinguliere devotion. Le Prince Pierre de Medicis y a fait faire une Chapelle iſolée, ſoutenuë ſur quatre groſſes colonnes de marbre avec des compartimens magnifiques par Luc de la Robbia. Le Cardinal Jacques de Portugal en a fait auſſi bâtir une dediée à ſon Saint Patron, dans laquelle le marbre, & le porphire n'ont pas été épargnés non plus que dans le thrône Epiſcopal & dans le mauſolée qui ont été faits par le fameux ſculpteur Antoine Roſſellini, on y lit cette épitaphe.

*Regia Stirps Jacobus nomen Lu-
     sitania propago
Insignis forma, summa pudicitia
Cardineus Titulus morum nitor op-
     tima vita
Ista furens mihi mors juvenem rapuit
Vixit an. XXV. M XI. DX. obiit
Salutis MCCCCLIX.*

Luc della Robbia a fait dans quatre ovalles de la voûte, les quatre Evangelistes, & dans celui du milieu le Saint Esprit : on voit un tableau à l'huile du Pollajolo, où sont depeints S. Jacques, S. Eustache, & Saint Vincent ; il y a aussi quelques Prophetes peints à l'huile, sur les murs d'une Chapelle avec une Annonciation au milieu, qui sont de Pierre Pollajollo, & dans la Sacristie quelques actions de Saint Benoît peintes à fresque par Spinello Spinelli. Cette Eglise a été desservie autrefois par des Moines de S. Basile, & puis par des Benedictins de Cluny, parmi lesquels on prétend que S. Jean Gualbert a vêcu quelques années. Elle a été desservie depuis l'année 1373. jusqu'en 1542. par les Moines blancs du Mont-Olivet, qui eurent quelques raisons de l'abandonner. Ils emporterent avec eux les ossemens sacrés de S. Miniat, & ils se sont conservés une espece de droit sur cette Eglise, où ils viennent faire l'office certains jours de l'année.

La veneration qu'on avoit autrefois pour cette Eglise étoit si grande, que l'Evêque de Lucques y venoit en pelerinage avec son Clergé, le jour de la Fête du Saint, & que les Evêques de Florence y faisoient leurs premieres visites après avoir pris possession de leur siége.

Outre les Eglises, & les autres lieux de devotion, dont on a parlé dans cet abregé. Les curieux sont avertis de ne pas quitter la Toscane, sans voir les trois Sanctuaires du pays, qui sont Valombreuse, l'Hermitage de Camaldoli, & le Mont Alverne: le premier de ces endroits a été sanctifié par la penitence, qu'y a faite Saint Jean Gualbert: le second par celle de Saint Romuald, & le troisiéme par Saint François d'Assise.

F I N.

TABLE

Des matieres contenuës dans le septiéme Volume des Voyages du P. Labat en Espagne & en Italie.

A.

Abbaye des Benedictins du Mont-Cassin. Sa Fondation & sa description, *page* 263 *& suivantes.*
Affiches pour l'ordre d'une Procession à Civita-Vechia, 34 *& suiv.*
Annius (Jean) Religieux Dominiquain du Couvent de Gradi à Viterbe. Refutation des calomnies inventées contre lui par M. Misson & autres, 95 *& suiv.*
Annonciade, une des plus fameuses Eglises de Florence. Sa Fondation. Histoire du Tableau de la Sainte Vierge. Vœux qu'on y apporte. Description de l'Eglise, & du Couvent des Servites qui desservent cette Eglise, 142 *& suiv.*
Archives generales de Florence 312
Artimino, ou Villa Ferdinanda, maison de plaisance du Grand Duc, 556
Autels privilegiés. En quoi consistent leurs privileges, 182 *& suiv.*
L'*Autheur* complimente la Reine de Pologne de la part de son General, 65
L'*Autheur* retourne en Italie dans la Galere du Chevalier de Bussi, 67
L'*Autheur* va à Viterbe par ordre de son General, 69 *& suiv.*
Autheurs Florentins, qui ont traité de l'agri-

TABLE.

culture, 337 & suiv

Axia, à present Mont Romano. Description de ce bien, 73

Ayman de l'Isle d'Elbe, blanc & brun, sa qualité & son armure, 51 & suiv.

B.

BAGNAIA, maison de campagne du Duc Lanti. Sa description, page 125

Baptistaire de Florence. Sa magnificence & sa description, 230 & suiv.

Baudran (l'Abbé) Son erreur sur le nom de Cosmopolis, 49

Bestiaux de l'Isle d'Elbe. Leurs qualités, 50

Biblioteque Laurentine à Florence. Sa description, 274 & suiv.

C

CAMALDULES de Florence, page 253

Caprarolle, Château magnifique. Sa description, 155 & suiv.

Cascade de Terni. Sa description, 145

Cathedrale de Viterbe. Sa description, 115

Caviar: ce que c'est, 60

Castello, maison de plaisance du Grand Duc. Sa description, 359

Ceremonie des soldats Allemans, quand ils parlent à leurs Officiers, 194

Ceremonies qui s'observent dans les mariages, à Civita-Vechia, 200

Ceremonies pour pendre un homme, 13

Chevaux de l'Isle d'Elbe, 62

Cincelle, Ville ruinée. Nouvelles remarques de l'Autheur, 70

Civita Vechia. On y pend peu de gens, & pourquoy, 13

DES MATIERES.

Clergé de la Cathedralle de Florence, 229
Clocher de la même Eglise, 230
Chartreuse de Florence. Sa situation, & sa Fondation, 243
Colomne de Justice à Florence, 288
Commissaire envoyé par la Chambre à Civita-Vechia, 4
Cosmopolis ou Porto-Ferraio, Ville de l'Isle d'Elbe, 48
Cristine Reine de Suede. Son sentiment sur les Philosophes anciens & nouveaux, 53
Couvent des Dominiquains près de Viterbe, appellé Notre-Dame de la Quercia ou du Chêne. Description & histoire de ce Couvent, 53
Couvent des Carmes déchaussés près de Caprarolle. Ce qui y arrive à l'Auteur, 153

D.

Depense pour pendre un homme à Civita-Vechia, *page* 11
Differend de l'Auteur avec un Peré qui faisoit la Mission à Civita-Vechia, 32
Dominiquains de Marseille. Leur honnêteté pour l'Autheur & pour tous les Religieux étrangers, 66

E.

Ecolles pieuses (les Peres des) leur College à Narni. Ce que c'est que cet Ordre. Obligation qu'ils ont au R. P. Cloche General des Dominiquains, 131
Eglise Cathedralle de Florence. Sa situation. Les Architectes qui y ont travaillé, 224
Eglise des Jesuites, appellée le Petit Saint Jean, 231
Eglise & Couvent de S. Marc à Florence, aux

TABLE.

Dominiquains. Leur description, 237

Eglise de Notre Dame des Anges, à present Ste Magdeleine de Pazzi, 254

Eglise de Saint Ambroise à Florence, desservie par les Benedictins, 256

Eglise de Sainte Croix, aux Mineurs Conventuels, 256

Eglises de Saint Simon, de Saint Jacques des Fossez, aux Peres de l'Oratoire de S. Philippe de Nery, 262

Eglise de Saint Procule, 265

Eglise des Celestins, 270

Eglise de Saint Laurent. Sa Fondation. Sa consecration par Saint Ambroise. Sa description, 271

Eglise & Couvent de Sainte Marie - Nouvelle aux Dominiquains Description de ces lieux & de l'Apotiquairie, 281

Eglise de tous les Saints aux Mineurs de l'Observance, 285

Eglise de la Trinité des Moines de Valombreuse. Sa description, 289

Eglise de Saint Michel à Florence, 310

Autre Eglise de Saint Michel aux Theatins. Sa description, 313

Eglise de Sainte Marie-Majeure, 316

Eglise de Saint Estienne, 318

Eglise de Sainte Felicité, 320

Eglise de Saint Felix de la place, 326

Eglise du Saint Esprit, aux Augustins, 327

Eglise de Sainte Claire, 329

Eglise du Carmel. Sa description, 329

Eglise de Saint Fredian, Collegiale, 333

Eglise des Moines de Citeaux, ibidem

Eglise de Sainte Marie des Anges, ibidem

Eglise de Saint Pierre sur l'Arne, aux Chanoines Reguliers de Latran, 335

Eglise de Notre-Dame de la paix, aux Feüil-

DES MATIERES.

Jans, 339
Eglise de Saint Matthieu, *in Arcotti*, 342
Eglise de Saint Gaggio, 343
Eglise de Saint Mathieu des Moines Olivetains, 346
Eglise de Saint Pierre de Monte, aux Benedictins, 347
Eglise & Abbaye de Saint Sauveur, aux Moines noirs de Saint Benoist, 348
Emplâtres d'Ayman. Leur inutilité, 54

F.

FAMILLES considerables de Viterbe. Histoire des guerres Civiles de cette Ville, *page* 110
Familles considerables de Narni, 134
Fari (le Pere) Religieux Dominiquain de Civita Vechia, excellent Predicateur, conduit un Criminel à la potence, 19
Fertilité des Terres de Narni, 137
Fertilité extraordinaire du Territoire de Terni 143
Florence, Ville capitale du grand Duché de ce nom, sa situation, sa Fondation, nombre de ses Eglises, de ses Couvens, de ses Monasteres, de ses Hopitaux, de ses Confrairies, 223 & *suiv.*
Florentins. Leur eloge rapporté par Ciceron, 221
Fontaine merveilleuse de l'Isle d'Elbe, 61
Fontaines publiques de Viterbe. Leur nombre, leur beauté, 120
Fontaine boüillante, appellée Bolicane près de Viterbe, 112
Fontaines de Narni, 135
Fontaine de la famine à Narni, *ibidem*
Fontaine du Grand Duc à Florence. Sa des-

cription, 307
Fonderie ou Laboratoire du Grand Duc à Florence, 300
Forteresse de Narni, 136
Forteresse appellée Denbas à Florence. Sa Salle d'armes, 280

G.

GALERE du Pape, qui porte la Reine de Pologne en France. Sa description, *page* 46
Galeries du Grand Duc à Florence. Leur description, 292
Galeze, Duché appartenant à la maison d'Altemps. Sa mauvaise Hôtellerie, 152
Gorgone, petite Isle appartenante au Grand Duc, 63
Ghetto, ou quartier des Juifs à Florence & autres lieux, 313
Greniers publics à Florence, 309
Gouvernement civil & politique de Viterbe, 113
Gouvernement de Florence, ancien & moderne 222

H.

HOMMES distingués dans les armes & dans les Lettres, à Narni, *page* 137
Honoraire du Curé de Civita-Vechia pour les mariages, 203
Hôpital de S. Mathieu à Florence, 241
Hôpital des enfans exposés dans la même Ville, 242
Hôpital de S Thomas d'Aquin, 268
Hôpital de Sainte Marie la Neuve, *ibidem*
Hôpital & Oratoire de S. Marc, 279

DES MATIERES.

I.

JARDIN des plantes à Florence, 240
Jerômes (des Saints) espece de Penitens. Leur description, *page* 38
Incommodité d'une Galere dans les mauvais tems 181
Isle d'Elbe sur la côte de Toscane. Sa description, 45 & suiv.
Isles de Palmarola, de Pianosa, de Monte-Christo, les Fourmis, le Giglio ou le Lis, de Gianutri. Leur situation, & à qui elles appartiennent, 195 & suiv.

L.

LA Coudraye (le Marquis de) Gentilhomme de la Reine de Pologne, *page* 45
La Loge de Lanzi. Sa description. Les Statuës qu'elle renferme, 306
La Motte d'Orleans (le Chevalier) Capitaine & à present Commandant des Galeres du Pape. Sa politesse pour l'Autheur, 180
Le Quien (le Pere,) sçavant Dominiquain. Catalogue de ses ouvrages. Apologie qu'il fait pour Jean Annius de Viterbe,

M.

MAGAZINS de la Forteresse de Porto-Longone, & leurs provisions, 177
Manege du Grand Duc à Florence, 240
Maniere de prendre la Discipline sans douleur, 30
Marché de Florence, appellé le vieux Marché ou le Jardin, 312
Marché neuf de Florence, 317.

TABLE

Mausolée du fameux Michel Ange Buonorati, aux Conventuels de Florence, 257

Mausolée des Grands Ducs à Saint Laurent. Description de cette superbe Chapelle, 247 & *suiv.*

Massole & Mannaya, supplices usités en Italie. Leur description, 21

Menagerie du Grand Duc, 24

Mines de fer & d'autres metaux dans l'Isle d'Elbe, 50

Mission extraordinaire à Civita-Vechia. Histoire de cette Mission, 24

Monarchie de Sicile. Tribunal qui porte ce nom. Ses differends avec la Cour de Rome. Ses violences contre les Prêtres & les Religieux. Procedures contre ce Tribunal. Son abolition. 203 & *suiv.*

Monastere des Religieuses à Viterbe, 117

Monasteres de S. Georges & du S. Esprit à Florence, 321

N.

NARNI, Ville de l'Etat du Pape, Mauvais chemins pour y arriver. Sa description & son histoire, 126

Narni surprise & desolée par l'armée de Charles Quint, 133

Navets extraordinaires de Terni, 144

Nera, Riviere qui passe à Narni, 127

Notre-Dame de Gradi. Couvent des Dominiquains à Viterbe. Son histoire & sa description 94 & *suiv.*

Notre-Dame de Montenegro, lieu de devotion près de Livourne. Sa description, 181

Orlandi

DES MATIERES.

O.

ORLANDI (Monseigneur) honneurs qu'on lui fait dans un Vaisseau de guerre François, à la recommandation de l'Autheur, 183
Origine de la Ville de Florence, 220
Orta, petite Ville à quinze milles de Viterbe, 126
Oratoire de S. Martin à Florence, 265
Otricoli, Ville ancienne & presque ruinée, 151

P.

PANCARTE assez inutile pour le lieu, affichée à la porte de la Chapelle du port San-Stefano, 187
Palais Ricardi à Florence, autrefois de Medicis. Sa description, 234
Palais de S. Marc dans la même Ville, 239
Palais Guadagni, Salviati, & Nicolini, 253
Palais de Strozzi ; Il y en a deux, & des Ducs Salviati, 266
Palais de Vallori, 267
Palais de Ricasoli, de Rucelai, & de Corsini, 286
Autre Palais de Strozzi, 288
Palais de Bartolini & de Spini, 289
Palais de la Justice, 291
Palais de la Rotte ou du Parlement de Toscane, 301
Vieux Palais de Medicis, ibidem
Palais de Pitti, à présent Palais ordinaire du Grand Duc, 321 & suiv.
Palais de Colazi & de Michelozi, 345
Autre Palais de Strozzi, 346
Palais Pandolphi, 347

Tome VII. S

TABLE.

Pandectes Florentines, 306
Petraia, maison de plaisance du Grand Duc. Sa description, 357
S. Pierre le Grande Eglise, 267
Place de l'Annonciade, 241
Place du Balon. Description de ce jeu, 261
Ponts magnifiques ancien & nouveau de Narni. Leur description, 129
Vieux Pont de Florence, 319
Ponts de la Caraja, & de la Trinité à Florence, 334
Poggio Cajano, maison de plaisance du Grand Duc. Sa description, 350
Prato, autre maison de plaisance du Grand Duc, 348
Procession generale à Civita-Vechia pour la clôture d'une Mission. Differend de l'Autheur avec le Pere Missionnaire; 34
Porto Longone, Forteresse aux Espagnols dans l'Isle d'Elbe. Histoire de cette place, & d'un Colonel Espagnol, 161
Preservatif excellent contre toutes sortes de blessures, 176
Port de Livourne. Ses commodités & ses défauts 179
Port San-Stephano à l'ouest du Mont Argentaro. Sa description, 185
Porto-Hercole à l'est du Mont Argentaro. Sa description, 189.

Q.

QUESTION ou torture, appellée la Veille. Maniere de la donner. Histoire d'un Criminel appliqué à cette question, 6 & 9

R.

LA Reine Doüairiere de Pologne quitte Rome, & vient en France. Visites reciproques du Pape & de la Reine. Presens que

DES MATIERES.

le Pape lui envoye Elle arrive à Marseille. Sa reception. Fêtes qu'on lui donne, 42 & 64

La Rocca ou le Château du Pape à Viterbe. Sa Garnison, 115

Sainte Rose de Viterbe. Reflexions de l'Auteur sur le corps de cette Sainte, 117

S

Salle de l'Horloge dans le vieux Palais de Medicis à Florence, 305

Statuës de marbre, copiées d'après les antiques envoyées en France, 209

Statuës du Grand Autel de la Cathedrale de Florence, 228

Statuës d'Hercules & de Cacus, 302

Statuë du Centaure, 315

Statuë de S. Pierre Martyr, 319

Saucisses ou cervelas de Thon & d'autres poissons, 59

Soulfre de l'Isle d'Elbe. Sa preparation. Comment on l'employe pour les Astmatiques, 55.

T

Tabac d'Espagne qui se fabrique dans les Galeres du Pape, 2

Terni, Ville Episcopale du Domaine du Pape. Sa description, 139

Sainte Therese. Son sentiment sur les personnes de son sexe, 153

Theatre de la Comedie à Florence, 268

Témoins. Ils ne peuvent faire condamner un Criminel à la mort, s'il n'avouë lui-même son crime, 5

Tornaquinei (le General) Commandant à Livourne, 179

Tombeaux des grands hommes dans la Cathedrale de Florence, 227

Tolfa (la) Bourg celebre par ses mines d'alun, 158

Travaux que l'on permet aux Forçats des Gale-

TABLE DES MATIERES.

res du Pape, 3
Tours de garde du Mont Argentaro, 191
Tresor de la Cathedrale de Florence, 228

V.

VAISSEAUX de guerre de Malte, arrivés à Livourne. Ce que c'est que le droit de passage, 184
Vaisseau de guerre François. Son different avec le Capitaine du Port de Civita-Vechia, accommodé par l'Auteur, 206
Vaisseau Marchand Anglois. Sa description, 210
Velino, Riviere qui fait la cascade de Terni. Sa route, 147
Vestralla, Bourg voisin de la Tolfa, 158
Ville Imperiale, maison de plaisance du Grand Duc. Sa description, 340
Vin appellé Verdée, 342
Viterbe, Ville capitale du Patrimoine de Saint Pierre. Son antiquité. Sa situation. Ses Tours. Ses Eglises, 86 & 109
Vitriel de l'Isle d'Elbe, 58
Voyage de l'Auteur à la cascade de Terni. Sa route, 126
Voyage de l'Auteur à Livourne, 160
Vol considerable fait à Notre-Dame de la Quercia, 83
Université, ou études de Florence. Professeurs de ce College celebre, dans lequel s'assemble l'Academie de la Crusca, 266

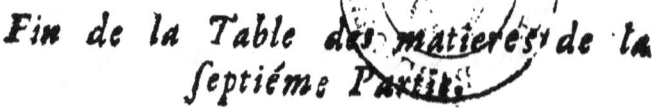

Fin de la Table des matieres de la septiéme Partie.